Los Contrabandistas del Estrecho
(La ruta del hachís)

Rafael

Roselló

Cuervas-Mons

Los Contrabandistas del Estrecho

(La ruta del hachís)

Granada

2 0 0 3

Edición: Span Ediciones, S.L
Diseño de Portada e Ilustración: Pablo Hohenlohe
Depósito Legal: Gr-722-2003
I.S.B.N.: 84-607-4613-5
Impresión: Copartgraf, s.c.a. Granada
Madrid, 2002 - Impreso en España
rafaelrossello@hotmail.com

Más vale ser capitán de piratas
que un simple hombre vulgar.
ROBERTS

A Alejandra Rosselló de Beaumont

Agradecimientos:
A Gonzalo Banús Gutierrez, por haber depositado su confianza en mi.
A Pablo Hohenlohe Medina por su colaboración, su apoyo y su sincera amistad.

Ilustración Pablo Hohenlohe

Índice

Dedicatoria

Cuando se comienza un libro, el escritor se enfrenta a una aspiración que no es fácil de llevar a cabo. En muchas ocasiones, la falta de inspiración, los problemas personales, la escasez de medios, la limitación de tiempo, etc., hacen que finalizarlo se convierta en una utopía que se resuelve en el abandono. Cuando decidí emprender la tarea de escribir esta obra, lo hice con un aliciente, con un estímulo, que me avalaba su conclusión. Pensé, desde el primer momento en que cogí la pluma, en una persona que me irradia energía cada día, no sólo para seguir escribiendo, sino para continuar viviendo. Esa persona está, en mi escala de valores, allá en las alturas donde ni siquiera las águilas osan. Por ello, he querido dedicar esta novela a mi hija Alejandra, entre otras muchas cosas, porque me siento muy orgulloso de tener una hija como ella.

Preámbulo

Me he permitido utilizar una cita ya empleada por Rafael Abella en su libro "Los piratas del Nuevo Mundo", porque estimo que Roberts, con esta frase, definió el espíritu filibustero de todos los tiempos.

Todos, en alguna ocasión, hemos querido parecernos a esos piratas que llenaban las páginas de las novelas que devorábamos en nuestra juventud. Admirábamos de ellos el valor y el romanticismo. Esto último, quizá, sea la característica esencial de un buen bucanero.

La piratería no se podría concebir sin una visión romántica de la vida, sin un concepto individualista y anárquico. Lo prohibido les atrae y el peligro les da placer. Todos, en el fondo, portamos el estandarte pirático, pero tan sólo unos pocos son capaces de realizar ese sueño de juventud. La clandestinidad del oficio de bucanero ha hecho que su imagen, en la mayoría de las ocasiones, se deteriore, esbozándonos, unas veces, un arquetipo despiadado y cruel, y otras, a un perfecto caballero.

La historia de la piratería está llena de nombres de hombres y mujeres que decidieron recorrer el sendero de lo prohibido, apartándose del modelo de vida del resto de los mortales.

En esta novela no deseo narrar la vida de uno de estos personajes. En estos escritos pretendo contarles la historia de un hombre de nuestro tiempo que, por avatares del destino, ha unido su nombre al de Drake, Rock "el Brasileño", Pierre "le Grand", "el Olonés", Lafitte, Morgan. O de mujeres como Catalina Erauso, María "la Bailadora", Ann Bonny o Mary Read.

Alguien dijo que una persona real está repleta de seres imaginarios; yo opino que, mientras las personas podamos seguir soñando con todos esos seres imaginarios que llevamos dentro, conservaremos la ilusión de vivir.

Introducción

Me había levantado esa mañana arropado por una profunda depresión. El abatimiento se unía a mí desde primera hora y me había impedido conciliar el sueño con la normalidad necesaria para otorgarme un elemental descanso. Me asomé a la ventana y un día radiante, como si quisiese llevarme la contraria, me observaba con impunidad. Como es evidente, la revisión de mi vida arrojaba un saldo negativo: económicamente arruinado, afectivamente vacío, emocionalmente apático. ¿Y el suicidio? ¿Podría ser una solución elegante en este caso? Grandes genios habían optado por quitarse la vida como epílogo a su obra; otros, como inmolación por la humanidad, y la mayoría, por demencia. El suicidio, al fin y al cabo, no es más que una resistencia a la longevidad.

Decidí salir a pasear para intentar evadirme de mí mismo. Era consciente de mi enajenación, pero decidí no comentarlo con nadie: no me parecía de buen gusto. Estar loco es una ordinariez.

Marbella estaba más limpia que nunca en esa soleada mañana de marzo. Me dirigí hasta el "parking" subterráneo de Puerto Banús, donde dejé el coche. El puerto deportivo estaba saturado de barcos de todo tipo, y sus calles, abarrotadas de domingueros venidos de todos los pueblos de la zona. Paseaba lentamente entre la gente, recreándome con los yates atracados en el puerto e imaginando la sensación que se tendría siendo el propietario de una de esas lujosas embarcaciones. No sé el motivo, pero siempre que coexisto con la indigencia me gusta admirar todo lo que se puede adquirir con dinero. Me place pasear por zonas lujosas, recrear mi vista en coches caros y soñar despierto con todo lo que veo, haciéndolo mío. Llega a ser tan preocupante mi incongruencia que, incluso cuando veo una lujosa casa en venta, entro para informarme de su precio como si la pudiera comprar. Pasear siempre me ha relajado y, cuanto mayores son mis problemas, más necesito vagar sin rumbo fijo y admirar todo lo que no puedo tener.

Una voz que pronunciaba mi nombre me hizo salir de mi placentero letargo. Era Veronique, una belga que había conocido en el bar Regine hacía unas semanas. Un conocido que encontré en el local me la había presentado. Rubia y de ojos muy azules, aunque no muy alta, tenía un cuerpo bien proporcionado que le hacía muy atractiva. Su profesión, según me había contado aquella noche, era la de conductora de camiones y autocares, ya que había heredado de su padre una pequeña empresa de transportes. Se había venido a vivir a España tras un accidentado divorcio que le obligó a vender su negocio. Desde que se había instalado en Marbella se dedicaba a dar clases de francés; tenía bastante dinero, así que vivía con su hijo de cinco años en unos elegantes apartamentos de Puerto Banús. La noche en que la conocí, a punto estuvimos de consolidar nuestra amistad en su apartamento, pero el amigo que le acompañaba y que nos presentó, hizo todo lo necesario para evitar que se llevasen a cabo nuestros planes. Después de ese día la encontré un par de veces en la calle, pero sólo nos saludamos y, la verdad, mis pensamientos no le dieron la prioridad necesaria como para que volviese a interesarme por ella.

—Qué suerte que nos hemos encontrado —me dijo tras darme dos sonoros besos en las mejillas—. Quiero presentarte a unos amigos que han llegado hace poco a vivir aquí y no conocen a nadie —me comentó mientras, cogida de mi brazo, me llevaba hacia el bar Sinatra—. Son de nacionalidad francesa, pero de origen argelino. Él sólo habla francés y está interesado en hacer negocios de comercio exterior. Me acordé de ti porque me comentaste que estabas buscando un socio.

—Capitalista —le interrumpí.

—Por eso no te preocupes; tienen mucho dinero, y la idea de los dos es instalarse aquí definitivamente —me decía, casi bailando a mi lado de alegría, lo que a mí me desconcertaba.

Cuando llegamos al bar Sinatra, me soltó y se adelantó hacia una mesa de la terraza donde se encontraba una pareja sentada, que sonreía mientras observaba cómo nos acercábamos a ellos. Alí era un individuo alto y fuerte de cuarenta y pocos años. Lamía era menuda y muy guapa. Hablamos sobre todo de deportes, pues Alí era un gran deportista y dedicaba parte del día al ejercicio. Me contaron que hacía cinco años que se habían ido de Argelia, ya que era del todo imposible vivir allí. Al principio se instalaron en Francia, pero hacía unos meses habían decidido ir a vivir a Marbella, tras haber pasado unas breves vacaciones en el Marbella Club; entonces se convencieron del paraíso único que es la Costa del Sol. Lamía nos explicó que la vida en París era muy cara y que, además, en Francia no se goza de la calidad de vida que hay en España. Tenían, según nos contaron, un hijo, que estaba estudiando en un carísimo colegio de Guadalmina.

Tan bien congeniamos que Alí me invitó a jugar con él al día siguiente una partida de tenis y luego a comer los cuatro en su casa. Acepté con gusto la invitación y, tras despedirnos, como si nos conociéramos de toda la vida, continué mi paseo en compañía de Veronique hasta que me dejó para ir a comer a su casa con su hijo.

Esa tarde decidí recluirme en mi morada e intentar de nuevo preparar algún artículo para el periódico. Hacía tres años que trabajaba como colaborador ocasional para varias publicaciones nacionales. Anteriormente había tenido varios negocios que me entramparon con los bancos y me hicieron perder hasta la camisa. Vivía en el centro de Marbella, en un pequeño apartamento de renta baja donde el sol sólo se dignaba visitarme por las tardes. Un dormitorio, un salón, un cuarto de baño y una cocina eran mi reino. De los embargos, pude salvar mi biblioteca y algún cuadro. Era un cuarto piso sin ascensor en un edificio antiguo; en la comunidad de vecinos se mezclaban prostitutas baratas, putononas troyonas —como dicen los italianos—, y ancianos desamparados de sus familias.

Las musas seguían sin acudir y las cuartillas eliminadas y arrugadas se amontonaban a mis pies. Decidí abandonar el intento y puse la televisión. Daban las noticias locales, que hablaban de un asesinato en una lujosa urbanización de las afueras de Marbella. Un matrimonio había sido asesinado a tiros la noche anterior mientras dormía. Según la Policía, se trataba de un ajuste de cuentas entre bandas mafiosas. Últimamente, la prensa y la televisión se referían con asiduidad a las mafias organizadas de la Costa del Sol y al problema del narcotráfico en la zona, algo que no beneficiaba la imagen de Marbella. Me preparé una sopa de sobre y una tortilla de patatas, y comí en el pequeño salón con la compañía de una emisora de música clásica que emitía un concierto de Albinoni.

El lunes amaneció soleado. Alí me estaba esperando en la pista de tenis. Naturalmente, perdí los dos partidos que jugamos. Mi nuevo amigo me animaba tras la insultante derrota, achacando mi torpeza en la pista a la falta de entrenamiento, y me aconsejaba una partida diaria con él. Había en él algo que me llamaba mucho la atención, su timidez. Teniendo en cuenta que parecía un individuo con mucho dinero, daba la impresión de no quererlo aparentar. No tenía la prepotencia que caracteriza a los ricos. Otra de las cosas que me gustaba de Alí era su exquisita educación.

De las pistas nos dirigimos, en su coche, a su casa. La villa de Alí se encontraba en la misma urbanización donde habían ocurrido los asesinatos la noche anterior. Durante el trayecto, pudimos ver varios coches de la Policía y la Guardia Civil. Yo no hice el más mínimo comentario, ni él a mí tampoco, pero pude leer en su rostro un gesto de preocupación.

Abrió la entrada de la casa con un mando a distancia. Ante mí pude ver unos magníficos jardines perfectamente cuidados, que nos introducían hacia una especie de palacete de estilo árabe. Paró el coche en la puerta y tocó el claxon. Al instante, una pareja de filipinos aparecieron corriendo desde la otra parte del jardín; él nos abrió la puerta del coche y ella la de la casa. Entramos por un recibidor que comunicaba directamente a tres grandes salones separados por arcos. Frente a la puerta había unas escaleras que conducían al piso superior. La casa estaba decorada al estilo árabe; una de las estancias era un salón marroquí con un sofá alargado que rodeaba las paredes con las típicas mesillas de bronce. El resto de los salones estaba decorados con muebles de metacrilato, adornados con infinidad de figuritas de cristal y plantas artificiales Me hizo pasar a uno de los salones y, en ese mismo instante, aparecieron Veronique y Lamía interesándose por el resultado de nuestro encuentro deportivo. Durante un buen rato tuve que soportar las bromas de ambas, mientras nos atemperábamos con unos refrescos y unas aceitunas aliñadas al más rancio estilo magrebí. Cuando comentábamos las incidencias del partido, apareció el mayordomo filipino con un teléfono móvil en la mano que entregó a Alí. Este se disculpó y, abriendo unas puertas correderas del fondo del salón, se introdujo en otra estancia que me pareció un despacho. Lamía había preparado un cuscús argelino para comer y, aprovechando el espléndido día, había dispuesto la mesa en el jardín. La casa, por la parte de atrás, daba a un inmenso parque con una gran piscina climatizada. Al lado de la piscina, en un cenador de enredaderas, estaba preparada una mesa engalanada con flores. El mayordomo se había cambiado y apareció con un uniforme blanco de camarero.

Alí se unió a nosotros minutos después. Nos sentamos a la mesa y comenzamos a degustar la exquisita comida. El vino y el pan francés, la comida argelina, los postres marroquíes, el café italiano y el brandy español.

Nuestra conversación no fue excesivamente interesante. Durante la comida, hablamos de deportes, del problema de Argelia y del privilegio de vivir en Marbella. Sólo algo de mí pareció llamar la atención a Alí: fue cuando le comenté que me gustaba navegar.

—¿Sabes navegar? —me preguntó.

—Sí, hice el curso de patrón de yate y tengo el título.

—¿Tienes barco? —insistió con curiosidad.

—Alí, yo soy más pobre que las ratas. Por no tener, no tengo ni coche; el que he traído hoy es de un amigo que me lo presta cuando lo necesito, él tiene dos. Y encima, está tan viejo que, por las mañanas, en muchas ocasiones, no puedo ni ponerlo en marcha.

—¿Tan difícil es tu situación? —preguntó Lamía sin rodeos.

—No, no es difícil porque llevo años viviendo de la misma forma y me he acostumbrado. Me imagino que si, de repente, tuviese dinero, me sentaría mal.

—Pero, ¿qué es exactamente lo que haces?, ¿no trabajas? —insistió Lamía.

—Escribo para un par de periódicos y, de vez en cuando, ayudo a organizar las fiestas que se dan en esta zona en verano. Entre las dos cosas consigo comer todos los días del año y no tener que madrugar, que es algo que me aterra.

Alí y Veronique se partían de risa observando la cara de asombro de Lamía. La comida discurrió de una forma amena y distendida, consolidando nuestras mutuas simpatías. Veronique demostró, desde el principio, cierto interés por mí: apoyaba su cabeza en mi hombro o rozaba mi mano con la suya cuando tenía que hablar.

Serían las cinco de la tarde cuando Alí recibió la visita de un individuo misterioso, al que nos presentó como su abogado. Yo, en un principio, pensé que era argelino o marroquí, por su apariencia, pero resultó ser de Málaga. Estuvieron hablando en un extremo del jardín y, después, me llamaron para que me uniera a ellos, lo que hice mientras dejaba enfrascadas en una interesante conversación de moda a Veronique y Lamía.

Desde que fui presentado, Jesús Rodríguez —así se llamaba el abogado— me trató con la misma cordialidad que hubiera empleado con una persona a la que conociera de toda la vida. Se preocupó por mi situación y trató de animarme diciéndome que Alí quería ayudarme a salir de mis dificultades.

—Os lo agradezco, pero no lo veo fácil.

—Por eso no te preocupes —me alentó Jesús—. Alí es un hombre de negocios, y seguro que encontramos la forma de hacerte participar en algún asunto.

—¿A qué tipo de negocios te dedicas? —pregunté a mi amigo.

—Hago de todo. Todo lo que dé dinero —me contestó riéndose.

Mis visitas a la casa de Alí se hicieron habituales, no sólo porque pensara que pudiera ofrecerme algún negocio para salir de mi indigencia, sino porque era consciente de que valoraba mi amistad. La mirada de Alí era triste, y percibía cuándo le invadía la penuria afectiva. Sabía que apreciaba mi amistad y era consciente de que, teniendo todo lo que se puede adquirir con dinero, carecía de amigos. Para mí, Alí era una persona solitaria, triste y reservada.

Había ciertas cosas que me sorprendían en mi amigo y que no me parecían normales en un hombre de negocios: jamás madrugaba, siempre iba con un teléfono móvil en la mano, donde recibía infinidad de llamadas; por las tardes desaparecía de su casa, siempre acompañado de su abogado, Jesús Rodríguez, y no regresaban hasta altas horas de la noche.

Una mañana que fui a recogerle para jugar al tenis, mientras nos dirigíamos hacia las pistas, decidí transgredir su intimidad.

—Alí, nos conocemos desde hace más de un mes, y creo que nos hemos hecho amigos; al menos, me gustaría pensar que me consideras amigo tuyo —le dije mientras conducía por las calles de la urbanización.

—Por supuesto que somos amigos —me contestó con expresión bondadosa.

—Si me consideras amigo tuyo, no te importará si te pregunto a qué te dedicas exactamente.

—Ya te lo dije en su momento: me dedico a hacer negocios —me replicó riéndose.

—En algún negocio de esos que haces podría entrar yo. Ya sabes que mi situación no es buena y que necesito ganar dinero.

Alí paró el coche y, mirándome con el semblante serio, me dijo:

—Mis negocios son muy especiales, y tendrías que estar plenamente convencido de que quieres participar en ellos con todas sus consecuencias.

Yo no entendí la trascendencia de sus palabras y continué la conversación por mis derroteros.

—Como tú sabes —le contesté tras unos segundos de silencio—, yo no tengo capital para invertir; tampoco tengo propiedades, pero necesito urgentemente dinero, ya que lo que sí tengo es multitud de deudas que no me dejan dormir. Si me he atrevido a pedirte ayuda es porque verdaderamente la necesito. Mi situación es, desde hace unos días, absolutamente caótica y desesperada.

Alí reposó su mirada en unos niños que jugaban en la calle y, tras unos minutos, me dijo:

—Ahora vamos a jugar al tenis; luego hablaremos de este asunto.

Tuvimos que suspender la partida de tenis, pues, tras recibir una llamada telefónica, me informó de que tenía que ausentarse durante unas horas por un asunto importante. Le acompañé a su casa para recoger mi coche, me despedí de él y, cuando iba a irme, aparecieron Lamía y Veronique, de regreso de hacer compras. Detuve mi coche al lado del suyo en la puerta de la villa para saludarles, y Lamía aprovechó para invitarme a comer. Yo no podía rehusar tal gentileza, máxime cuando la alternativa consistía en una ensalada y una pasta cocinada por mí, que sólo cooperaban a mi consunción.

Lamía nos obsequió con una magnífica kefta, ensaladas y unos lenguados, que hicieron que olvidase por unos instantes todos mis problemas. Como el sol era generoso con el día, nos sentamos a tomar el café al lado de la piscina. Veronique se remangó las faldas para que los rayos del sol acariciaran sin contrariedad su piel.

—Te la comes con la mirada —me dijo Lamía, que no había perdido detalle de mi reacción.

—Sí, la verdad es que nuestra amiga tiene unas piernas dignas de un homenaje.

—Pues a ver cuándo me lo haces —replicó Veronique abriendo un ojo, monopolizado por los rayos del sol.

Lamía no paraba de reír y me animaba a que no perdiera el tiempo y le tomara la palabra.

Las dos mujeres aprovecharon su mayoría absoluta para resarcirse de los comentarios que habitualmente hacíamos nosotros de ellas.

—Lamía —preguntó Veronique con sonrisa maliciosa—, ¿es verdad que los árabes están mejor dotados que los nuestros?

—Pues, hija, no lo sé. Yo no puedo comparar; sólo he tenido la experiencia de Alí.

—Vamos a ver —continuó Veronique mirándome con ganas de guerra—. La tuya, ¿cuánto mide? —me preguntó sin reparo.

—La verdad es que nunca la he medido, pero creo que supera la media nacional.

—Esa contestación no me sirve —me respondió con rapidez. Y, dirigiéndose a su amiga, le interrogó: —Lamía, ¿cuánto mide la de tu marido?

—Un tanto así —le contestó Lamía separando ambas manos.

—Y de ancha, ¿cómo es?

—Mira, Veronique, vete al cuerno.

—No, no, dímelo. Tengo interés por saberlo.

—Así —le replicó Lamía indicándoselo con las dos manos.

—!Joder!, qué suerte tienes. Los sementales nuestros la tienen mucho más pequeña.

—Oye, no te pases —le interrumpí—. Ni la tenemos más pequeña ni es de menos calidad.

—¿Estás seguro? —me dijo con gesto de desafío.

Me acerqué a ella y, sin mediar palabra, le di la mano y le hice levantarse de la silla con suavidad. Cuando estuvo de pie frente a mí, dirigí su mano con la mía hacia mi entrepierna, sin oposición por parte suya, y la dejé ahí. Ella me sonrió; movió su mano por encima del pantalón; con lentitud, bajó la cremallera, ante la mirada socarrona de Lamía, e introdujo su mano por ella.

Yo me sorprendí de su audacia, pero procuré disimularlo aparentando absoluta normalidad.

Unos aplausos sonaron tras de mí. Eran Alí y Jesús que, desde la terraza del salón, habían presenciado la escena. Veronique les sonreía sin sacar su mano de mi pantalón, lo que tuve que hacer yo.

—Dime, Veronique —le dijo Alí en voz alta—, ¿quién la tiene más grande, los árabes o los europeos?

—No lo sé, tendría que tocar la tuya —le contestó sin el menor recato y ante las risas de los demás.

Alí venía contento y decidió que esa noche iríamos todos a cenar con unos amigos suyos que habían venido de Italia. Quedamos a las nueve y media de la noche en un restaurante italiano de San Pedro de Alcántara. El resto de la tarde estuve en el gimnasio del hotel Atalaya Park nadando en la piscina cubierta, y después en la sauna. Tras la saludable sesión me fui a casa para cambiarme de ropa y acudir a la cena.

Cuando llegué al restaurante ya habían llegado todos, y me esperaban sentados a la mesa. Además de

Alí, Lamía, Jesús y Veronique, había otras tres personas: una chica española que se llamaba Carmen y era la novia de Jesús, y dos hombres; uno se llamaba Giuseppe, italiano, y el otro Jean, francés.

—Mi amigo Juan —dijo Alí refiriéndose a mí— es navegante, escritor y un buen jugador de tenis. Quizá podamos luego hablar de negocios con él —dijo a modo de presentación, obviando cualquier preámbulo.

Giuseppe asintió con la cabeza y esbozó una agradable sonrisa. Desde el primer momento, tanto él como Jean me cayeron bien, y yo, por lo que pude observar, también a ellos. La cena resultó amena con las aventuras que fueron relatando los dos amigos de Alí de sus viajes por Europa.

Después de cenar decidimos ir a tomar una copa a la Notte, una discoteca que se encuentra situada en las Lomas del Marbella Club. Al entrar, dejamos que las señoras se sentaran en una mesa, y nosotros nos fuimos a la barra para poder hablar de negocios. La discoteca se encontraba abarrotada de gente. Casi todo el público superaba la cuarentena, y la mayor parte eran grupos de matrimonios. En la pista de baile, dos esculturales rubias de origen polaco hacían las delicias de los caballeros que estaban en el local, —que constaba de dos pisos con cómodos sofás rodeando la pequeña zona donde se danzaba—, los cuales apartaban con velados empujones a los demás para poderse hacer sitio. Desde el piso superior se podía ver la pista de baile y otra barra con una pequeña terraza que sólo se utilizaba en verano. La decoración no seguía un estilo determinado, y con ella parecía buscarse un aire decadente y bohemio que hiciese del local un lugar lo más acogedor posible, mediante la combinación de toda suerte de tendencias. Su directora, Menchu, una auténtica institución en la vida noctámbula de Marbella, no paró en toda la noche de saludar a los grupos que llenaban su local y de acomodar a los que continuamente iban llegando. Los camareros, con sus esmóquines impecables, recorrían con bandejas las estancias atendiendo con presteza a los clientes, y hacían verdaderos equilibrios para pasar entre los asistentes sin que se les cayera nada.

Los negocios de Alí

Conseguimos colocarnos en un extremo de la barra de la primera planta, pero, viendo que había demasiada gente a nuestro alrededor, decidimos subir al segundo piso. Allí había una terraza con media docena de mesas atendidas por una guapa camarera rubia. Nos sentamos en una de las mesas, y después de servirnos las consumiciones, retomamos nuestra conversación.

—Bueno, como ya os adelanté, nuestro amigo Juan está necesitado de dinero —les expuso Alí a sus amigos.

Giuseppe, tras unos segundos de silencio, se dirigió a mí diciendo:

—No sé si Alí te habrá hablado del tipo de negocios que hacemos. Tú sabes que ganar dinero no es fácil. Si te dedicas a los negocios rigurosamente legales, no ganas nada. De hecho, entre sueldos, impuestos y bancos, tienes más posibilidades de arruinarte que de ganar, y, en el mejor de los casos, te vuelves un esclavo del trabajo para poder malvivir. Nuestros negocios no son totalmente legales, pero tampoco son puramente delictivos. Digamos que, moralmente, son lícitos, pero que no son admitidos por las leyes actuales.

Yo le escuchaba con atención, con la clara convicción de que su discurso lo utilizaba como lenitivo y que en breve me sorprendería.

—Tú sabes —continuó— que las leyes cambian y se acomodan a los tiempos. Acordaos de la ley seca en los Estados Unidos, por la cual se prohibía el consumo y el comercio con el alcohol —apuntó mirándonos a todos—. Durante ese periodo los contrabandistas se hicieron de oro, y, después de años de guerras entre mafias, de asesinatos y de desgaste de la Policía, se volvió a legalizar el consumo y comercio del alcohol. No sé si has visto la película "Los intocables" —me dijo mirándome con cara de seriedad—. A Eliot Ness, después de conseguir meter en la cárcel a Al Capone, se le acerca un periodista y le dice: "Señor Ness, ¿se ha enterado de que van a legalizar el alcohol? ¿Qué hará ahora?". Y él contestó: "Me tomaré una copa". Es decir, que después de haberse pasado toda la película a tiros para que nadie bebiese, descubrimos que al propio Ness le gustaba "soplar", y que, como un idiota, se había jugado el tipo por evitar algo con lo que ni él mismo estaba de acuerdo, ya que tan sólo era producto de una legislación hipócrita y puritana de unos cuantos gobernantes.

—Giuseppe, por favor, ve al grano —le interrumpí.

—Como quieras —me dijo frunciendo el ceño—. Nosotros somos importadores de hachís.

—¿Importadores, dices? —le contesté con acritud—. Vosotros sois narcotraficantes.

—Ya empezamos con las chorradas —me gritó— ¿cuántas personas conoces que se hayan muerto por fumar porros? La palabra narcotraficante es el producto de la ignorancia de cuatro periodistas y del ansia de ponerse medallas de unos cuantos policías desgraciados. Dime —continuó con brusquedad— ¿cuántos conoces que se hayan muerto por fumarse un porro? —insistió en su argumento—. ¿Acaso tú no te has fumado alguno? ¿Crees que hay aquí, en este local, alguien que no se lo fume de vez en cuando? Eso sin contar los políticos, jueces y policías que lo fuman. Yo, la verdad, no considero que eso sea narcotráfico, porque no se trata de un narcótico. Para mí es peor el alcohol, o el mismo tabaco. Lo único que, de momento, se ha demostrado es que hay miles de personas que mueren todos los años de coma etílico, y, sin embargo, al que vende güisqui no se le llama narcotraficante. El hachís es hierba y se utiliza desde siempre. En Marruecos, y en el Magreb en general, se utiliza una esencia de "cánnabis", que no es otra cosa que cáñamo, para cocinar y para preparar unos deliciosos pastelitos.

—Si es así —le interrumpí alterado—, ¿por qué está prohibido?

—!Coño!, me parece que tú eres un poco gilipollas. Está prohibido porque interesa que lo esté. Porque sería un escándalo en una sociedad tan puritana como en la que vivimos legalizarlo. Porque si se legalizase en Marruecos, más de ochenta mil familias se morirían de hambre y eso se convertiría en otra Argelia. ¿Tú crees que los holandeses son estúpidos? En Holanda está legalizado y no se van muriendo por las calles. Pero que conste que yo estoy encantado de que esté prohibido. Si no fuese así no habría negocio, ¡"capullo"!

—El problema no es ese —le volví a interrumpir, ya más calmado—. El problema es que se empieza fumando un porro y se acaba inyectando drogas mortales.

—Mira, Juan. El camino de los drogadictos no empieza por un porro, porque si fuese así, antes del porro está el alcohol, y antes el tabaco. Los drogadictos, y llamemos así a los que consumen drogas de verdad, comienzan su andadura a lomos de la depresión, de la ausencia de ganas de vivir. A la droga se va por problemas que te empujan a buscar algo, aunque sea artificial, que te haga olvidar y precisamente, esos problemas no se solucionan fumando un porro. De todas maneras, no quiero influirte en nada. Nosotros, ya sabes lo que hacemos. Tenemos barco y necesitamos un patrón. Si te interesa nos lo dices, y si no, olvidas esta conversación. ¿Está claro? —me dijo con gesto duro.

Regresamos a la mesa en la que se encontraban las chicas, y no volvimos a mencionar el tema, ni nada relacionado con los negocios. Ellas, como si hubieran agudizado su sexto sentido, tampoco preguntaron.

Serían las tres de la mañana cuando decidimos irnos de "La Notte". Yo acompañé a Veronique a su casa y me quedé con ella toda la noche.

Veronique vivía en un lujoso apartamento cerca de Puerto Banús. Su dormitorio miraba, generoso, al puerto deportivo, donde aún se observaba ambiente. La noche fastuosa fue el espectador adecuado para nuestra vehemente intimidad. Veronique unió su cuerpo al mío con pasión y con la voluptuosidad que concede el deseo, la disposición. La alborada fusionó nuestros cuerpos exhaustos de placer. Mientras desayunábamos envueltos con las sábanas que nos cobijaron durante la noche, llevé la conversación al terreno que me interesaba.

—¿Tú sabes exactamente a qué se dedica Alí? —le interrogué sin excesivo interés.

—Creo que no hay que ser muy sagaz para imaginar a lo que se dedica —me contestó en el mismo tono que yo empleé.

No supe cómo seguir la conversación. Su mirada me impedía continuar con el tema. Era como confesar mi estupidez, ya que, evidentemente, yo no había sospechado nada. Debió de leerme el pensamiento porque sin preámbulo me dijo:

—Debes tener cuidado. Alí utiliza a las personas para que hagan la parte arriesgada, y tú no sabes nada de esos asuntos. No me gustaría que te ocurriera nada malo.

—¡Vaya!, te agradezco que te preocupes de mí.

—Debo hacerlo. Me follas muy bien —me dijo mientras se levantaba con dirección al cuarto de baño.

Cuando volví a mi inmundo apartamento, vi que tenía un mensaje en mi contestador. Era mi ex mujer, que me reclamaba los dos meses que le adeudaba. Me tumbé en la cama y observé lo que me rodeaba: miseria. Llamé al periódico para intentar, sin éxito, que me adelantaran algo de dinero. Mi situación superaba la precariedad: me quedaban tres mil pesetas y debía más de un millón. No veía posibilidad de conseguir dinero. Volví a recostarme en la cama para poder rememorar con mayor comodidad mi infortunio: mi mujer me abandonó por no ser capaz de mantenerlas; a mi hija la mantenía su madre y yo no podía ni tan siquiera cooperar al más mínimo de los caprichos de una adolescente de diecisiete años. Me sentía mal conmigo mismo, culpable de no ser capaz de cuidar de mi propia hija. Me di la vuelta, desesperado por la impotencia, buscando afanosamente una solución. Llevaba más de un año buscando un trabajo que me liberase de esta situación, pero no había podido encontrarlo. Era demasiado mayor para comenzar de nuevo. Me había ilusionado pensando que, con Alí, iba a poder trabajar, sin sospechar a lo que verdaderamente se dedicaba, y ahora me encontraba con que esa solución no existía. Mi amigo era un delincuente, y no un empresario, como yo había supuesto.

Durante cinco días intenté buscar un remedio legal a mis problemas, y dejé de visitar a Alí. Ya no me apetecía verle. No quería mezclarme con personas que podían traerme problemas, ya tenía yo suficientes. Por las noches tenía pesadillas soñando con la cárcel, y durante el día mis acreedores, que cada vez eran más, me asediaban. Una tarde recibí una llamada de mí ex mujer, diciéndome que necesitaba urgentemente medio millón de pesetas porque, de otra forma, las echaban de la casa. En ese momento me di cuenta que tenía que hacer lo que fuese para ayudarlas. Fue cuando abandoné voluntariamente mis escrúpulos y decidí poner punto y final a tanta penuria. Cogí el teléfono y llamé a Alí. Le dije que necesitaba hablar con él, y me citó en su casa para comer.

Comimos él y yo solos, lo que me facilitó poder sincerarme.

—Alí, he estado pensando en la proposición que me hicisteis hace unos días —le dije para entrar de lleno en el asunto.

—¿Y qué has decidido? —me contestó sin apartar su mirada del plato.

—Me gustaría que me dieses más detalles de lo que tendría que hacer y de cuánto podría ganar.

—¿Hacer? —sonrió—. Ya lo sabes. Nosotros tenemos un barco de dieciséis metros y necesitamos un patrón que lo lleve. ¿Sabes utilizar un GPS?

—Sí, claro que lo sé.

—Pues entonces es fácil: te damos las coordenadas del punto de carga; cargas y te traes el barco al lugar que te digamos. En el lugar de descarga se te acercará una "zodiac", le entregas la carga y regresas con el barco a su puerto habitual. No hay más explicaciones.

—¿Iría solo?

—No, te acompañará un marinero, y en el punto de carga embarcará el "garantía".

—¿Qué es un "garantía"?

—Un hombre de confianza del dueño de la carga.

—¿No sois vosotros los dueños de la carga?

—No, nosotros somos transportistas, nada más.

Me temblaban las piernas. Nunca pensé que me encontraría en esa situación, y mucho menos planteándome aceptar una propuesta de ese cariz.

—¿Qué cantidad tendría que cargar? —le pregunté bajando el volumen de la voz.

—Dos, tres, cuatro, cinco. Depende del cliente.

—Te refieres a doscientos kilos.

Alí levantó la mirada y, con expresión incrédula, me contestó:

—No, me refiero a toneladas.

Yo me quedé sin voz, no podía hablar. Ya no eran las piernas, era el cuerpo entero el que me temblaba.

—Mira, Juan —continuó—, esto es un trabajo de profesionales —me dijo mirándome fijamente—. El riesgo es muy alto, y un fallo en uno de los componentes de la organización puede poner en peligro a los demás. Creo que tú no eres la persona adecuada para esto. Te aprecio, y no me gustaría verte en la cárcel. Creo que puedes servir para otras cosas, con menos riesgo, en las que también puedes ganar dinero. Déjame un par de días y te buscaré algo para que puedas salir del apuro económico en que estás.

—Alí, no me queda mucho tiempo. Necesito urgentemente medio millón —le dije casi desesperado.

—No te preocupes. Todo puede esperar siempre unos días. Ya te irás dando cuenta que nunca hay nada inmediato, salvo la muerte, claro.

Nos despedimos con un fuerte apretón de manos.

Pasó una semana sin que Alí hablara más del asunto. Yo iba cada día a su casa para jugar nuestra ya habitual partida de tenis, y muchos días me quedaba a comer con ellos. Mis problemas se agravaban por momentos. Había comenzado a vender las pocas cosas de valor que tenía para poder comer. El periódico estaba pasando por una mala racha y había serio peligro de que tuvieran que cerrar con suspensión de pagos. A mis amigos no podía recurrir, pues a los más íntimos ya les debía dinero, y comenzaban a huir de mí cuando me veían. Mi ex mujer me llamaba a diario, acuciándome con su problema. Alí me observaba y se daba cuenta de mi estado, pero parecía pretender que tocase fondo para ayudarme.

Un día, cuando habíamos acabado de comer y me disponía a volver a casa, me dijo que me quedase, ya que iban a venir unos amigos suyos y quería que los conociese para hacer un trabajo para ellos. No le pregunté acerca del trabajo. Mi desaliento era tal, que estaba dispuesto a hacer lo que hiciera falta.

Dos individuos con aspecto de mafiosos llegaron en un "Bentley" sobre las cinco de la tarde. Uno era italiano y el otro ruso. Alí no nos presentó. Ellos me estrecharon la mano cuando entraron en la casa, pero no pronunciaron palabra.

—Estate tranquilo —me dijo Alí—. Son dos socios que necesitan que una persona les haga un recado. Este es el amigo del que os hablé —les dijo mientras me observaban sin pronunciar palabra—. Es de absoluta confianza, así que, si os parece, le explico lo que debe hacer.

Los dos asintieron con la cabeza, sin despegar los labios.

—Mira, mañana por la mañana vas a coger un avión y te vas a ir a Lyon. Allí te irá a recoger una persona, y te entregará un millón de francos franceses. En cuanto los tengas te vuelves. Se te pagará el billete de avión. Te daré cincuenta mil pesetas en concepto de gastos, y cuando regreses te entregaré medio millón. ¿Estas de acuerdo?

—Claro —le contesté sin titubear.

—Muy bien. Pues ven aquí mañana a las siete en punto.

Esa noche casi no pude dormir. No pensaba en los riesgos que iba a correr, sino sólo en que podría solucionar el problema de mi familia con ese dinero. En realidad, recibiría quinientas cincuenta mil pesetas, ya que los gastos los iba a reducir a un paquete de tabaco.

A las siete menos cuarto de la mañana me encontraba en la casa de Alí. La puerta del jardín se abrió para dejar pasar mi coche. Cuando me disponía a entrar en la casa salió un hombre que nunca había visto, de aspecto magrebí y de complexión fuerte. Me dio la mano y me dijo que le acompañara. Atravesamos el jardín y entramos en el garaje. Me indicó que subiera en el coche de Alí y, sin pronunciar palabra, arrancó el motor y salimos de la casa. Cuando entramos en la autopista se puso a ciento ochenta kilómetros por hora e introdujo una cinta de música árabe en el equipo de música del coche. No hablamos de nada durante todo el trayecto hasta el aeropuerto. Me dejó en la misma puerta y, sin bajarse del coche y sin decir nada, me dio un sobre.

Entré en el aeropuerto y abrí el sobre. En su interior había un billete de avión y cincuenta mil pesetas. Me dirigí al mostrador. No llevaba equipaje, así que recogí la tarjeta y entré directamente en la sala de embarque. Al llegar a Madrid tenía que cambiar de avión. Recorrí todo el aeropuerto hasta la terminal de salidas internacionales. Allí embarqué en un "Fokker" que hacía escala en Toulouse. Llegué a Lyon sobre la una del mediodía. No sabía quién iba a recogerme ni entendía que él pudiese reconocerme. Cuando llegué a la sala de llegadas, me senté en uno de los bancos. Había mucha gente, y pensé que sería imposible que me reconociera. No habían transcurrido ni cinco minutos cuando un individuo que estaba sentado detrás de mí me dijo en francés: "No mires hacia atrás. Ve al restaurante de la primera planta y come allí sin prisa. Nosotros nos pondremos en contacto contigo". Cuando me levanté del asiento, ya no había nadie. Hice lo que me había indicado: subí a la primera planta para buscar el restaurante.

El comedor estaba decorado al más puro estilo francés. La comida parecía deliciosa. Decidí tirar la casa por la ventana y comer bien; al fin y al cabo, no tenía ni idea de cómo iba a acabar ese viaje. Pensé que lo que estaba pasando ocurría sólo en las películas de espías, y nunca hubiera sospechado que iba a vivir una aventura como esta. Lo que más me asombraba es que no estaba alterado o nervioso; por el contrario, estaba disfrutando tanto, como cuando de niño jugaba a los policías y ladrones.

Pedí de postre un helado de nata con chocolate caliente. Cuando estaba a punto de acabarlo, un hombre alto con un traje gris entró en el local y se dirigió a mi mesa. Se sentó frente a mí y me preguntó si había comido a gusto. Su voz no era la misma que me había hablado en la sala del aeropuerto.

—¿Quién es usted? —le pregunté.

Él sonrió y me dijo:

—No se preocupe, no soy de la Interpol. Soy amigo de un conocido suyo, y debo darle algo para nuestro amigo común. Así que, si usted ha terminado de comer, le rogaría que me acompañara.

Nos levantamos de la mesa, se dirigió al camarero y pagó mi cuenta. Subimos en su coche, un viejo "Renault 12", que se encontraba estacionado en el aparcamiento del aeropuerto, y nos dirigimos hacia la periferia de la ciudad. Hacía mucho frío y no paraba de llover. Pasamos al lado de un hipermercado donde moderó la velocidad. A unos cien metros dio la vuelta y se dirigió al "parking". Cuando llegamos me pidió que me bajase y esperara sin moverme del sitio. Él continuó y desapareció de mi vista. Hice lo que me había indicado. Esperé unos diez minutos, al cabo de los cuales se detuvo un "Peugeot" delante de mí y el conductor me dijo que subiera. Este tampoco hablaba. Nos dirigimos hacia un polígono industrial, paramos al final de una de las calles y tocó el claxon. La puerta de un almacén se abrió y entramos con el coche. Se cerró la puerta del hangar, que únicamente estaba iluminado por una tenue luz. Nos bajamos del coche, y el tipo que me había traído me invitó a caminar hacia el extremo del almacén. En el fondo vi una mesa con un flexo y un hombre sentado tras ella. Tenía el flexo en dirección opuesta a él, por lo que, cuando me acerqué, no podía ver su rostro. Sobre la mesa había un paquete.

—Siéntese —me indicó con firmeza el hombre de la mesa.

Me senté frente a él.

El individuo empujó el paquete hacia mí y me dijo:

—Ábralo y cuente.

Abrí el paquete y comencé a contar los francos que contenía. Pude observar que, de pie, tras de mí, se colocaron dos hombres de gran corpulencia. Cuando finalicé, el que estaba sentado me preguntó:

—¿Cuánto ha contado?

—Un millón —le contesté.

—Entonces está todo correcto. Le acompañarán al aeropuerto. Buenas tardes.

Introduje el dinero en dos sobres grandes que había encima de la mesa. Me levanté y me dirigí al coche, flanqueado por los dos individuos. Me senté en el asiento de al lado del conductor, mientras que el otro se sentó en el asiento de atrás. El hombre que me había traído había desaparecido como por arte de magia. La puerta se abrió automáticamente y salimos del almacén. No había dejado de llover y un frío interior recorría mi cuerpo. Entonces me di cuenta de que sí estaba nervioso. Durante todo el trayecto no dijeron ni una palabra. Sólo cuando paró el coche, el conductor me indicó que continuase andando por la calle y que encontraría el aeropuerto.

Entré en los servicios del aeropuerto y me coloqué los dos sobres debajo de la camisa. Como llevaba un jersey gordo y un chaquetón, no se notaba nada. Subí al avión tras pasar por el control de la Policía sin problemas. Lo mismo sucedió en el aeropuerto de Madrid. Cuando llegué al aeropuerto de Málaga me esperaba el mismo hombre que me había llevado por la mañana. Nos dirigimos a la casa de Alí. Cuando llegamos eran más de las dos de la mañana. Alí me esperaba en el salón tomando un té.

—¿Todo bien? —me dijo sonriendo.

—Sí —le contesté mientras sacaba ambos sobres de debajo de mi ropa. No los abrió.

Los dejó encima de la mesa y me entregó otro a mí.

—Que pases una buena noche —me dijo a modo de despedida.

Cuando llegué a casa, un cansancio interior se adueñó de mí. Me tumbé en la cama y me quedé dormido, sin tener fuerzas ni ganas de desnudarme.

Amanecí pasado el mediodía, y tuve que hacer esfuerzos para comprender que lo que había vivido el día anterior había sido real y no fruto de un sueño. Abrí el sobre que tenía aún en el bolsillo del chaquetón y vi que contenía seiscientas mil pesetas. Me duché y me dirigí a casa de Alí. Cuando llegué me esperaba con la ropa de tenis.

—Ayer te confundiste —le dije nada más verle.

—¿En qué me confundí? —me contestó sonriendo.

—En la cantidad; me has dado cien mil pesetas de más. Toma, aquí las tienes —le dije dándole el sobre.

—Eres un tío honrado, quédatelo. Es una propina por tu honestidad; estoy seguro que haremos más cosas juntos —me respondió sin perder su sonrisa ni su tono de cordialidad.

Mi situación financiera comenzó a cambiar. En sólo un mes hice tres veces de correo para Alí y sus amigos. Viajaba especialmente a diferentes lugares de Holanda. Pactamos un cinco por ciento sobre la cantidad que trajese y que pagarían ellos los billetes de avión. No había un mes en que mis ingresos bajaran del millón de pesetas. Cambié mi pequeño apartamento por una casa a las afueras de Marbella, en una agradable urbanización llamada la Heredia. Pude comprarme un coche y comencé a disfrutar de la vida. El dinero abre todas las puertas, y también abrió las de las relaciones con mi ex mujer. Es curioso el poder del "vil metal": cuando eres pobre, no se te concede ni el derecho a ser simpático. Por el contrario, cuando la fortuna llama a tu puerta te conviertes, de inmediato, en un ser atractivo y cordial para esas mismas personas que en otro tiempo no te podían soportar, o te ignoraban, en el mejor de los casos.

Comencé a salir por las noches y a acudir a los lugares de moda. De vez en cuando salía con Veronique y el grupo de amigos de Alí. Con Giuseppe, mis relaciones eran cada vez mejores y, como era amigo de las juergas nocturnas, empecé a conocer con él todos los tugurios de la ciudad.

Una noche en que había regresado de uno de los viajes y me sentía eufórico y con ganas de marcha, decidí acercarme a un club que había conocido días atrás con mi amigo. Cuando entré, vi a Jean recostado sobre la barra, completamente borracho. Me acerqué a él y le convencí para acompañarle a su casa. Le subí en mi coche y me dirigí a Fuengirola, donde él vivía. Los efectos del alcohol le imponían decir cosas sin sentido; repetía constantemente que yo era su amigo y que a mí nunca me traicionaría. En un momento determinado comenzó a hablar de Alí. Me decía que tuviese cuidado, que era muy peligroso y que no quería que me pasase nada. Yo no le hacía caso, pensaba que todo era fruto de su estado de embriaguez. Le dejé en la puerta de su casa pero, cuando me disponía a ir, me retuvo por el brazo. Sacó un revólver del bolsillo, me lo entregó y me dijo: "Quédatelo, quizá algún día te haga falta".

Yo lo cogí pensando que, en su estado, lo mejor que podía hacer por él era llevarme el arma. Al día siguiente, me desperté temprano y me dirigí a casa de Alí para jugar nuestra partida de tenis. Cuando entré en la urbanización, vi que había varios coches de la Policía en la calle donde él vivía. Un presentimiento me hizo dar la vuelta. Fui al club de tenis y pregunté al portero qué había ocurrido.

—¿No se ha enterado? —me preguntó con cara de extrañeza.

—No. ¿Qué pasa? —insistí.

—Si espera al señor Alí para jugar, le sugiero que no pierda el tiempo. Le han detenido hace unas horas.

—¿Le han detenido?

—Sí, a primera hora de la mañana; ha habido hasta tiros. Han venido como seis coches de la Policía y un helicóptero ha estado volando por encima de la casa.

—¿Sabe usted el motivo de esa detención?

—Según me ha dicho uno de los policías es por drogas. Parece ser que hacía tiempo que le seguían, y creo que esta noche han incautado un alijo en un barco de su propiedad. Aunque yo tengo otra información.

—¿Qué información?

—Me ha dicho el jardinero, que tiene un cuñado en la Policía Nacional, que el señor Alí está metido en un asesinato que ocurrió aquí hace unos meses.

—¿Cómo que está metido en un asesinato? —le pregunté alterado.

—Hace meses asesinaron aquí a un matrimonio que vivía en esa casa de allí arriba. Parece ser que él era socio del señor Alí y, según dicen, el señor Alí ordenó que le matasen por un problema de dinero. La Policía sospechaba, pero no podía probar nada. Por eso comenzaron a vigilarle, y esta noche han cogido a toda la banda.

—Bueno, tal y como están las cosas, es mejor que vuelva a mi casa.

—Sí, es lo mejor no vaya a ser que la Policía, con eso de que usted es amigo del señor Alí, le meta en la trama.

El corazón me golpeaba el pecho con una intensidad que pensé me iba a reventar. Lo primero que se me vino a la cabeza fue que si le habían estado vigilando, por razones obvias, me detendrían a mí también. Al llegar a casa llamé a Jesús a su despacho. La secretaria me dijo que no estaba, que había ido a la comisaría de Estepona. Ante mi insistencia me dio un número de teléfono móvil para que pudiera contactar con él. Cuando conseguí hablarle me tranquilizó y me dijo que le esperase en casa para comer juntos. Su tono de voz, reposado, me alivió, aunque continuaba mi estado de excitación.

Jesús me recogió pasadas las tres de la tarde. En cuanto me subí en su coche le pregunté por lo que había ocurrido. Su voz seguía siendo reposada, pero su aspecto era de preocupación:

—Anoche detuvieron, cerca de Almería, un yate con tres toneladas de hachís. El barco está a nombre de una sociedad gibraltareña, pero el patrón ha confesado que pertenece a Alí y hoy por la mañana le han detenido.

—Según me han dicho —intervine—, hubo disparos.

—Sí, los que hizo la Policía. El tema está muy revuelto. Vamos a comer algo, que yo todavía no he tomado nada desde las ocho de la mañana, y te seguiré contando.

Nos dirigimos a una pizzería del centro de la ciudad y nos sentamos en una mesa del fondo del comedor para poder hablar con tranquilidad.

—Por favor, Jesús, cuéntame la verdad —le dije en tono casi de súplica—. Me han dicho que hay un asesinato por medio.

—Mira, Juan, el tema es muy complicado. Hace tiempo que la Policía quería meter mano a Alí, pero no habían tenido la oportunidad. En cuanto al asesinato, la relación que pueda tener con Alí es producto de las especulaciones de la Policía. La única relación que existe entre Alí y los asesinados es que ellos eran socios para algunos asuntos.

—¿Qué tipos de asuntos?

El hombre al que asesinaron era el contacto de Alí para vender la mercancía en el norte de Europa. Según tengo entendido, pagó por adelantado dinero de un cliente para comprar mercancía, pero el moro, en vez de enviársela, le cargó fardos con jabón de la marca Lagarto. El socio de Alí no se preocupó por verificar la calidad de la mercancía, y envió el camión desde Marruecos a Bélgica. Cuando el receptor vio la carga, pensó que era un engaño del socio de Alí y le envió un par de cobradores, y no precisamente de los de "el frac". En fin, la historia se saldó con las muertes de él y de su mujer mientras dormían.

—¿Por qué quieren relacionar a Alí?

—Porque tienen que cargarle el muerto a alguien.

—No entiendo nada —le dije con desesperación.

—Ni tú ni nadie.

—Pero el barco es de Alí, ¿verdad?

—El barco es de una sociedad, y punto. Lo que ocurre es que el patrón acusó a Alí, me imagino que porque la Policía le presionó.

—Ya, pero esto es un Estado de Derecho. No creo ni que la Policía le torturase, ni que por la mera acusación del patrón de un barco vayan a meter a Alí en la cárcel.

—Pues te equivocas —me contestó Jesús, visiblemente irritado—. Lo importante para ellos es que ahora saldrá en los periódicos que la Policía, tras meses de investigación, ha conseguido detener a una importante red internacional de narcotraficantes que operaban en la Costa del Sol. Mira, este es el país con más policías que conozco, con la peculiaridad de que cada Cuerpo va a su aire. En fin, Juan, estoy de muy mala leche, y prefiero dejar de hablar de todo esto.

—¿Qué será de Lamía?

—De entrada, se queda hoy en la calle, ya que según nuestras leyes de Estado de Derecho, se considera que todas las propiedades son producto del narcotráfico y le confiscan hasta el coche. Luego, ya veremos.

—¿Tú crees que habrá nuevas detenciones?

—Si me lo preguntas por ti, quédate tranquilo.

Me despedí de Jesús y quedamos en que me llamaría en cuanto tuviese noticias que contarme. Me fui directamente a casa de Veronique, con la esperanza de poder contactar, a través de ella, con Lamía. Veronique me abrió la puerta y me abrazó.

—Creí que te habían detenido también a ti —me dijo casi llorando.

—¿Por qué iban a detenerme? —le dije con una sonrisa forzada.

—Pasa —me indicó, ya algo más recuperada—. Lamía está aquí.

Cuando entré en el salón me encontré con una Lamía distinta, sin pintar, con los ojos enrojecidos de haber llorado y con expresión de miedo. Me abracé a ella e intenté consolarla. Ella se echó a llorar.

—Ha sido terrible Juan, ha sido terrible —me decía llorando.

—Tranquilízate y cuéntame lo que ha ocurrido.

—Yo sólo sé que estábamos durmiendo y entraron pegando tiros en la casa; nos sacaron de la cama, nos esposaron. Fue horroroso —me decía temblando.

—Bueno, tranquilízate. He estado comiendo con Jesús y él lo arreglará todo.

La traición

No era capaz de apartar a Alí de mi pensamiento. Había sido una persona entrañable conmigo y el único que me había brindado su amistad cuando yo no podía ofrecerle nada a cambio. Había sido el artífice de mi cambio de vida, convirtiendo a un fracasado sin esperanzas en una persona segura de sí misma. Yo era consciente de que su amistad hacia mí le había llevado a ofrecerme una forma casi gratuita de ganar dinero. Había una doble lectura en sus actos; por eso, cuando me ofreció hacer de correo, pretendía que recuperara la confianza en mí mismo para, de esta manera, poder enfrentarme de nuevo a la vida. Para él la vida es una constante lucha. Él es un depredador en un mundo de depredadores, donde tan sólo el más fuerte, el más astuto, sobrevive. Quiso convertirme en un depredador y, sin yo saberlo, lo había conseguido.

Esa misma noche quedé para cenar con Giuseppe. Me recibió con un fuerte abrazo en la puerta del restaurante. Había ido solo y con ganas de hablar. Le conté todo lo que había hecho durante el día: mi conversación con el portero del club de tenis, mi comida con Jesús y mi encuentro con Lamía. Me escuchó con atención, y enconó el gesto cuando le expliqué el estado en que se encontraba Lamía.

—¿Qué vamos a hacer ahora, Giuseppe? —le pregunté un poco abatido.

—Continuar, Juan. Continuar y averiguar la verdad de todo esto.

—¿Qué quieres decir?

—Alguien nos ha traicionado, y tengo que averiguar quién ha sido el hijo de puta.

—¿Por qué crees que os han traicionado?

—Ellos sabían el punto exacto de descarga y estaban esperando el barco. Toda esta gentuza trabaja siempre así. Como tú comprenderás, si no saben el lugar de descarga es prácticamente imposible interceptarnos. El único momento peligroso es cuando el barco se aproxima a la costa y le entrega la mercancía a las "zodiacs". Antes es imposible, ya que el barco lleva una derrota y una velocidad normal entre otros barcos, y cuando se tiene que aproximar se le comunica por teléfono si puede hacerlo o no. Cuando le dimos entrada estaba todo tranquilo. Las dos "zodiacs" salieron a su encuentro a más de tres millas de la costa. Fue entonces cuando aparecieron tres patrulleras del Servicio de Vigilancia Aduanera y lo abordaron. Si no hubieran tenido una información clara no hubiesen podido apresarlo. Puede ocurrir que se dé de morros con una patrullera, pero con tres y un helicóptero, que también apareció como por arte de magia, es imposible.

—Según lo que me estas diciendo, cualquiera de la organización pudo pegar el chivatazo —le indiqué.

—Cualquiera no. El lugar de la descarga sólo lo conocíamos el patrón del barco y nosotros. La gente que hace la descarga no lo sabe hasta que llega al sitio donde se va a trabajar.

—Perdona, Giuseppe, pero espero que no me incluyas en ese "nosotros". Yo de esta historia no sabía nada.

—Ya lo sé. Por eso estoy cenando contigo.

—Pues entonces es fácil, o fue el patrón o fuisteis uno de "vosotros" —le contesté poniendo énfasis en la última palabra.

—Si ha sido el patrón, lo sabremos rápido, porque le pondrán en la calle.

—¿Cómo en la calle? —le pregunté con extrañeza.

—Me había dicho Alí que eres un pardillo, pero no pensé que tanto —me dijo sonriéndo—. Los del Servicio de Vigilancia Aduanera a veces atrapan a uno de los de la organización y le prometen inmunidad si les entrega a los jefes.

—¿Tú crees entonces que ha sido el patrón?

—No, es novato, y además no conocía a Alí.

—!Coño!, pues según lo que yo tengo entendido, él fue quien dijo que el barco era de Alí.

—Es imposible —me contestó con el semblante tenso.

—Y si él no conocía a Alí, ¿a quién conocía?, porque alguien debió contratarle.

—Me conocía a mí. Sólo a mí.

Me despedí de Giuseppe pasadas las once de la noche y me dirigí a casa de Veronique para hacerles compañía. Cuando llegué, Lamía estaba algo más calmada, aunque luego pude comprobar que sólo era resignación. Sabía perfectamente que iba a pasar mucho tiempo hasta que pudiera volver a estar con su marido. Me quedé a dormir con ellas esa noche, para por la mañana acompañar a Lamía al despacho de Jesús.

La mañana amaneció radiante. Desayunamos en la terraza, y a las diez nos dirigimos a nuestra cita con el abogado.

Llegamos a su despacho y, sin hacernos esperar, entramos directamente. Jesús se levantó de su butaca, se acercó a Lamía y, dándole un beso, le pidió que se sentase. Le cogió las manos y le dijo:

—Se han llevado a Alí a Madrid esta mañana para que preste declaración en la Audiencia Nacional.

—¿Cómo puede ser eso, Jesús, si le han detenido ayer?

Jesús suspiró y le dijo:

—Estos ya lo sabían todo, le buscaban y han conseguido encerrarle.

—Es decir, que estaba todo preparado —le dijo Lamía con indignación.

—Me temo que sí —le contestó Jesús bajando la cabeza.

—¿Qué podemos hacer? —preguntó, desesperada, Lamía.

—Esperar, sólo esperar. Yo salgo dentro de dos horas hacia Madrid y veré qué puedo hacer.

Comimos en un restaurante de Puerto Banús Lamía, Veronique y yo, y después de comer se acercaron a tomar el café con nosotros Giuseppe y Carmen, la novia de Jesús. En todo momento Giuseppe intentaba animar a Lamía, y pude percatarme de que estaban unidos por un profundo sentido de camaradería.

—Ya sabes, Lamía —le dijo Giuseppe— que nosotros somos una gran familia; por lo tanto, en el aspecto económico no debes preocuparte. Todos los meses se te pasará una asignación para que puedas seguir viviendo dignamente hasta que vuelva tu marido.

—Te lo agradezco Giuseppe —le contestó Lamía—, pero, sobre todo, lo que quiero es saber la verdad de lo que ha ocurrido. Todo me parece muy extraño.

—Tienes razón—continuó Giuseppe—. Esto ha sido una traición, hay un delator entre nosotros; de todas maneras, creo que ya sé quién es. Cuando tenga la certeza, me ocuparé personalmente de él.

—¿Quién crees que es? —pregunté.

—Lo sabrás cuando llegue su momento. Ahora cambiemos de tema. Lamía, búscate un buen apartamento en el que puedas vivir con comodidad. Mañana te enviaré a alguien con dinero a casa de Veronique. Yo ahora os voy a dejar. Tengo cosas importantes que hacer. Juan —me dijo, dirigiéndose a mí—, cenarás esta noche conmigo y con unos amigos. ¿De acuerdo?

—Sin problema —le contesté mientras nos despedíamos.

Mientras había estado hablando Giuseppe, me había acordado del día en que me encontré con Jean borracho, y de la conversación que había mantenido conmigo bajo los efectos del alcohol. Lo cierto es que, si le hubiese contado toda esa historia a Giuseppe, quizá hubiera potenciado una situación de sospecha infundada. Por eso, preferí obviar esa anécdota.

Veronique y Lamía se fueron con Carmen de tiendas y yo aproveché para ir a descansar un rato a casa. La tensión que había vivido en esas últimas horas me había dejado agotado. Sobre las ocho de la tarde me llamó Giuseppe para citarme a las diez en un restaurante de Estepona. Llegué a la hora señalada y me senté en una mesa a esperar a Giuseppe y sus amigos. Aparecieron media hora más tarde. Tuvimos que cambiar a una mesa mayor porque venía acompañado de cinco personas, de las cuales, al único que conocía era a Jean. Me presentaron a los otros cuatro como Andrea, un tipo de unos cincuenta años, con barba y de origen italiano; Luigi, también italiano, de unos treinta años y de gran estatura; Driss, un marroquí que resultó ser uno de los dueños de la mercancía, y Felipe, español, de unos cuarenta años, que dirigía la descarga. Noté, desde el primer momento que todos, sin excepción, eran personas bastante reservadas, y que me observaban con cierta desconfianza.

Giuseppe, cuando pedimos la comida, entró de lleno en el tema que le preocupaba:

—Estamos reunidos todos los que, desde hace meses, trabajamos juntos —nos dijo mirando a cada uno de los que estábamos sentados a la mesa—. Entre vosotros —continuó— no os conocíais, pero he pensado que, después de lo que ha ocurrido, debíamos reunirnos para hablar y poner las cartas sobre la mesa.

Todos guardaban silencio y atendían sin pestañear a lo que decía Giuseppe. Eso me hizo pensar que todos estábamos de acuerdo en su jefatura.

—Lo que ha ocurrido no ha sido producto del azar —prosiguió—. Ha sido el resultado de una traición. Únicamente nosotros conocíamos el punto de descarga. El único, de los que estamos aquí presentes, que no lo sabía era Juan —puntualizó.

—Entonces, ¿por qué está aquí? —preguntó, con acritud, Luigi.

—Porque es un amigo de Alí, y he querido que esté aquí en representación de él.

—No me parece normal —insistió Luigi.

—Me da igual lo que te parezca —le interrumpió con brusquedad—. Lo que yo quiero saber es si alguno de vosotros ha tenido algo que ver con su detención.

—Si vas por ese camino, yo me largo —manifestó Andrea dejando la servilleta sobre la mesa.

En ese momento, Giuseppe sacó una pistola y la puso, sin el menor reparo, sobre la mesa, diciendo:

—El que se mueva de aquí se lleva un tiro en los cojones.

Driss, Felipe y Jean intervinieron para calmar a Giuseppe. Le convencieron de que guardase el arma. Yo observaba la escena sin dar crédito a lo que estaba ocurriendo. Pensé, por unos momentos, en qué hubiera pasado si alguien que me conociese hubiera visto la "escenita."

—Lo más seguro —apuntó Felipe— es que todo ocurriese tal y como nos han dicho.

—¿Y qué te han dicho a ti? —preguntó indignado Giuseppe.

—Pues, que el patrón se ha ido de la boca.

Giuseppe sonrió y, tensando los músculos de la cara y en actitud amenazante, le dijo:

—El patrón no ha podido decir nada por dos motivos. El primero, porque está en la cárcel, y si hubiese sido el chivato le hubieran dejado escapar. Además, y más importante, porque el patrón no conocía a Alí ni en fotografía. No sabía que existía y nunca le había visto. Así que ya me dirás quién preparó esa encerrona.

Driss, el marroquí, intervino:

—Lo único que sé es que he perdido ciento veinte millones de pesetas, y que, si tiene razón Giuseppe y ha habido un traidor, me lo cargo.

Todos empezaron a mirarse unos a otros en un absoluto silencio, interrumpido por el camarero que nos traía los platos con la comida que habíamos pedido.

—¿Y no ha podido ser que la Policía le estuviese siguiendo? —preguntó Felipe cuando el camarero se retiró.

—¿Cómo que le hubiese seguido? ¿Adónde? Alí nunca había estado en el lugar de la descarga —respondió Giuseppe.

—Todo esto me parece absurdo —comentó Jean—. Ninguno de nosotros está interesado en perder mercancía, dinero, barco, y poner en juego nuestra propia seguridad.

—A mí, lo que me parece absurdo Jean —le interrumpió Giuseppe—, es que una persona como Luigi, que está desde hace dos meses en búsqueda y captura, viva tan tranquilo. A mí, lo que me parece absurdo —continuó—, es que, cuando recibió la sentencia del

Supremo, se cambiase a otra casa a quinientos metros de donde vivía, siguiese tomando café todas las mañanas en el mismo bar de siempre, y siguiese todas las noches yendo a la misma casa de putas a la que ha acudido siempre. Eso me parece absurdo.

Tras unos minutos de silencio, Luigi, con sangre fría y con asombrosa tranquilidad, le contestó:

—Eres un hijo de puta, Giuseppe; sabes que me han echado seis años, de los cuales ya he cumplido dos de preventivo. Si me detuvieran, sólo estaría en prisión doce meses, y luego saldría a la calle. Yo, lo único que he hecho, es no entregarme, porque eso únicamente me aumenta la pena en tres meses. Y, en cuanto a que me he cambiado a quinientos metros de casa, es otra estupidez, ya que llevo otra documentación. Desayuno donde siempre he desayunado porque el dueño es un colega, y sé que a ese sitio no va la "pasma", igual que al club al que voy por las noches. A mí no me conocen, ¡cabrón! Es más, para que te enteres: parte de la mercancía, una pequeña parte, era mía. Yo puse diez millones —podrá confirmártelo Driss—, y, con lo que ha ocurrido, los he perdido.

Driss asintió con la cabeza.

Jean volvió a intervenir para calmar los ánimos. Yo no habría la boca, pero recordaba mi conversación con

Jean, y le observaba espiando alguna reacción que le delatase.

—Hay una persona que también lo sabía —intervino Felipe.

—¿Quién? —preguntó Andrea.

—Jesús.

—Tú estás loco —exclamó Giuseppe—. Jesús es el abogado de Alí, y uno de sus mejores amigos.

—Os informáis poco —continuó Felipe sin hacer caso de las palabras de Giuseppe—. Jesús estuvo detenido hace dos meses en la comisaría de Málaga, implicado en una red de inmigración ilegal. Curiosamente, a él le soltaron al día siguiente y no le acusaron, aunque estaba metido hasta el cuello.

—Yo no sabía nada de eso —intervino Giuseppe.

—Pues infórmate. De hecho, uno de los que le detuvieron que es amigo mío, me dijo que tuviera cuidado con Jesús, porque trabajaba para la "pasma".

El camarero volvió a interrumpir la conversación para recoger los servicios y ofrecernos la carta de postres. Todos pedimos café. Cuando se retiró, Giuseppe dijo a Felipe que llamara a Jesús para que se reuniera con nosotros en la cafetería Puente Romano. Yo no había abierto la boca durante toda la cena y estaba deseando irme a casa. El asunto no me gustaba nada. Felipe habló con Jesús, y este le dijo que estaba en Madrid por el tema de Alí y que no regresaría hasta el día siguiente.

—Si ha sido Jesús, me encargaré de él personalmente—sentenció Giuseppe.

—Quizá mañana pueda saber exactamente quién ha sido el maricón que nos ha traicionado —le contestó Felipe.

—¿Cómo lo vas a saber? —intervino Jean.

—Tengo contactos en la comisaría de Málaga, y te aseguro que me dirán lo que ha ocurrido.

Esa noche casi no pude dormir. Mi vida había cambiado radicalmente en unos pocos meses. Comencé a darme cuenta de que, sin querer, me había integrado en un mundo diferente del mío. Ya no visitaba a mis amigos, ni me interesaba escribir, ni acudía a los lugares de siempre. Desde que había conocido a Alí, mi "modus vivendi" se había acomodado al de él y al de sus amigos hasta tal extremo que, a veces, me parecía que mi vida anterior no había existido nunca. Ya no buscaba una forma tranquila y lógica de ganarme la vida; ya no estaba preparado para conformarme con un trabajo y un salario normal. Pensé en qué hubiera ocurrido si

Allí me hubiera aceptado como patrón del barco. Me imaginé teniendo que asumir cuatro años de prisión, con todo lo que conlleva esa situación. Aquella noche, tomé la decisión de darme tiempo para poder organizar otra vez mi vida.

Por la mañana me cité con Giuseppe y le hablé de mi estado de ánimo. Él fue el primero en aconsejarme que descansara durante una temporada. Quedé en que le llamaría para darle un teléfono de contacto, y en que, cuando hubiera aclarado mis ideas, se lo comunicaría. Me despedí de Veronique y de Lamía esa misma mañana. Les expliqué con absoluta sinceridad lo que me ocurría y la decisión que había tomado. Ellas me pidieron que les llamase y les tuviera informadas de mi paradero. Esa misma tarde salía hacia Madrid. La carretera me daba sensación de libertad y, según mi coche avanzaba por ella, era como si se abriese ante mí un futuro nuevo.

Me instalé en casa de un amigo fotógrafo, que tenía un pequeño apartamento en el barrio de Salamanca. Su profesión le obligaba a constantes viajes, así pues, nuestra convivencia iba a ser mínima. Esa noche cenamos juntos en un "Vips", y después tomamos unas copas por los lugares de moda, hasta que nuestro grado de ebriedad nos devolvió a su casa.

Cuando me desperté, mi amigo ya se había ido, y me había dejado una nota informándome que estaría toda la semana fuera.

Dediqué los días siguientes a hacer una vida tranquila. Aproveché para pasear por Madrid durante las mañanas, y por las tardes para ir al cine y al teatro. Por las noches salía poco y, normalmente, cenaba en un bar cercano al apartamento. Me había comprado una tarjeta de teléfono nueva y, tal y como había acordado, les había comunicado mi nuevo número a Veronique, Lamía y Giuseppe.

Tenía suficiente dinero para estar una larga temporada sin problemas, y pensé en la posibilidad de dedicar todo ese tiempo a no hacer nada. Mis relaciones con mi ex mujer habían mejorado mucho. Desde que se enteró que estaba en Madrid, aprovechaba cualquier oportunidad para venir a verme con mi hija. Mi amigo, el fotógrafo, se había ido a los Estados Unidos para trabajar allí unos meses, circunstancia que favoreció a mi, cada vez, mayor comodidad.

Una tarde, cuando ya llevaba más de dos meses viviendo en Madrid, me llamó Jesús Rodríguez, que estaba de paso en la ciudad, y quería que cenáramos juntos. Quedamos en un restaurante de la calle Claudio

Coello. Al vernos, nos dimos un fuerte abrazo. Tenía muchas noticias que contarme, y la velada se hizo particularmente interesante. Me contó que Alí seguía en la cárcel en espera de juicio. Él le había visitado varias veces, y me dijo que lo estaba pasando mal. Lamía había pedido la separación y vivía con un acaudalado suizo. Jean había tenido un trágico accidente y había muerto. Cuando llegó a este punto, me interesé en los detalles. Según me narró, fue atropellado por un coche que se dio a la fuga.

—La "vendetta" —comenté.

—¿Qué quieres decir? —me interrogó.

—Nada, absolutamente nada —le respondí sonriendo.

Mis primeras experiencias en la mar

La vida en Madrid era excesivamente cómoda, y mis gastos aumentaban al tiempo que yo me amoldaba a ella. Mis salidas nocturnas comenzaron a ser habituales y, con rapidez, me fui acostumbrando a levantarme tarde y a perder el día ociosamente. Me había habituado a la buena vida, y era consciente de que, de seguir así, no tardaría en encontrarme en la ruina otra vez.

Decidí regresar a Marbella e invertir mi capital en algún negocio que me permitiera vivir de sus beneficios. Por supuesto, no tenía intención de volver a relacionarme con el mundo de los contrabandistas. Daba esa etapa por finiquitada, y quería llevar una existencia lo más apacible y legal posible.

Cerca de un importante hotel, se acababan de construir unos locales destinados a zona comercial. El lugar era bueno. Estaba a unos cien metros de la playa, y eso me decidió a adquirir uno y a abrir un restaurante que funcionase todo el día. Pensé que, sólo con la temporada de verano, al estar cerca de la playa, sería suficiente para rentabilizarlo todo el año. Invertí prácticamente todo el dinero que tenía, pero el primer año fracasó, ya que abrieron un chiringuito en la misma playa que eclipsó a mi restaurante. A finales de agosto decidí cerrar y puse en venta el negocio. Como ocurre en estos casos, nadie quería hacerse cargo de un local que había tenido un fracaso tan estrepitoso. Me encontré con que, no sólo me había quedado sin dinero, sino que había acumulado deudas.

Jesús había sido mi abogado en esa triste etapa de empresario y, viendo mi situación, me pidió que fuese a verle a su despacho. Hablamos del problema y buscamos, sin éxito, alguna solución. Yo estaba desesperado, y le pedí que hablase con Giuseppe, por si había la posibilidad de retomar el trabajo que hacía con Alí. Días después, Jesús me llamó diciéndome que había concertado una cita para mí con nuestro común amigo.

Giuseppe me recibió en su casa —una fastuosa villa en un barrio elegante de Málaga—, con una sonrisa en los labios. Como era habitual en él, su cordialidad fue protagonista de nuestro encuentro.

—Ya me ha explicado Jesús tus problemas —me dijo con cara socarrona.

—Sí, y ya que estás al tanto de mis aventuras empresariales, creo que lo mejor es que me centre en lo que he venido a pedirte.

—Trabajo— me interrumpió, recostándose en el sofá.

—En efecto. Había pensado que quizá necesitarais a alguien que os recogiese el dinero, como hacía antes para Alí —le dije mientras encendía, nervioso, un cigarrillo.

—Mira Juan —me dijo observándome con mirada indulgente. Los tiempos de Alí han pasado al recuerdo. Tu situación con Alí era producto de su simpatía hacia ti. Las cosas han cambiado; el dinero lo traen los compradores cuando recogen la mercancía, o bien nos paga "el moro" con hachís. Veo que sigues sin comprender bien este negocio. Créeme que me gustaría ayudarte y que trabajases con nosotros, pero el dinero, en este oficio, sólo se gana arriesgando.

—Estoy dispuesto a arriesgar —le interrumpí, desesperado, viendo que perdía la oportunidad de volver a salir adelante.

—De acuerdo, "wakha", como dicen nuestros socios los marroquíes. Si quieres arriesgar, si estás decidido a entrar de pleno derecho en el oficio, estoy dispuesto a ayudarte. Sé que eres una persona en la que se puede confiar. Dame un teléfono de contacto, y mañana te llamaré para tener una reunión.

Le di mi nuevo número y le agradecí su ayuda. Cuando me disponía a marchar, me volví hacia él y le dije:

—Me enteré del accidente de Jean. Fue terrible.

—No, no fue terrible. Fue justo —me contestó mientras estrechaba mi mano, ya en el umbral de la puerta.

Salí de casa de Giuseppe con satisfacción y con ánimo. No pensaba en los peligros que iba a correr, tan sólo pensaba en que iba a volver a salir de la ruina. En ese momento comprendí a esos toreros que dicen que "más cornás da el hambre". Verdaderamente, prefería arriesgarme a pasar una temporada en la cárcel, que volver a ser el desgraciado que fui.

El resto del día lo dediqué a poner en orden mi casa. Mi estado de ánimo me incitaba a la actividad. Saqué todos los libros de la librería y, tras limpiarlos, volví a colocarlos en su sitio. Llamé a Veronique para ir a cenar. Quedamos en un restaurante japonés que habían abierto en Puerto Banús.

En el restaurante conocí a la propietaria, una amiga de Veronique. Desde el primer momento nos sentimos atraídos. Se llamaba Nekane, pero todo el mundo la llamaba "Niki". Era de San Sebastián y no había cumplido aún los treinta. Alta, morena, tenía unos magníficos ojos verdes y un cuerpo escultural.

Dejé a Veronique en su casa pasada la medianoche, y yo me dirigí al "Olivia Valere" a tomar una copa antes de regresar a casa. La discoteca estaba casi al completo. Fui directamente a la barra que estaba enfrente de la pista y pedí la consumición. Estaba entretenido viendo bailar a la gente, cuando, de repente, en el centro de la pista vi a Niki bailando sola. Ella también me vio y, tras saludarme con la mano, se dirigió hacia mí. El ruido de la música y el bullicio de la gente casi no nos permitía hablar, así que decidimos ir a algún sitio más tranquilo. Al salir del local, y ya dentro de mi coche, le pregunté dónde quería ir. Sin dudarlo me dijo: "A tu casa".

Me despertó el teléfono a las diez de la mañana. Era Giuseppe. Quería que nos viésemos a las doce en su casa. Me levanté y, tras ducharme y vestirme, le dejé una nota a Niki, que seguía disfrutando de un profundo sueño. Volví a encontrarme con todos mis viejos amigos: Andrea, Luigi, Driss y Felipe. Por supuesto, Giuseppe tenía todo preparado.

—El trabajo lo haremos pasado mañana, viernes, por la noche —nos dijo Giuseppe—. Juan, al que todos ya conocéis, irá en el barco con Luigi. Como es su primer trabajo debe ir con él para que aprenda el oficio. Saldréis mañana a media mañana.

—¿Está todo controlado?— preguntó Luigi a todos.

Fue Giuseppe quien le contestó:

—Está todo en orden. Mañana te daré el punto exacto de descarga. Van a ser sólo mil quinientos kilos. Por lo tanto, con una patera bastará para recoger "la merca".

—No te preocupes —interrumpió Felipe—, el lugar de descarga es perfecto, y yo, personalmente, te estaré esperando en la patera.

—¿A qué hora será la carga? —volvió a preguntar Luigi.

—Debéis estar en el punto a las diez de la noche, y, como de costumbre, os avisaremos cuando os podáis acercar— le contestó Driss.

Pasé el resto del día con Luigi haciendo preparativos. Me aconsejó que llevase ropa de abrigo y guantes para cargar los fardos. Compramos leche, agua, pan de molde, embutidos, yogures, fruta y un cartón de cigarrillos. Cené con él y con Giuseppe, pero no hablamos más del tema. A las diez en punto de la mañana del jueves quedamos en un bar del puerto deportivo de Cabo Pino.

Luigi llegó pasadas las once de la mañana. Según me comentó, había estado poniendo el barco "a son de mar". El barco era un yate de dieciséis metros de eslora, con dos motores turbodiesel de doscientos cincuenta caballos cada uno. Estaba muy bien cuidado, y tanto la cámara como los dos camarotes eran lujosos.

Nos hicimos a la mar pasado el mediodía con rumbo a Jebha. Navegábamos a una media de doce nudos, y Luigi me iba informando de todo lo que debía saber.

—Es muy importante —me comentaba— llevar una velocidad de pesquero, ya que, como puedes suponer, los radares nos están observando. Cuando lleguemos al centro del Estrecho cambiaremos el rumbo, y navegaremos con los barcos que cruzan del Mediterráneo al Atlántico. Luego daremos la vuelta y nos iremos aproximando a la costa marroquí, como si viniésemos del Atlántico. Al haber una separación de tráfico —continuó—, los barcos que vienen del Atlántico se aproximan a Marruecos, y los que van a él lo hacen a las costas españolas. Como se trata de una zona de mucho tráfico marítimo, haciendo esto pasamos más desapercibidos.

—Veo que tienes experiencia —le inquirí riéndome.

—Sí, hace más de dos años que trabajo en esta zona— me contestó.

—¿Por qué viniste a trabajar a España? —le pregunté.

—Yo trabajaba con mi padre y mi hermano en Italia. Éramos distribuidores; teníamos nuestro camión, que mandábamos a España, y recogíamos "la merca". A veces fletábamos un pesquero y lo mandábamos directamente a Marruecos. Eran otros tiempos, y este trabajo era más tranquilo; no había tanta vigilancia ni tanta "pasma" jodiendo el negocio.

—¿Siempre trabajabais hachís? —le interrumpí.

—No, ¡que va! La verdad es que entonces era más rentable el tabaco que el "chocolate"; nuestro principal negocio era el contrabando de tabaco americano. Normalmente, pasaban barcos mercantes nodriza, y nosotros salíamos a su encuentro con lanchas para desembarcarlo. Era otra cosa; los "carabinieri" cooperaban con nosotros, como lo hacían aquí algunos guardias civiles.

—Y entonces, ¿por qué te viniste a España?

—¡Joder!, porque aquí se empezaron a poner las cosas difíciles con la Guardia Civil del Mar y el Servicio de Vigilancia Aduanera; el "chocolate" empezó a subir de precio, y empezó a ser más rentable que el tabaco.

—No entiendo nada —le dije con cara de interés.

—Mira, Juan. Antes, el contrabandista trabajaba en su tierra y, normalmente, el negocio, lo que dejaba pasta, era el tabaco. Raras veces se trabajaba el hachís, entre otras cosas porque había que cruzar el Estrecho, y eso no le apetecía a nadie. De repente, se pone de moda eso de la lucha contra las drogas, y declaran al "chocolate" droga; empiezan a crear Cuerpos para luchar contra los contrabandistas, y despenalizan el tabaco. Con esta medida el tabaco bajó de precio y el "chocolate" subió, y nos quedamos en manos de los españoles, que encarecían el precio al llegar "la merca" a España. Por lo tanto, ¿qué ocurre?: que nos es más rentable instalarnos en España y traerlo nosotros mismos, que depender de los españoles, pues nos dejaban sin beneficio.

—Y aparecen las famosas mafias de la Costa del Sol —le interrumpí.

—El día, Juan, en que la mafia se instale en España, a tu Gobierno se le va a caer el culo y, créeme, de tanto llamar al lobo, al final llegará; ese día se cagarán.

—Es decir, que tú no crees que existan esas mafias —le pregunté con ánimo de picarle un poco.

—La mafia existe cuando cada bar, cada comercio, cada empresario tienen que pagar un impuesto para que no le quemen su negocio, o secuestren a sus hijos. Eso es la mafia. Aquí lo único que hay es un montón de contrabandistas de todos los países que hemos venido al olor del dinero.

—¿Por qué crees tú que algún día aparecerá la mafia aquí? —le pregunté.

—Porque a tus policías les gusta mucho pegar tiros, y cuando el contrabandista, que nunca va armado, necesite defenderse para trabajar, buscará la ayuda de los que no tienen escrúpulos en utilizar un arma.

La conversación con Luigi me dejó pensativo toda el día. A las ocho de la tarde el sol se había puesto y comenzamos a acercarnos a la costa marroquí con rumbo a Al Hoceima con la finalidad de que nos confundieran con los pesqueros que volvían a puerto. A las diez en punto estábamos a dos millas de Jebha y allí paramos los motores.

Yo temblaba, aunque no hacía frío. Tenía el estómago revuelto a pesar de que nunca me mareaba. Treinta minutos después de haber parado vimos unas luces en la costa. Luigi conectó un teléfono móvil con tarjeta marroquí, y esperó sin hacer el más mínimo comentario. Sobre las once y cuarto recibió una llamada. Sólo respondió: "De acuerdo". Colgó, y, con una linterna, hizo dos destellos hacia el lugar en que habíamos visto las luces. Enseguida le respondieron con otros dos destellos.

—Ayúdame —me dijo—. Vamos a poner estos plásticos sobre la moqueta de la cámara.

Extendimos por toda la cámara varios plásticos hasta que estuvo todo bien protegido, y luego nos sentamos en la "bañera", a popa, a esperar. No hablábamos absolutamente nada. Habíamos apagado las luces de navegación y las de todos los habitáculos del barco. Luigi trajo de una de las bolsas la comida y me dijo que comiera.

—No tengo mucha hambre —le respondí.

—Come aunque no tengas hambre. En la mar se debe comer de noche; de día, con el sol y el calor, sienta mal. Además —puntualizó—, tenemos que esperar todavía bastante.

—¿Por qué? —le pregunté impaciente.

—!Joder!, Juan, preguntas más que un "bambino" —me dijo riéndose—. El "murube" tiene la "merca" escondida en un lugar cercano al punto de carga, pero, hasta que no ve el barco, no comienza a hacer sus operaciones.

—¿Qué operaciones?— volví a preguntar.

—En la costa de Marruecos, cada dos o tres kilómetros hay un puesto de vigilancia de la Policía, que se turna cada ocho horas. El "murube" tiene acordado con uno de esos puestos la carga, y le paga para que no mire. Cuando ve que ha llegado el barco, tiene primero que pagar al "poli", y luego bajar la "merca" hasta la patera; eso lleva tiempo.

—¿Aquí no patrullan barcos?

—Sí— me contestó sonriendo.

—¿Y qué pasa si aparecen? —le pregunté asustado.

—El pequeño de esta zona está pagado— me contestó sin mirarme.

—Eso significa que hay, por lo menos, otro grande, ¿verdad?— le dije nervioso.

—Lo hay— me respondió—. Y a ese no se le puede pagar, porque es de la Marina Real.

—¡Joder!— exclamé al tiempo que me recorría un escalofrío por el cuerpo.

Luigi me miró con condescendencia y me dijo:

—No pienses en eso. Es mejor.

Cerca de las dos de la madrugada oímos el ruido de un motor. Luigi se levantó y me dijo:

—Prepárate, son ellos.

Una patera con tres marroquíes se abarloó a nuestro barco. De repente, sin decir nada, comenzaron a tirar fardos a la cubierta. Uno de los marroquíes subió a bordo y me ayudó a estibarlos en la cámara. Conté cincuenta y seis fardos, y dos más pequeños, que Luigi apartó.

El marroquí que había subido a bordo recogió una bolsa de la patera y, sin decir ni una palabra, se instaló en uno de los sofás, al lado de los fardos. Luigi arrancó motores y dio "avante toda".

Yo notaba que Luigi estaba tenso y me acerqué a él.

—¿Por qué vamos a toda máquina?— le pregunté nervioso.

—Una vez que hemos cargado, tenemos que separarnos lo antes posible de la costa marroquí. Podría aparecer el barco de la Marina Real, y no nos daría tiempo a nada. Además, en este país, aunque tires la "merca", te meten doce años en el "talego" con tal de poderse quedar con el barco.

Creo que pasé una de las peores horas de toda mi vida. No perdía detalle del radar, para ver si nos seguía algún barco y para comprobar la distancia a tierra. Cuando nos habíamos separado diez millas, Luigi moderó la velocidad y cambió el rumbo, uniéndonos otra vez a los barcos que cruzaban el Estrecho en dirección al Mediterráneo. Amaneció antes de las siete de la mañana. Nos encontrábamos frente a Melilla, otra "zona caliente", según Luigi. El "murube" dormía a pierna suelta.

—¿Quién es? —le pregunté a mi amigo de fatigas.

—El "garantía". Un hombre de Driss.

—¿Por qué viene con nosotros? —insistí.

—Esta "merca" —me contestó— le cuesta a Driss unos sesenta millones. Si hubiera algún problema y tuviéramos que echarla al mar, tiene que haber algún testigo, porque, de otra forma, podríamos desembarcarla en otro lugar y decirle a él que la hemos tenido que tirar.

—Es decir —apunté—, para que no se la robemos.

—Tu sagacidad me colma de júbilo —me dijo riéndose.

—Entonces, según eso, la "merca" es de Driss.

—La "merca" siempre es del "murube"— me interrumpió.

—Yo pensé que era de algún capitalista.

—Sí, de un mafioso, ¿no?— me preguntó con una carcajada.

—Sí, la verdad es que creía eso.

—No tienes ni puta idea del negocio; dices las mismas chorradas que los periódicos y los políticos de tu país— me dijo dándome un suave golpe en el hombro—. Aquí —continuó— se trabaja "a la parte", como hacemos los contrabandistas: el "murube" pone la "merca", nosotros el transporte, y nos da un veinte por ciento de la "merca", o nos paga veinte mil "cucas" por kilo, a gusto del consumidor. Los de la playa, el quince por ciento o quince mil "cucas" por kilo. Y, al que lo guarda, el cinco por ciento, o cinco mil "cucas" por kilo.

—¿Y quién es el comprador? —le pregunté.

—Suelen ser varios, que compran partidas de cincuenta, cien, quinientos máximo. Hay de todo en la viña del Señor. Pueden ser ingleses, franceses, españoles, la ETA o el CESID.

—¡No jodas! —le dije, pensando que me estaba tomando el pelo.

—El comprador no viene en persona a llevarse la "merca". Envía a un intermediario que controla la calidad y prepara el transporte por carretera hasta el lugar final. Por lo tanto, no se sabe nunca quién es el comprador, pero te puedo garantizar que el CESID se ha autofinanciado con el "chocolate" para tener pasta en la lucha contra el terrorismo. Aunque no te lo creas —continuó—, vivimos en un mundo hipócrita. Te parece normal que se permita el consumo, pero no la venta; te parece normal que te encuentres por la noche en los lugares de copas a los de la "pasma", que están dándonos por culo todo el día, fumándose un porro con sus amigos. De todas maneras, normalmente es el propio "murube" quien se lleva la "merca", y la vende luego en Holanda, Inglaterra, Bélgica y Francia, que es donde deja pasta.

—Me he fijado —le dije— en que hay dos paquetes más pequeños que tú has apartado.

—Sí, es el "polen" —me contestó.

—¿El "polen"? —le volví a interrogar.

—¡Joder, Juan, vaya coñazo que me estás dando con tantas preguntas! —me recriminó con cara de cansancio.

—¡Coño, tío, quiero aprender bien el negocio!

Luigi me sonrió y me dijo:

—El "polen" es la "creme de la creme". Es el "chocolate" de más calidad, pero tiene el inconveniente de que flota. Por eso lo he separado, porque si hubiera que tirar la "merca", a estos paquetes habría que ponerles un lastre.

La mar estaba casi en calma chicha y navegábamos por el centro del Estrecho con rumbo a las costas de Almería. La conversación con Luigi me había entretenido y había contribuido a que el tiempo pasase con más rapidez. Sobre las cuatro de la tarde, Luigi comenzó a acercase a la costa hasta ponerse a treinta millas. A las seis puso rumbo al puerto de Almería.

—¿No iremos a entrar en el puerto? —le pregunté, extrañado.

—No, pero vamos a descargar cerca.

—¿Cerca? —le grité.

—Sí, cerca. Si un barco se dirige hacia un puerto a estas horas, no levanta sospechas; pero si pone rumbo a una playa desierta, le pueden detectar en un radar, y en menos de lo que puedas imaginar los tienes encima.

A las siete y media estábamos a cinco millas de la bocana del puerto y Luigi, por segunda vez tenso, corrigió el rumbo cinco grados a babor. Sin yo percibirlo, él había moderado la velocidad, y una patera se nos acercó por estribor. El "murube", del que llegué a pensar que era mudo, sin que yo me diera cuenta, había comenzado a sacar fardos a la cubierta. Me puse los guantes y, cuando la patera se abarloó, comencé a darle los fardos. En la patera venían tres hombres. Uno era Felipe, que me saludó con la mano sin pronunciar palabra. En menos de diez minutos habíamos desembarcado toda la mercancía y al "murube". La patera iba tan cargada que parecía que iba a hundirse. Luigi puso rumbo oeste y dio velocidad máxima al barco.

—¿Por qué pones esa velocidad? —le increpé— Vamos a llamar mucho la atención.

—Eso es lo que quiero —me contestó riéndose y ya totalmente relajado—. Si hubiera una patrullera por la zona, vendría tras nosotros, que ya estamos vacíos, y daríamos tiempo a que la patera descargara en tierra.

Entramos en el puerto deportivo de Fuengirola al día siguiente, a las once de la mañana. Llevábamos dos días sin dormir, y me dolía todo el cuerpo. Giuseppe nos estaba esperando en un bar, cerca de donde atracamos. Yo no tenía hambre, sólo deseaba dormir. Giuseppe me dejó en casa, pasadas las dos, y dijo que me llamaría la próxima semana para pagarme.

Me pasé el resto del fin de semana sin levantarme de la cama. Recordaba todo lo que había vivido en unas pocas horas, acumulaba todo el miedo que había pasado, y me asustaba de mí mismo cuando apreciaba el placer que sentía tumbado en la cama recordándolo todo. Me gustaba, y quería repetir.

Giuseppe me llamó el miércoles y me dijo que fuera a su casa. Cuando llegué estaba solo, esperándome. Tras estrecharme la mano y felicitarme por el trabajo, se puso las gafas y, cogiendo un papel, me dijo:

—Habéis traído mil cuatrocientos kilos. El reparto es el siguiente: el diez por ciento para el dueño del barco; es decir, yo. El otro diez por ciento, para la tripulación, y, de ese diez por ciento, el siete es para el patrón y el tres para los marineros. Como sólo has ido tú, ese tres por ciento es para ti. En este caso, Driss se lleva la "merca"; o sea, que te corresponden tres mil pesetas por kilo, lo que hace un total de cuatro millones doscientas mil pesetas. Aquí los tienes —me dijo dándome una bolsa de plástico con billetes de cinco y diez mil pesetas—. Cuéntalo.

No lo conté. Cogí la bolsa y le di las gracias. Acto seguido, me senté frente a él y le dije:

—Quiero volver a trabajar.

—Lo harás —me dijo—. Y la próxima vez, de patrón.

Aquella semana me dediqué a disfrutar de la paz que produce saber que tienes dinero y, sobre todo, que sabes ganarlo. Niki se vino a vivir conmigo. Ya no buscaba un trabajo normal para ganarme la vida. Había decidido que, el contrabando iba a ser mi profesión. A Niki no le conté a qué me dedicaba. Pensaba que tenía dinero y que mi oficio era el de escritor. Mi relación con ella era serena. Parecía como si nos conociésemos desde hacía mucho tiempo, y nuestra convivencia no presentaba posibilidad de crisis.

Seguía viendo a mi ex mujer con asiduidad, pero desde que había comenzado a vivir con Niki, mis sentimientos se fueron apaciguando. Procuraba facilitarle la vida en todo lo que podía, sin pensar que por ello tuviera que compensarme. Yo era feliz, y ese estado me ayudaba a ser menos intransigente con los demás.

Dos semanas después de mi aventura, me llamó Giuseppe por teléfono para que me reuniese con él. Fui a verle, y me dijo que había otro trabajo similar al que había hecho, que todo sería igual, que cargaríamos y descargaríamos en los mismos sitios, con el mismo barco y la misma cantidad, y que yo, si estaba de acuerdo, iría de patrón. Acepté de inmediato, y una semana después zarpé de Fuengirola con rumbo a Jebha. Llevaba de marinero a un chaval español que no había cumplido los treinta años. Se llamaba Manuel, y aunque por su juventud no lo parecía, era veterano en el oficio. La travesía fue igual a la que había hecho con Luigi. Nos cargaron más o menos a la misma hora, tras una espera que se me hizo interminable, y seguí la misma derrota de vuelta que mi amigo me enseñó. No hubo contratiempos y una semana después me pagaron casi diez millones de pesetas. Lo celebré yéndome de viaje con Niki a Brasil durante dos semanas. Visitamos los lugares más bonitos del país, y en el avión de regreso le pedí que se casara conmigo. Ella, en contra de lo que yo había supuesto, me dijo que prefería que no hubiese un contrato entre nosotros, y decidimos continuar como estábamos.

A la vuelta del viaje, me enteré que habían detenido a Giuseppe por tráfico de cocaína. Llamé a Luigi, pero había cambiado su número. Igual me ocurrió con Felipe y con Driss. Me pasé los días recorriendo los bares donde solían reunirse sin el menor éxito. Comenzaba a estar preocupado.

Me puse en contacto con Jesús Rodríguez y, tras una corta conversación telefónica, me citó en su despacho unas horas después. Me recibió con la cordialidad habitual, y entramos directamente a abordar los problemas.

—No puedo creerme —le dije— que Giuseppe estuviera metido en la mierda de la cocaína. Cada vez que hablábamos del tema, defendía la diferencia entre el "chocolate" y el resto de las drogas.

—Pues créetelo —me confirmó Jesús con semblante circunspecto—. El dinero es muy goloso, y la tentación que produce es inevitable para ciertas personas.

—Pero Giuseppe ganaba mucho, y no necesitaba meterse en esa mierda, ¿no? —le pregunté extrañado.

Jesús, sonriendo, me contestó:

—El problema de nuestro amigo es que vivía por encima de sus posibilidades. Entre sus aficiones estaba el esnifarse unas cuantas rayas todas las noches, y eso no hay economía que lo aguante. Me imagino que pensó que, traficando, le saldría gratis su vicio y, como ves, le ha conducido a la cárcel.

—¿Puedes hacer algo por él?

—Me temo que no. Primero, porque la cocaína no es "chocolate", y tanto los jueces como nuestra legislación son especialmente duros con ese tipo de delito; y, en segundo lugar, porque para defender bien a una persona hay que estar predispuesto a ello, y yo no lo estoy.

—Pero, ¿por qué? —le inquirí asombrado.

—Porque para mí, un traficante de "chocolate" es un contrabandista, y un traficante de cocaína es un hijo de puta. Y yo no estoy por la labor de defender a los "narcos".

—Entonces, ¿no le vas a defender?

—No —me contestó con aplomo.

Me quedé pensativo unos segundos. Después, mirándole fijamente, le dije:

—No sé qué haría si estuviese en tu lugar; quizá lo mismo que tú, pero lo que sí me preocupa es mi futuro. Ya me he acostumbrado a este trabajo, y creo que me gusta. Sin embargo, no tengo contactos para continuar, y necesito trabajar.

Jesús, con una mueca sarcástica, me dijo:

—Yo tengo muchos clientes. Si quieres, puedo presentarte a alguno. De lo que habléis luego, no es de mi incumbencia. ¿De acuerdo?

—De acuerdo —le contesté.

Mi vida con Niki se empezó a complicar. Cada vez me hacía más preguntas, a las que yo no podía responder, y era consciente que más a menudo caía en contradicciones. Me era muy difícil explicarle mis ausencias de casa, y mi mutismo le hizo creer que había otra mujer en mi vida. Nuestra relación se fue enfriando, y yo comprendí, por primera vez, que este oficio requería libertad absoluta y que, por lo tanto, era incompatible con una vida familiar. Por otra parte, sabía que, si alguna vez me detenían, ella podría tener problemas, y yo no lo deseaba. Fue de mutuo acuerdo; casi no tuvimos que darnos explicaciones. Se fue con la misma naturalidad con que un día se instaló en mi casa. Lo pasé muy mal, pero sabía que lo importante era asegurar un porvenir a mi hija, y esa idea compensaba con creces mi tristeza.

Jesús me llamó dos semanas después de nuestra entrevista, y me citó en una céntrica cafetería de Marbella. Ese día conocí a Luis.

El peluquero-atracador

Luis era un hombre de unos cincuenta años, moreno, de mediana estatura y de complexión fuerte. Acababa de salir de la cárcel tras cumplir condena por atraco a mano armada. Cuando Jesús me puso en contacto con él lo primero que me pregunté fue para qué coño quería yo un atracador. Pero con el tiempo me di cuenta que era la persona que necesitaba para seguir aprendiendo. Luis conocía a todos los personajes que podían ayudarme. Durante sus seis años de cautiverio, se había caracterizado como un magnífico relaciones públicas en la prisión, y el que más o el que menos le debía favores. Su historia era de lo más rocambolesca: su profesión era la de peluquero, hasta que, un día, conoció a un tipo que fue a cortarse el pelo a su peluquería, y entabló amistad con él. Con el tiempo, la confianza dio pie a las confidencias y, casi sin darse cuenta, a la coincidencia en su mutua afición por el dinero. Se compraron un par de pelucas y un par de escopetas a las que cortaron el cañón, y, entre corte de pelo y corte de pelo, atracaban todos los comercios de la zona. Hasta que, en una ocasión, les pillaron en plena faena, y les gratificaron con doce años de reposo absoluto en distintos centros del país. Al final, por buena conducta y por los trabajos realizados, se redujo a la mitad el asueto obligatorio.

Me gustaba mantener largas conversaciones con mi nuevo amigo. Su vida, para mí, era apasionante, sobre todo cuando me relataba las anécdotas vividas en las distintas prisiones por las que había pasado.

—La vida en la cárcel —me comentaba— pasa por dos etapas totalmente diferentes: cuando ingresas por primera vez, y cuando ya eres un veterano. Al principio, hasta que se celebra el juicio y eres condenado, te tienen con los preventivos, y todos, más o menos, están en tu misma circunstancia. Cuando te condenan, pasas a un módulo de condenados. Eso tiene una ventaja y un inconveniente. La ventaja es que ya te instalas, y te mentalizas de que vas a estar unos cuantos años allí: te buscas un trabajo, te apuntas al gimnasio, a clases..., depende de tus aficiones. El inconveniente son los primeros días en que sales al patio y te mezclan con los demás presos. Es una sensación terrible, porque hay cada prenda que no te quiero ni contar. Primero se te acercan para tantearte, te piden un cigarrillo, te vacilan. Todo para ver cómo eres. Si observan que eres débil, ya te puedes ir preparando.

—¿Qué horario seguís dentro de la prisión?

—A las ocho te sacan del "chabolo", y tienes dos soluciones: o tienes un trabajo u otra actividad, o te vas al patio hasta la una, cuando se come. A las dos te vuelven a meter en el "chabolo", hasta las cuatro; y a las cuatro, otra vez a tus actividades o al patio, hasta las siete, hora de la cena. Y a las ocho al "chabolo", hasta el día siguiente.

—¿Tú trabajabas cuando estuviste dentro?

—¡Claro, coño! Yo era el peluquero, y cuando salíamos al patio, instalaba mi silla, y a cortar el pelo. Me pagaban y punto. Después, el último año, antes de que me dieran el tercer grado, trabajé en el economato. Fue cuando hubo ese motín en que se cargaron a un funcionario y secuestraron a dos. Me habían trasladado a la cárcel de Málaga y, cuando llegué, como ya era veterano y tenía mis contactos dentro, me colocaron de encargado del economato. Eso era un chollo; cada día me ganaba entre tres y cinco mil "pelas" como si nada.

—¿Ese era tu sueldo? —le pregunté.

—Pero Juan, tío, mira que eres primavera. Eso era de cobrar un poco más en cada cosa. Si un café eran dos duros, yo cargaba tres; si la leche costaba cien, yo cobraba ciento veinte; en fin, de hacer negocio.

—¿Cuál es el peor recuerdo que guardas de esos años?

—El ruido de los cerrojos cuando te cierran el "chabolo". Eso es algo que jamás olvidas. La libertad, Juan, es muy bonita, pero es necesario haberla perdido para valorarla como se merece. Ese ruido fuerte y seco te recuerda que no eres libre todos los días del año.

—Yo pensé que lo más duro allí dentro era la convivencia.

Juan se quedó pensativo y, mirándome fijamente, me dijo:

—Allí tienes que andar con ojos hasta en el culo. Tienes que llevarte bien con funcionarios y compañeros, pero mantener las distancias. Si te haces muy amigo de los funcionarios, eres un chivato; y si te mantienes distante de ellos, entonces no cooperas, y no te dan el tercer grado. Con tus compañeros, tienes que hacerte respetar y, poco a poco, ir haciendo tu grupo. Lo mejor es tener el tiempo ocupado con un trabajo o con actividades; eso te mantiene alejado del patio, que es lo mejor, porque el patio es peligroso. Si te lo montas bien, el patio sólo lo pisas los fines de semana, en que no hay actividades.

—Me imagino que habrá de todo allí dentro.

—Claro que hay de todo, y hay gente muy "de puta madre". De hecho, te voy a presentar a algunos antiguos compañeros que nos van a ayudar a salir adelante.

Normalmente, quedaba con Luis todas las mañanas en un bar, donde desayunábamos, y desde allí comenzábamos a organizar el día. El primer amigo de Luis que conocí se llamaba Eduardo. Se habían conocido en el "talego", pues el bueno de Eduardo, a la edad de veintiún años, tuvo la ocurrencia de vaciar un cargador en el estómago de otro prenda, por lo que le pidieron treinta y seis años de cárcel, de los que cumplió quince. El tal Eduardo no superaba el metro sesenta de estatura, y tenía cara de no haber roto un plato en toda su vida. Si tuviera que describir a Eduardo, diría que era una persona incapaz de hacerle daño a una mosca. Eduardo simpatizó enseguida conmigo. Tenía un pequeño kiosco de caramelos y chucherías en Torremolinos, y estaba necesitado de dinero. Nunca había trabajado el "chocolate", pero debido a la situación en que se encontraba, estaba dispuesto a lo que fuese.

Luis y Eduardo iban a encargarse de organizar la descarga. Habían encontrado un lugar bastante tranquilo por donde podía entrar una "zodiac". Estaba justo al lado del puerto de Málaga, y, a unas dos millas mar a dentro, solían agruparse, al atardecer, pequeñas embarcaciones de pesca para faenar. Esto último era muy importante; de esta forma, el yate se confundiría con los pesqueros en el radar de la patrullera, y podría parar sin llamar la atención cuando la "zodiac" se abarloase a él para entregar la mercancía.

Tenía que localizar una "zodiac" de cinco metros con un motor de sesenta caballos, un barco y, lo más importante, un proveedor.

La "zodiac" con motor me costó algo más de medio millón de pesetas, y pude localizar, en el varadero de Soto Grande, un barco de diecisiete metros de eslora, con dos motores diésel de doscientos cincuenta caballos cada uno, por ocho millones. Encargué a un mecánico que lo revisara y reparara todas las averías que detectase. Quería que el barco estuviera en perfectas condiciones para hacerme a la mar sin problemas. Le saqué un atraque en el mismo puerto de Soto Grande y comencé a avituallarlo.

Luis venía a verme a diario y me ayudaba a repasar el barco de pintura y barniz. Llevaba gastado mucho dinero y necesitaba rentabilizar mi inversión cuanto antes. Compramos nuevos teléfonos móviles con tarjetas nuevas para el día en que trabajásemos; sabíamos que no se solucionaba el problema con cambiar la tarjeta, porque los teléfonos son detectados a través de la señal que emiten, y, aunque se cambie de tarjeta, son localizados.

A veces Luis venía con su amigo Eduardo, y me amenizaban las mañanas contándome pasajes de sus vidas.

—Fíjate, Juan —me contaba Luis—. Yo cumplí parte de mi condena con un individuo que se había pasado la vida en la "trena", y que no quería salir de allí.

—¿De dónde no quería salir? ¿De la cárcel? —le pregunté asombrado.

—Sí, tío, de la cárcel. Cuando yo le conocí, me contó su historia: Manolín —pues así se le conocía— había nacido en el "trullo". Su madre le parió cumpliendo condena. Le condenaron por robo, la primera vez, siendo un chaval. Salió y le volvieron a trincar, y así sucesivamente. Al final, el tiempo máximo, seguido, que había estado en la calle fueron seis meses. El hombre se había acostumbrado tanto a la "trena" que para él ya era su hogar. Llegaba al extremo de comerse "marrones" de otros para no salir.

—¿Cómo que comerse "marrones" de otros? —le interrumpí desconcertado.

—Pues sí, tío. Decía que había cometido delitos que no había realizado a cambio de algo de dinero, y se tragaba él la condena.

—¡Joder! —exclamé asombrado

—Como comprenderás, cuando cumplió setenta años —que es cuando yo le conocí—, y le dijeron que tenía que irse, no quería. Él ya tenía hecha su vida dentro, y fuera no sabía vivir. Llegó a tal punto la cosa que, cuando le echaron de la cárcel, se montó una tienda de campaña en la puerta, y dijo que de allí no se movía hasta que le dejaran entrar. Fue un follón de puta madre. A mí me decía que su máxima ilusión era comprar un almacén y hacer "chabolos" como los de las galerías, y allí recoger a colegas que estuviesen sin saber dónde ir.

—¿Cómo le podía gustar vivir de esa manera? —le interrogué.

—Era lo único que conocía, y ya tenía su vida allí organizada. Sus chavalitos, su trabajo, su "chabolo", que lo compartía con quien quería, y su dinerito, asegurado haciendo negocios con la coca.

—¿Te acuerdas de aquel "nota" que se disfrazaba? —nos interrumpió Eduardo, dirigiéndose a Luis.

—Sí, claro —le contestó—, "el Germán"; ese tipo era un cachondo. Se vestía de general, de cura; se hacía pasar por diplomático, por funcionario, por juez, y yo qué sé por cuántas cosas más, y estafaba a todo el que se le ponía por delante.

—De todas maneras —continuó Luis—, los artistas del "palo" son los carteristas. Yo conocí a un matrimonio que se dedicaba a ese oficio. Eran unos "figuras"; cada vez que trabajaban se ganaban entre treinta y cincuenta mil pesetas cada uno. Además, es una profesión que está muy respetada.

—¿Cómo que está muy respetada? —pregunté riéndome.

—Está muy respetada —me contestó— tanto por la "pasma" como por el resto de los ladrones. Piensa que ellos no utilizan la violencia. No son de los que se dedican a pegar un tirón y a llevarse a rastras a una vieja por la calle, ni de los que entran en un comercio a punta de pistola, ni de los que rompen una ventana para entrar en una casa. Los carteristas son los grandes artistas del robo, y todo esto lo tienen en cuenta cuando los trincan. La verdad es que es muy difícil que les metan en el "talego". Por regla general, les sueltan enseguida.

—Tú, cuando les acompañabas, ¿qué hacías? —volví a preguntarle.

—Nada. Sólo les llevaba en mi coche a los lugares de trabajo. Normalmente, buscan lugares de grandes aglomeraciones. Yo les llevaba y esperaba a que acabasen de trabajar. Es muy interesante. Cuando "limpian" a alguien sólo le quitan la pasta y las tarjetas de crédito; el resto lo echan en un buzón para que se lo devuelvan. Ahí es donde se ve la clase de esos profesionales —me dijo con cara de orgullo.

—En eso tiene razón, Luis —interrumpió Eduardo—. Yo he coincidido con uno en la "trena", y la verdad es que todo el mundo le respetaba; le llamaban "maestro".

—Por cierto —continuó Eduardo —¿te acuerdas de "Robín Hood"?

—¿Quién era "Robín Hood"? —pregunté extrañado.

—Era un tipo —me contestó Luis— con el que coincidimos en la cárcel este y yo. Estaba siempre leyendo, y su oficio era el de atracador. Cada vez que salía de la cárcel y daba un palo, una parte la regalaba entre los colegas; por eso le llamaban "Robín Hood". Era un tío muy honesto y muy de puta madre.

—Debe ser muy difícil atracar, yo creo —dije—, que hay que tener mucha sangre fría para encañonar a una persona.

Eduardo soltó una fuerte carcajada y me dijo:

—Pues, anda, que freír a un tío a tiros como hice yo . . .

—Bueno, es que eso debe ser terrible, ¿no? —le pregunté buscando alguna expresión en su cara.

—Pues, verás, depende. El que me cargué era un hijo de puta, y en realidad todo el pueblo quería cargárselo, así que no me arrepiento por él. Me jode por todos los años que me he tirado encerrado, que, la verdad, es que no compensa.

—¿Puedes contarme cómo sucedió? —le pregunté.

—Sí, claro. No tiene mucho mérito. En mi pueblo había un cabrón que le estaba haciendo la vida imposible a todo el mundo, incluidos mis hermanos, y yo me enfrenté a él. Me dijo que iba a matarme, y quedamos citados a las afueras del pueblo, así que me agencié una "pipa". Cuando llegué al lugar donde habíamos quedado, me estaba esperando. Me acerqué a él y, en ese momento, él se metió la mano en el bolsillo de la zamarra. Yo pensé que iba armado, así que saqué la pistola y le vacié el cargador hasta que le reventé la cara de los tiros que le metí. Ahí acaba la historia.

—¿Y él otro llevaba algún arma?

—Qué va, tío. Resultó que lo que iba a sacar del bolsillo era un encendedor. Pero bueno, ¿qué coño quieres que yo hiciera, cómo iba a saber yo que no llevaba una "pipa"?

—¿Cómo te cogieron?

—El que me dio la "pipa" se acojonó y se chivó a los civiles. Como yo me enteré de que se había chivado y de que me andaban buscando, fui y me entregué en el cuartelillo.

—¿Y qué más pasó? —seguí preguntando.

—Nada, me trataron bastante bien. Me condenaron y comencé a cumplir condena. Los hermanos del "nota" amenazaron a mi familia, así que durante un permiso especial me colé en la casa de la familia del tío con una "recortá", y les dije: "Me he "cepillado" a vuestro hermano por hijo puta. Ya me han condenado, y me van a condenar lo mismo si me cargo a otro, así que si volvéis a molestar a mi familia os mato".

—¿Y?

—Pues nada, que no volvieron a molestar a nadie —me contestó riéndose.

—¿Qué sentiste cuando le mataste?

—La primera noche no pude pegar ojo y me harté de fumar. Me acordaba de su cara reventada a tiros y de los sesos desparramados por el suelo. Luego nada, porque, como ya te he dicho, era un hijo de puta.

—De todas formas —interrumpió Luis— atracar no es un oficio fácil.

—¿Cuál ha sido tu atraco más arriesgado? —le pregunté.

—En un casino. No te voy a decir cuál. Yo tenía dentro a un colega, que me dio la información, y yo hice el trabajo. Trinqué cincuenta kilos; veinte le di al colega y treinta me quedé yo.

—¿Cómo fue?

—Pues nada. El colega me dijo la hora a la que iban a recoger el dinero. Me informó de que entraban dos guardas y que otro se quedaba en el furgón. Me explicó que salían por un pasillo con dos puertas. Una daba al patio, donde esperaba el furgón, y la otra a una calle. Como sabía la hora y el día de más recaudación, cogí la "recortá" y me puse la peluca y la barba postiza. Me hice con una bici, porque no tenía ni una motillo, me colé en el pasillo y les esperé. Cuando regresaban con el saco, les encañoné y les dije que había otros dos colegas apuntándoles, que no hicieran tonterías y no les pasaría nada. Los "notas" se portaron bien. Me dieron el saco y las "pipas" y me largué. Ellos no hicieron nada, porque debieron creer que era verdad que les estaban apuntando, y yo cogí la bici y me quité de en medio. En un descampado tenía una bolsa con ropa. Me cambié, metí la pasta en la bolsa y dejé la bici. Me fui a casa dando un paseo como si viniese del gimnasio.

—¿Nunca supieron que fuiste tu?

—Nunca.

La afición de Luis era cazar pajaritos con red. Yo creo que le gustaba, precisamente, cazar pajaritos porque está rigurosamente prohibido cazarlos. Los domingos se echaba al monte con su red y volvía cargado de piezas. Siempre me comentaba algún incidente con la Guardia Civil a cuenta de sus cacerías. Llegué a la conclusión de que se pasaba la mitad del tiempo cazando y la otra mitad corriendo para que no le cogiese la Benemérita.

Tras la conversación, Luis y Eduardo me llevaron a ver el lugar de la descarga y un almacén, relativamente cercano, donde guardarían la "merca". En el almacén guardaban también la "zodiac", que sólo se sacaría el día del trabajo.

Decidí irme a Tánger para contactar con algún proveedor. No tenía ni idea de por dónde empezar a buscar, pero estaba seguro de que algo encontraría.

Nordín "El Cojo"

Según la mitología griega, Tánger fue fundada por Tingis, esposa de Antée, hijo de Poseidón y Gaia. Su origen bereber y su comercio fenicio hicieron de este bello lugar el bastión cosmopolita de Marruecos. Portugueses, españoles e ingleses la dominaron sucesivamente, y se convirtió, con el devenir del siglo veinte, en la más internacional de las ciudades.

La calle de la Marina separa la Gran Mezquita del Pequeño Zoco. Continuando por la calle "des Chrétiens" y la calle "Ben Raisoul" llegamos a "Dar el Makhzen", y de allí, descendiendo por las calles "Riad Sultan" y de la "Kasba", llegamos al Gran Zoco. Visitar un domingo por la mañana un zoco es disfrutar de golpe y sin prolegómenos toda la esencia de Marruecos: su algarabía, sus olores, sus colores y sus sabores, que hacen de esta tierra el país de los sentidos. Sus gentes, amables y pícaras, observan al extranjero, al advenedizo, escudriñan sus pasos y sus gestos, custodian su camino hasta que le interpelan, hasta que se deciden a abordarlo. En Marruecos el extranjero no necesita acercarse a la gente, la gente se arrima a él. No necesita hablar, sino sólo saber contestar, ya que Marruecos es locuaz con sus visitantes, es curioso y entrometido.

Paseaba por el Gran Zoco sin saber exactamente dónde ir ni qué hacer. Había reservado habitación en el hotel "El Minzah", situado en la calle de la Libertad, frente al Consulado de Francia. Me entretenía en cada puesto del mercado, hablaba con los que me interrogaban. Trataba, de alguna manera, de hacer algún amigo, algún confidente, que me ayudara a encontrar lo que buscaba.

Al atardecer, cuando me encontraba merodeando por los alrededores de la Mezquita Mohammed V, un individuo corpulento se me acercó con lentitud. Pude comprobar que cojeaba de la pierna izquierda.

—¿Qué buscas por aquí, amigo? —me interpeló con gesto amable.

—Nada en particular; he venido a pasar unos días a Tánger y estaba conociendo un poco la ciudad —le contesté en el mismo tono.

—¿Has venido solo? —volvió a interrogarme mientras se abrochaba una vieja cazadora de cuero, que, junto a unos pantalones vaqueros, una camiseta y unos tenis, componían su indumentaria.

—Sí, he venido solo porque, de vez en cuando, me apetece estar tranquilo y poder dedicarme a mis cosas.

—¿Y cuáles son tus cosas, amigo? —me preguntó riéndose.

—Pues, la verdad es que, en este caso, he venido a buscar un socio para hacer negocios.

—¡Ah, sí!, y ¿qué tipo de negocios?

—Había pensado en alguien que estuviese interesado en asuntos de exportaciones.

—Mira, amigo —me dijo riéndose a carcajadas—, no tienes pinta de policía, y yo sé lo que quieres. Vamos a hacer una cosa —continuó—. Yo mañana te llamo por teléfono y volvemos a vernos. Si de ahora a mañana no he cambiado de opinión, y sigo fiándome de ti, quizá ya tengas socio, dependiendo, claro está, de las condiciones que pactemos. Dime dónde te alojas.

—Estoy en el hotel "El Minzah" —le contesté.

—Cuál es tu nombre y tu número de habitación —volvió a preguntarme.

—Me llamo Juan —le contesté sin pensarlo dos veces—, y mi habitación es la doscientos dos.

—Bueno, amigo, pues quédate tranquilo. Yo me llamo Nordín, me llaman "el Cojo". Aquí me conoce todo el mundo. Yo sé lo que tú buscas, te he estado observando durante todo el día. Sólo me queda comprobar una cosa, y si todo está correcto mañana te llamaré y nos volveremos a ver. Cuando te llame te diré una hora. A esa hora ven a este mismo sitio. ¿De acuerdo?

—De acuerdo —contesté estrechándole la mano.

Cuando caminaba hacia el hotel, iba pensando en el misterioso individuo. Corpulento y bonachón, le calculaba mi misma edad. Según él mismo me había confesado, llevaba todo el día siguiéndome. Pensaba en que, si fuese una encerrona, no me habría dicho su nombre, y sobre todo, en que sabía de sobra lo que yo buscaba.

Cuando llegué al hotel, dudé por un momento en preguntar al recepcionista si conocía a Nordín "el Cojo", pero decidí no hacerlo, ya que si era conocido por el contrabando me estaría delatando yo mismo. Casi no cené. Subí a la habitación y me puse a ver la televisión hasta que me quedé dormido.

El día amaneció gris y borrascoso. Fuertes rachas de poniente, con algún que otro aguacero, invitaban a prolongar al máximo la estancia en la cama. Pedí por teléfono el desayuno y me preparé un baño de agua caliente. Hice un repaso de la situación: tenía barco, también la descarga; me faltaba un proveedor y un cliente. Normalmente, el mismo proveedor era el que retiraba la mercancía. La práctica habitual era que, una vez descargada la mercancía y puesta a buen recaudo, el propietario se llevara la mitad; días después, volvía con el dinero del transporte y la descarga, y se llevaba la otra mitad. Por lo tanto, si tenía suerte, el mismo Nordín podría cerrar el ciclo.

Durante toda la mañana me quedé en la habitación a la espera de la llamada, pero no se produjo. Sobre las dos, bajé al restaurante del hotel para comer algo. Casi todos los comensales eran españoles que, imagino, se encontrarían de paso para volver a España. Tras terminar el frugal almuerzo me fui al bar contiguo para tomar café.

Serían las cuatro de la tarde cuando me avisaron en recepción que tenía una llamada de teléfono. Era Nordín. Sólo me dijo que me esperaba a las seis.

Cuando llegué a la cita, él ya estaba allí.

—¿Cuándo piensas regresar a España? —me preguntó tras saludarme.

—En cuanto encuentre lo que he venido a buscar —le contesté.

—¿Qué es exactamente lo que tú ofreces? —me preguntó con semblante serio.

Me quedé unos minutos pensativo. No conocía de nada al individuo que tenía delante de mi. Podía tratarse de un policía. En Marruecos existe una unidad especial, llamada UCLA, que es como nuestra UDYCO. Podía tratarse de un chivato que me traicionase y me creara problemas, en un país que no era el mío y del que no conocía sus leyes. Por otra parte, teniendo en cuenta la situación en que me encontraba, o me arriesgaba o me volvía a casa, pues no tenía ningún contacto de confianza al que acudir.

—Cuento —le contesté— con un barco y un buen lugar de descarga.

—Todos los que vienen aquí dicen que tienen barco, pero luego, la realidad es que son meros intermediarios.

—Ese no es mi caso. Yo tengo barco y además, soy el patrón. Si quieres creerme seguimos hablando; si no, me voy por donde he venido —le contesté de forma rotunda.

—Ahora —continué—, ¿qué es lo que tú ofreces?

Nordín se echó a reír, dándome un golpe en la espalda. Yo te ofrezco trabajo. Tengo unos amigos en tu tierra que están esperando una mercancía. Si estás conforme, cuando vuelvas a España les doy tu teléfono y os ponéis de acuerdo entre vosotros. Aquí está todo arreglado para que puedas venir a cargar cuando quieras. Yo tengo todo preparado y, como ya debes saber, aquí está todo pagado. Por lo tanto, puedes estar tranquilo con respecto a la carga.

—¿Cuáles serían las condiciones y de qué cantidad se trata? —le pregunté, con ánimo de que fuera más explícito.

—Las condiciones debes pactarlas con ellos, ya que son los que te van a pagar, y la cantidad son ochocientos kilos. Creo que debes volverte mañana y verles. Además, no es bueno que andes por aquí. Se nota a lo que has venido.

Le di mi teléfono y decidí regresar al día siguiente en el primer barco. Antes de atracar en el puerto de Algeciras, recibí una llamada del amigo de Nordín citándome en Fuengirola. Su acento era italiano, y me dijo que se llamaba Sergio. Del barco me dirigí a mi casa para dejar el equipaje; de allí, sin perder un minuto, a la cita, en una pizzería del paseo marítimo de la ciudad. Llegué justo a la hora convenida y ya estaba esperándome en compañía de otro italiano, socio suyo. Sergio era un tipo de unos cuarenta años, de mediana estatura, moreno y con la indumentaria típica del traficante: "Rolex" de oro, varias cadenas de oro alrededor del cuello, ropa cara y de pésimo gusto. De su compañero, con el mismo "look", pero algo mayor que él, no me dijo su nombre sólo me lo presentó como su "socio".

Desde el primer momento entramos de lleno en el asunto, y nuestra conversación se centró en acordar las condiciones: veinte mil pesetas por kilo por el flete marítimo, quince mil pesetas por kilo por la playa y cinco mil pesetas por kilo por guardar la mercancía. Como había supuesto, se llevarían la mitad de la mercancía una vez se hubiese descargado, y, quince días después, nos pagarían la totalidad y se llevarían la otra mitad. Acordamos, asimismo, que adelantarían un millón de pesetas para combustible, teléfono y demás gastos que pudiéramos tener antes de zarpar. Al llegar al punto de carga, iba a embarcar un "garantía" de nacionalidad marroquí, que desembarcaría con la "zodiac" y la mercancía; como marinero llevaría a un hombre de ellos de nacionalidad italiana. Pretendían, también, tener a un hombre suyo custodiando la mercancía en el lugar en que se guardara, a lo cual me negué rotundamente, ya que eso podría significar que nos la robasen y quedarme sin cobrar mi trabajo. Una vez pactadas las condiciones, quedamos para vernos al día siguiente. Me dirían cuándo debía cargar, y me darían el millón de adelanto y las coordenadas del punto de carga. Por su parte, deseaban ver el lugar de la descarga, a lo que me opuse por los mismos motivos que había sostenido anteriormente.

Esa misma tarde me reuní con Luis y Eduardo y les puse al día de todas mis gestiones. No pudieron disimular su satisfacción, y decidimos cenar en un pequeño restaurante del puerto pesquero de Marbella para celebrar nuestro primer trabajo.

Cuando me desperté eran las nueve de la mañana. Lo primero que hice fue dirigirme al puerto de Soto Grande para arrancar el barco y cerciorarme de que todo funcionaba correctamente. Paré para desayunar en un pequeño bar de la urbanización donde vivía, y aproveché para leer el periódico que, muy amablemente, me ofreció el camarero. En la sección de sucesos se podía leer la noticia del apresamiento de un yate con dos mil kilos de hachís y la detención de varias personas, entre las que se encontraban un marroquí, dos italianos y un español. Por las iniciales de sus nombres deduje que podrían ser Driss, Andrea, Luigi y Felipe. Un escalofrío me recorrió el cuerpo cuando pensé que en esa relación podía haber estado mi nombre, y que sólo el azar me había salvado.

Al llegar al atraque donde se encontraba el barco, me encontré con el mecánico que lo había reparado, y aproveché para pedirle que me acompañara a probarlo. Estuvimos hasta el mediodía navegando, pues recibí una llamada de Sergio citándome en una cafetería de San Pedro de Alcántara a las cinco de la tarde.

Cuando llegué al lugar de la reunión me encontré a mi amigo con cara de preocupación.

—¿Pasa algo? —le pregunté después de estrecharle la mano.

—Ha habido un pequeño problema —me contestó mientras, apoyándose en mi hombro, me dirigía hacia la cafetería—. Ayer por la noche un colega fue a hacer una entrega y le robaron toda la mercancía.

—¿Cómo ocurrió? —interrogué con asombro.

—Ha sido una historia rara —me dijo frunciendo el ceño—. Iba a entregar cuarenta kilos de "polen"; le sacaron placas de la Policía y le encañonaron. Eran tres individuos. Le amordazaron y se largaron con la mercancía. Total que, a trescientas mil pesetas el kilo de "polen", resulta que he perdido doce millones de una tacada. Y lo grave es que sospecho que eran policías de verdad.

Yo le escuchaba sin pronunciar palabra, porque no era la primera vez que oía hablar de hechos parecidos.

—Como comprenderás —continuó—, es como para estar preocupado. De todas formas, esto no tiene ninguna relación con nuestro negocio, ni va, por supuesto, a alterar nuestros planes. Mañana la luna ya está bien para poder trabajar; por lo tanto, si tú estás listo, se puede cargar pasado mañana.

—Por mi parte, no hay ningún inconveniente —le contesté con absoluto aplomo.

—Como ya te dije —continuó—, irá contigo en el barco un hombre nuestro. Es un tío de toda confianza que ya ha trabajado en otras ocasiones. Vendrá dentro de unos minutos para que le conozcas y quedéis para mañana.

—Perfecto —asentí.

—Otra cosa —prosiguió—. A Alexandro, que es como se llama el marinero que va a ir contigo, le pagas tú. ¿De acuerdo?

—De acuerdo —le contesté rápidamente.

Estuvimos esperando algo más de media hora hasta que apareció el famoso Alexandro. Era un individuo de unos cuarenta años, alto, delgado, rubio y con expresión agradable. Hablaba bastante bien español y, según me comentó, sabía bastante de navegación. Quedé con él al día siguiente a las doce en Soto Grande, para salir desde allí sobre las dos de la tarde, que es la hora en que todo el mundo se va a comer y hay menos mirones.

El resto de la tarde la dediqué a ultimar los preparativos con Luis y Eduardo. Por la noche me tomé una "melatonina" e intenté dormir temprano, aunque no lo conseguí. Como las otras veces que había trabajado, pensé si esa sería la última noche que dormiría en mi casa, y si a partir del día siguiente tendría que cambiar mi acogedora habitación por un "chabolo" de los que tanto me habían hablado mis amigos.

La mañana amaneció radiante. Antes de dirigirme al puerto llamé a mi hija. Esa era otra de las costumbres que había adquirido desde que ejercía este oficio. Estuvimos hablando más de media hora y me fui con la satisfacción de escucharla tan alegre como siempre.

Alexandro fue puntual y apareció a la hora convenida. Traía una pequeña bolsa de deportes e iba dignamente vestido. Zarpamos a las dos y media de la tarde con una mar en calma chicha y un espléndido sol como compañero de viaje. Las coordenadas del lugar donde íbamos a efectuar la carga me daban una posición cinco millas al oeste de Melilla, por lo que puse rumbo a Ceuta para repostar y salir de allí con rumbo este, como si nos dirigiéramos hacia el Mediterráneo. Una hora después entrábamos en el puerto de Ceuta y sobre las cuatro y media poníamos rumbo al lugar de nuestra cita. No habían pasado ni dos horas cuando comenzaron a soplar ponientes. El viento y la mar arreciaban por momentos pasando de una absoluta calma a un fuerte temporal. Alexandro apuntó la posibilidad de no poder cargar en esas circunstancias, ya que era difícil que en ese estado de la mar pudiera salir una patera cargada para darnos la mercancía. A medianoche nos encontrábamos a cinco millas al norte del punto de carga y comenzamos a intentar comunicar con los hombres de Nordín. Había bastante mar y había comenzado a llover, por lo que a las dos de la madrugada, sin haber podido contactar con los de tierra, decidimos entrar de arribada en Melilla. El fortísimo temporal hizo que cuando cambiamos de rumbo, para poner proa a la verde de la entrada del puerto, nos sacudiesen unos bruscos balances y las olas pasasen por encima del barco. El poniente hacía al barco derivar sin que pudiera corregir el rumbo. Di más potencia a los motores para intentar, de esta forma, rectificar el curso, pero no respondía. Pasamos restregando el costado de babor contra las rocas del espigón de entrada, dañando al mismo tiempo la pala del timón. Me había quedado sin gobierno y el barco caía irremediablemente hacia babor, conduciéndonos, sin poderlo evitar, al puerto marroquí de Nador. La intensa lluvia me impedía tener una visibilidad aceptable; lo único que veía era un paramento de muelle y un barco atracado. Sin pensarlo dos veces, dejé que el barco derivase para abarloarme al otro buque atracado. Alexandro colocaba las defensas por la cubierta con dificultad, debido a la lluvia y el fuerte viento, y me indicaba por señas la distancia que me separaba del otro barco. Conseguí abarloarlo acolchando todo el costado, al mismo tiempo que evitaba nuevos daños en el casco. Unos cabos lanzados desde el otro barco nos permitieron hacer firme y parar la arrancada. Cuando finalizamos la maniobra dos individuos con uniformes grises, que hablaban francés, saltaron a bordo dando gritos . Intenté calmarlos, pero uno de ellos me pegó un empujón y me ordenó que encendiera todas las luces del interior. Mientras estos comenzaban un exhaustivo registro, otros tres entraban en la cámara y comenzaban un intenso interrogatorio: "¿De dónde vienen?, ¿por qué han entrado en Nador?, ¿qué nacionalidad tienen?, ¿de quién es el barco?, etc.

Tras casi una hora de registro e interrogatorio nos condujeron a unas dependencias en el puerto donde otros dos hombres con abrigos grises y de mal aspecto nos volvieron a interrogar. En vista de que no podían sacarnos ningún dato interesante, nos dejaron en esa habitación solos, y no volvieron a aparecer hasta dos horas después. Estábamos totalmente agotados y con la ropa mojada. Cuando volvieron a entrar fue para decirme que les acompañara. Me subieron en un coche y se sentaron dos delante y otros dos detrás, flanqueándome. El puerto donde estaba ubicada la dependencia a la que nos habían conducido, estaba totalmente a oscuras. Arrancaron el coche y comenzamos un paseo por los lugares más siniestros en que jamás he estado.

—Anda, cuéntanos la verdad y así te puedes ir —comenzó la conversación uno de los tipos que estaba a mi lado en un perfecto español.

—Ya les he dicho lo que ha ocurrido: veníamos a Melilla para repostar cuando se levantó este temporal, que nos hizo rozar la escollera y quedarnos sin gobierno.

—¿No me digas? —me increpó el que iba sentado al lado del conductor con voz dura— ¿Acaso te crees que somos idiotas? ¿Quieres que te obliguemos a recobrar la memoria? —siguió, en tono amenazante.

El que estaba a mi lado y había hablado primero adoptó el papel de bueno, de mediador, y dijo:

—Tranquilo, Hassan, nuestro amigo va a cooperar con nosotros para poder irse enseguida.

Yo, en aquellos momentos pensé que si me dejaba amedrentar estaba perdido, así, que, sacando fuerzas de donde no las tenía grité:

—Lo único que sé es que he dicho la verdad, y que actualmente soy un turista con todos mis papeles en regla. Si en cinco minutos no estoy en mi barco junto a mi compañero para poder llamar a Melilla y tranquilizar a los que allí nos esperan, estos se van a poner en contacto con la Embajada, porque saben que entramos en Nador. El escándalo que se puede formar puede ser tal que jamás se atreva a entrar en un puerto marroquí un yate español. Así que ustedes verán lo que hacen.

Me escucharon en silencio y tras mi pequeño monólogo hablaron entre ellos en árabe. Después de unos minutos, que me parecieron interminables, el que hacía de bueno me dijo:

—No te pongas así, amigo, seguro que ha habido un malentendido. Te vamos a llevar de vuelta al barco con tu compañero, y mañana os haremos los papeles para que podáis salir por nuestra ciudad. Aquí tenemos muy buenos mecánicos; seguro que arregláis el barco mejor y más barato que en Melilla.

—No lo pongo en duda, pero debo consultar con el seguro antes de tomar una decisión —le contesté con aplomo.

Estaba amaneciendo cuando me llevaron de regreso al barco, donde me reuní con Alexandro. Este me contó que mientras estuve en el coche con esos individuos, le habían vuelto a interrogar y le habían amenazado con llevarle a los calabozos si no confesaba la verdad. Alexandro supo mantener la versión que habíamos dado y le dejaron volver al yate.

Por la mañana temprano aparecieron por nuestro barco varios individuos con uniformes de diferentes clases para hacer la documentación de entrada de aduanas y de marina; asimismo, vino el Capitán de Puerto para intentar que llevásemos el barco al varadero de Nador. Yo le expliqué que por orden del seguro debíamos trasladarlo a Melilla, y le pedí que me pusiese en contacto con el patrón del remolcador que estuviese de servicio. Así lo hizo, y sobre las tres de la tarde nos remolcaron hasta el límite donde finaliza el puerto de Nador y comienza el de Melilla. Allí nos esperaba otro remolcador español que nos condujo directamente al varadero del puerto deportivo, donde, con una grúa, pusieron el yate en seco.

Alexandro y yo alquilamos una habitación en un discreto hotel de la ciudad, mientras reparaban el barco, y tras dormir más de doce horas —ya que estábamos exhaustos de no descansar y de la tensión que habíamos pasado—, nos fuimos a comer para recuperar fuerzas.

Como nos habíamos levantado a las seis de la tarde y después habíamos comido en abundancia, decidimos ir a ver una película para evadirnos de todos los problemas. A la salida del cine, Alexandro me llevó a un bar que él conocía y donde, según pude comprobar, había unas chicas muy atractivas. Tomamos allí unas copas y acordamos llevarnos a dos al hotel. Ellas nos advirtieron que, al carecer de pasaporte, no les dejarían entrar en nuestras habitaciones, así que fueron ellas las que nos condujeron a una especie de pensión donde, por poco dinero, pudimos alquilar dos habitaciones por unas horas.

Al día siguiente, por la mañana, pude contactar con Nordín y le expliqué todo lo ocurrido. El insistió en que teníamos que vernos. Quedamos citados en un bar cercano a la frontera a media tarde.

Las reparaciones del barco iban por buen camino. El encargado nos informó de que en un máximo de tres días estaría listo para poder navegar. Hablé por teléfono aquella mañana con Luis y Eduardo y, tras contarles todas las incidencias, quedamos en volver a hablar cuando el barco quedase reparado.

Nordín me esperaba en el lugar que habíamos acordado. Cuando llegué, tras saludarnos efusivamente, nos sentamos en una mesa que estaba en una esquina del local apartada de las demás. Le volví a narrar todo lo que había sucedido y después de escuchar en silencio me dijo:

—El problema es la luna. Está creciendo, y tenemos que cargar cuanto antes.

—El temporal parece que ha amainado —le interrumpí.

—Sí, sí —me dijo con cara de preocupación—. El temporal ya no es el problema; el problema es que, si acaban las reparaciones dentro de tres días, tienes que salir e ir a cargar directamente, porque si perdemos un día más no lo podremos hacer.

—No te preocupes, intentaré meter prisa a los mecánicos para estar listos lo antes posible.

—Otro tema importante —continuó como si no me hubiera escuchado— es el lugar de carga. He estado pensando que vamos a cambiarlo —me dijo mientras me daba un papel con las nuevas coordenadas—. Como verás, no está muy lejos del otro.

—Lo importante para mí —le interrumpí— es que, cuando lleguemos, se pongan en contacto con nosotros sin demora, por señales, por teléfono o como sea.

—No te preocupes, esta vez no habrá problemas.

—Tengo entendido —le dije con preocupación— que el barco de la Marina está una semana por esta parte y otra por Tánger, y sé que a esos no se les puede comprar.

—Estáte tranquilo —me contestó sonriendo—, lo tenemos controlado. Evidentemente, no estoy interesado en perder mi mercancía.

Nordín y yo nos despedimos pasadas las siete de la tarde, y me dirigí al hotel para recoger a Alexandro. Me había dejado una nota en la recepción explicándome que estaba con la chica de la noche anterior y que no le esperara, así que decidí darme una ducha y salir a pasear tranquilamente por la ciudad.

Melilla es una ciudad alegre, con edificios elegantes y clásicos. Una de las cosas que más me llamó la atención fue su limpieza. Gran parte de la población la forman soldados de reemplazo en un Municipio donde conviven judíos, musulmanes y cristianos en aparente armonía.

En los alrededores del puerto deportivo hay una zona de bares donde se concentra todo el jovial ambiente noctámbulo de la capital. Una gran galería comunica todos los establecimientos y sirve de zaguán y de lugar de encuentro. En Melilla no hay sitio para la endogamia, y es normal ver parejas de distinta creencia y de diferente progenie.

La temperatura me invitaba a ser partícipe de la noche y esta me arropaba en la clandestinidad que yo deseaba. Mis pasos me condujeron al muelle comercial, y allí pude percatarme de la presencia de una patrullera de la Guardia Civil que acababa de atracar. Me quedé un rato observando hasta que me cercioré de que se disponía a zarpar esa misma noche.

Los dos días siguientes los dediqué por entero a supervisar las reparaciones del barco y, al mismo tiempo, estuve pendiente de la patrullera de la Guardia Civil que había visto la noche anterior, a la cual no volví a ver. Estuvimos listos para hacernos a la mar en la fecha en que se habían comprometido finalizar, y, tal como había acordado con Nordín, me dirigí al lugar de carga. Salimos de Melilla al mediodía, por lo que iba a velocidad moderada; paré varias veces, di un pequeño rodeo y me separé bastante de la costa. Hacia las diez de la noche contactamos por teléfono con Nordín. Nos dio instrucciones para dirigirnos al punto de carga y nos garantizó que todo estaba controlado. Pasada la media noche, una patera se abarloó a nosotros y comenzamos a cargar los bultos, un total de cuarenta y dos. Un marroquí embarcó como "garantía" y sobre la una de la madrugada nos separábamos de las costas de Marruecos. La mar estaba como un plato y la temperatura era agradable. Alexandro preparó unos bocadillos que comimos cuando ya estábamos en alta mar. Durante el día navegamos a velocidad moderada, siguiendo el rumbo normal de los barcos que se dirigen hacia el Mediterráneo y, por la tarde, cambié el rumbo al oeste, aproximándome a las costas españolas. Sobre las cinco de la tarde me puse en contacto por teléfono con Luis y Eduardo. A las siete y media les entregué la mercancía y al marroquí a tres millas de la costa. El trabajo había salido a la perfección y, una hora después, Luis me comunicaba que ya tenían todo a buen recaudo.

Cuando finalizas un trabajo es cuando los síntomas del cansancio afloran. Alexandro vomitó, no porque estuviese mareado, sino más bien por las tensiones que había almacenado en su cuerpo y que habían decidido desplazarse a su estómago. Atracamos en Puerto Banús pasadas las ocho de la tarde. Sobre las nueve me encontraba disfrutando de un baño caliente con sales y aceite, y con el ánimo ufano. Esa noche dormí a pierna suelta.

Sergio se llevó la mitad de la mercancía al día siguiente. Nueve días después regresó con el dinero para pagarnos y se llevó el resto. Alexandro y yo hicimos buenas migas, y como fui generoso a la hora de pagar, se ofreció para que le avisase si hacía algún otro trabajo y necesitaba un marinero.

Nordín, respaldado por la euforia del éxito, me llamó comunicándome que fuese a verle a Tánger para preparar otro trabajo. Esta vez se trataba de cargar mil trescientos kilos destinados también a Sergio. Durante una semana estuvimos buscando un nuevo lugar de descarga, y otro sitio para guardar la mercancía; no era aconsejable trabajar dos veces por el mismo lugar. Cuando ya lo teníamos todo preparado, Sergio me informó que habían tenido que cambiar el lugar de carga, debido a que el barco de la Marina se encontraba por el Mediterráneo, y que cargaríamos en Tánger.

Eso propició también un cambio de planes para la descarga, pues no podía atravesar el Estrecho cargado. Envié a Luis y a Eduardo a buscar un lugar adecuado y seguro por la zona de Sanlúcar de Barrameda, y dos días después me llamaron para que me reuniese con ellos en el Puerto de Santa María.

Nos citamos en un restaurante de la rivera del río, y allí me presentaron a un individuo de unos sesenta años, de aspecto tosco y bastante introvertido, llamado Manuel. Según me contó, era pescador y tenía un pequeño barco de bajura con base en Huelva. El plan era que él me recogería la mercancía a cinco millas de la costa y la descargaría en el mismo puerto, porque, según él, tenía todo arreglado con la Guardia Civil del puerto. A mí no me gustaron ni él ni su plan, así que le dije que tenía que pensarlo más detenidamente, y que me pondría en contacto con él cuando tomase una decisión.

—¿No te parece un buen plan? —me preguntó Luis, intrigado, cuando nos despedimos del pescador.

—No me creo nada de lo que nos ha contado —le contesté mientras caminábamos hacia el coche.

—¿Por qué? —me interrogó con asombro.

—Porque no me puedo creer el asunto de la Guardia Civil.

—Pues no entiendo por qué no. Yo he oído muchas veces hablar a gente que ha trabajado con los "maderos".

—No lo pongo en duda, pero ese tío no me gusta y me da la impresión de que es una encerrona.

—¿Qué tipo de encerrona? —insistió mi amigo.

—Me parece que si le entregamos la mercancía no le volvemos a ver el pelo.

—No digas tonterías —me interrumpió molesto—. No ves que vive en Huelva y que tiene allí su barco. Si intentase hacernos una pirula, sabemos dónde localizarle. Además, si el asunto está arreglado, como él dice, yo iría en el barco para recoger la "merca" y hasta que todo acabara no me separaría de los bultos. Te garantizo que no voy a estar desnudo. Me voy a llevar toda la artillería.

—Y yo voy a estar contigo —intervino Eduardo, que nos había estado escuchando sin hacer ningún comentario.

—¿Ves? —insistió Luis— ¿Tú crees que van a tener huevos de robarnos algo a nosotros dos?

La persecución

Quería saber más sobre Manuel. No había acabado de convencerme y sospechaba que nos podría complicar la vida, sobre todo a mí, que era el que tenía que dar la cara ante Nordín y Sergio. Por otra parte, darle a él la descarga significaba perder veinte mil pesetas por kilo y tener que asumir yo los gastos de Luis y Eduardo.

Decidí hablar con Sergio para posponer el trabajo a la siguiente luna y aprovechar ese margen de tiempo. Tenía claro que no iba a hacer el trabajo con Manuel, así que les dije a Luis y Eduardo que Sergio exigía la zona de cabo Roche. Les insté a que buscasen por ese lugar una buena zona para hacer la descarga, y una casa, discreta y cercana al desembarco, para alquilar. Mientras tanto, decidí desplazarme a Huelva para recabar información del enigmático Manuel; en esta profesión no es aconsejable dejar las cosas manga por hombro.

Llamé a Jesús Rodríguez y le pedí que me pusiera en contacto con alguien del oficio en aquella zona. Al cabo de veinticuatro horas tenía el número de un teléfono móvil, pero sólo el número; Jesús no quiso decirme de quién se trataba por expreso deseo del interesado.

—¡Hola! Soy el amigo de tu amigo de Málaga —dije cuando un individuo, con voz áspera, respondió a mi llamada.

—¡Ah!, sí, dime —me contestó con sequedad.

—Me gustaría que nos viésemos. Tengo un tema interesante que proponerte, pero creo que debemos tratarlo personalmente —continué.

Tras quedarse unos instantes en silencio, me citó al día siguiente en una venta en la carretera de Sevilla, a unos veinte kilómetros de Huelva.

Es curioso pero, para cualquier persona normal, citarse con otro sin conocerle, sin saber su nombre, y sin dar ninguna referencia es algo impensable; sin embargo, en el mundillo de los contrabandistas era una práctica habitual y nunca había problemas para localizarse.

Opté por irme a dormir a Sevilla para desde allí dirigirme a la cita con el misterioso contacto. Reservé habitación en el Meliá Sevilla y aproveché la tarde para pasear por la capital andaluza. Sevilla, feraz y olorosa, alardeaba, a cada paso que daba por sus calles, de su mixtura de culturas, de su acaudalada historia, de su noble linaje. Deambular por Triana, sosegarse con la majestuosidad de su Catedral o refrescarse tomando unas copas por los Remedios, era suficiente para poder persuadirse de la magnificencia de la vida. Sevilla me hacía viajar al pasado, a una época ignorante de la contrariedad, a una etapa feliz de mi vida. Cada rincón por el que pasaba me hacía revivir mi juventud y comprendí que el pasado era un palacio demasiado hermoso como para vivir siempre en él.

Me desperté tarde. Eran más de las once. Daba igual, la cita era a las siete de la tarde. Tenía tiempo para comer en Sevilla y salir después hacia el lugar de la reunión. Llamé a Jesús Rodríguez para informarle de mi reunión con su amigo. Comí en un lugar muy típico del Paseo de la Palmera, y sobre las cinco de la tarde salía con mi coche hacia Huelva.

Encontré la venta sin ninguna dificultad y, con la misma facilidad, reconocí al individuo con el que había organizado el encuentro. Era un tipo joven, de unos treinta años, de buena presencia y bastante cordial. Inicié la conversación, diciéndole que tenía la intención de hacer un trabajo por la zona de Huelva y que nuestro común amigo, Jesús Rodríguez, me había sugerido que me pusiese en contacto con él. A todo esto, ni él me había dicho su nombre ni yo, por supuesto, el mío.

Me escuchó en silencio y cuando finalicé de exponerle mi proyecto me dijo que no estaba interesado. Su respuesta me vino bien, porque aproveché para decirle que había oído hablar de un tipo mayor, pescador, que se llamaba Manuel. Él, sin inmutarse, me dijo:

—Si es el que yo imagino, creo que debes tener cuidado.

—¿Por qué me dices eso? —le pregunté sin poder disimular mi interés.

—Sólo puedo decirte lo que te he dicho —me contestó con parquedad.

—Me han comentado que tiene controlada a la Guardia Civil —insistí con ánimo de sonsacarle.

Ni siquiera me contestó, se limitó a sonreír con cinismo y, tras estrecharme la mano y desearme suerte, se levantó y se fue.

Me quedé en la venta durante un buen rato pensando qué debía hacer. Por una parte, no conocía a nadie en Huelva y no podía ir pidiendo información por la calle de un individuo al que prácticamente no conocía de nada.

Por otro lado, la curiosidad se había adueñado de mí y no quería renunciar a saber la verdad sobre Manuel. Llamé de nuevo a Jesús Rodríguez y le conté toda mi conversación con su amigo. Jesús me aconsejó que no metiese las narices en un sitio donde lo más lógico es que pudiese salir escaldado. Yo decidí hacer justo lo contrario de lo que mi amigo me había aconsejado.

Dos días después me reunía con Luis y Eduardo en Chiclana. Me dijeron que toda esa zona estaba muy vigilada y que, dentro de lo malo, lo menos peligroso era la zona de Punta Paloma. El problema era acercarse a la costa, pues estaba controlada por las patrulleras de Algeciras y Cádiz y por la torre de control de tráfico marítimo de Tarifa; en cuanto detectaban en sus poderosos radares que una embarcación se aproximaba a la costa ponían en aviso a la Guardia Civil. Decidí estudiar con más detenimiento toda esa costa y para ello nos instalamos en un lujoso hotel de Conil. Todos los días controlábamos el paso de las patrulleras y los horarios para, de esa manera, buscar las horas a las que estaba la costa más tranquila desde Tarifa a Cabo Roche. Tal y como me habían adelantado mis dos colaboradores, el lugar más idóneo era Punta Paloma. A escasos cincuenta metros del mar se elevaba una amplia montaña con abundante vegetación y matorral. La idea que les expuse fue enterrar la mercancía en un punto de la montaña, por lo que estuvimos todo un día buscando el lugar idóneo. Tuvimos que andar mucho hasta encontrar el sitio donde esconder la mercancía ya que había varios inconvenientes: el primero, que la montaña era de arena de playa; era como una gran duna que hacía difícil el paso, máxime cuando se haría cargado y con poca luz. Segundo, la monotonía del lugar; todo parecía lo mismo y era difícil tomar puntos de referencia. En tercer lugar, las patrullas de la Guardia Civil vigilaban la zona desde lugares altos con prismáticos. Todos estos problemas me obligaron a madurar un plan más sofisticado de lo normal. Lo que más me preocupaba es que guardias civiles, desde tierra, pudiesen percatarse de algo extraño. Por otra parte, pudimos comprobar que de cuatro a seis de la tarde no había patrulleras por esa zona. La idea que expuse a mis amigos era, aprovechando que de Tánger a Punta Paloma había poca distancia, intentar cargar hacia las tres de la tarde en Marruecos y a las cinco entregar la mercancía frente a Punta Paloma. Para evitar sospechas, en vez de utilizar nuestra "zodiac", buscaríamos una pequeña patera de pesca, la cual, una vez recibida la mercancía, se acercaría a cien metros de la costa y esperaría al anochecer para desembarcarla. Con eso evitaríamos a las patrulleras que navegan más separadas de la costa, las cuales cuando hiciesen su ronda pensarían que se trataba de una patera que estaba pescando. Por otro lado, los de la costa, al tener que estar tanto tiempo parados esperando la oscuridad, pensarían lo mismo, ya que ellos buscan embarcaciones que vengan directamente de alta mar a la costa, y no a una que lleve mas de dos horas pescando al lado de la orilla. El plan les pareció aceptable, pero había que buscar la patera sin levantar sospechas.

Me puse en contacto con Sergio para ver si se podía organizar la carga en Tánger en pleno día; él me contestó que no lo creía posible pero que, tras consultarlo con Nordín, me diría algo. Nosotros, sin perder un momento, nos pusimos manos a la obra para localizar una patera que estuviera en venta. Decidimos que cada uno fuera a lugares diferentes con el fin de no levantar sospechas. Después del primer día de búsqueda, los tres llegamos a la conclusión de que pronunciar la palabra "patera" ya era motivo de recelo, y que si continuábamos por ese camino acabaríamos dándonos de bruces con la Guardia Civil. Para evitarlo decidí comprar una pequeña embarcación de seis metros de eslora de fibra y utilizar el motor de nuestra "zodiac".

Sergio me llamó y me citó en Sevilla adelantándome que lo que le había pedido era imposible. Esa misma tarde me desplacé a la ciudad del Guadalquivir, dejando a Luis y Eduardo en el hotel esperándome. Nos reunimos en un bar cercano al parque María Luisa. Estaba acompañado por un individuo de baja estatura, con barba bien cuidada y aspecto extranjero. Resultó ser español, de Galicia más concretamente, y, según él mismo me contó, fugado de la cárcel de Jaén. Mientras tomábamos unas cervezas, Sergio me explicó que era imposible efectuar una carga en pleno día, y que la zona que había elegido para hacer la descarga no era de su agrado. Para él el lugar más seguro seguía siendo la costa de Huelva. Yo le expliqué todas las gestiones que había realizado y mi entrevista con Manuel. Le hablé de mi viaje a Huelva para averiguar más sobre ese individuo, que no me acababa de gustar, y los tristes resultados de mis investigaciones, ya que nadie me dijo nada concreto sobre él. José, que así decía llamarse el amigo de Sergio, que escuchaba mi relato con inusitado interés, intervino en la conversación.

—Yo conozco bien toda la zona de Huelva, así que, si tus dos colegas quieren, podemos hacer nosotros mismos la descarga. Sé de un lugar bueno para efectuarla, y tengo el sitio para guardar la mercancía. Por otra parte —continuó— creo saber quién es ese Manuel. Si es el que yo digo, trabaja para la "pasma" y hay que tener mucho cuidado con él.

Yo no sabía qué decisión tomar. Si aceptaba la proposición de José me ponía en las manos de Sergio, porque él iba a controlar la mercancía desde que desembarcase. Si, por el contrario, rehusaba su ofrecimiento, topaba con el problema de no conocer la zona y aumentar el peligro de la operación. Para evitar precipitarme, quedé en que nos volviéramos a ver al día siguiente, con el fin de tener tiempo de consultarlo con mis socios.

Estaba cansado y no tenía ganas de volver hasta Conil, así que decidí llamar a Luis y Eduardo para que vinieran ellos esa misma tarde a Sevilla.

Cenamos los tres en un discreto restaurante del centro y analizamos la situación. Luis y Eduardo eran de la opinión de llegar a un acuerdo con José. Según ellos, Sergio había demostrado ser serio y que podíamos confiar en él. Por otra parte, al aportar nosotros el barco, la "zodiac" y el personal, se podía llegar a un arreglo justo, y si hubiese algún problema José serviría para garantizar a Sergio y a Nordín que no se trataba de un engaño por nuestra parte.

Esa noche dormimos los tres en Sevilla y me cité con Sergio y José para reunirnos todos a la mañana siguiente. El encuentro fue cordial y se llegó a un pacto económico rápidamente. Yo pedí a Sergio que avisase a Alexandro para llevarle como marinero, idea que fue de su agrado.

Nosotros partimos esa misma tarde para preparar todo y trasladar la "zodiac" a Huelva, con la idea de realizar el trabajo la semana siguiente, aprovechando la luna nueva.

Empezaba a notar en mi interior una tensión difícil de describir cuando se acercaba el momento de trabajar. Era consciente del riesgo que corría. Sobre todo, en la carga en Marruecos, donde si no pagaban la guardia o si no tenían controlada a la patrullera de la Marina, podría ser el final de mi vida. Sabía que a los que detenían les daban puñetazos y patadas los dos primeros días, antes de pasar a la cárcel, donde cumplían un mínimo de ocho años de condena. En las cárceles, por otra parte, se hacinaban cientos de personas en espacios diminutos, no se tiene derecho a comidas y no existen los beneficios carcelarios, ergástula de donde se sale sin ánimo de seguir viviendo. Si, por el contrario, alguna vez fuese detenido en la descarga por los españoles, mi fin serían cuatro años de cárcel y una vida y un futuro destrozados, como los de cualquier ex presidiario. El riesgo, a fin de cuentas, era mi porvenir, mi vida.

Me preocupaba acostumbrarme a esa forma de vida, me intranquilizaba no buscar una alternativa, no intentar llevar una vida normal. Era consciente de que, a la larga, todo el mundo cae, y que mi final, si continuaba en esto, sería la cárcel y la ruina. Empezaba a darme cuenta de que yo no era como ellos, de que mi vida no discurría por esos derroteros, que mi mundo era otro y que no podía acomodarme a este. Necesitaba volver a estar con personas normales que tienen un trabajo, una familia y hablan de fútbol los lunes en sus oficinas. Precisaba replantearme mi vida, pero no podía porque me había introducido en una cadena donde los gastos se disparaban para obtener los beneficios, y de donde era muy difícil escapar. Estaba inmerso en una deformación mental en la cual pensaba que la única manera de obtener beneficios era con el contrabando. Quizá mi ruina con el restaurante había acelerado esa malformación.

Alexandro se puso en contacto conmigo por la mañana y noté en su voz, al teléfono, su alborozo. Quedamos en vernos esa misma tarde en Puerto Banús. Nos dedicamos a salir todos los días con el barco y a atracarlo cada noche en un puerto distinto, con la intención de que cuando tuviéramos que hacer el trabajo no pareciese extraña su ausencia. Mientras tanto, Luis y Eduardo se habían ido a Huelva para reunirse con José, y se habían llevado la "zodiac" por carretera, en un pequeño remolque de los que se utilizan para llevar a los perros de caza. Sergio, como de costumbre, me adelantó dinero para avituallar el barco y para pagar los gastos de todo el equipo. Según se iba acercando el día, una sensación extraña se apoderaba de mí. No sé exactamente si era humillante miedo, o tensión por lo que se me venía encima. Lo que sí sé es que tenía una colitis digna de mención; algo insólito, la primera vez que me ocurría. Quizá porque también era la primera vez que ponderaba con serenidad el riesgo.

Cuando Luis me llamó para decirme que tenían todo preparado, me reuní con Sergio y acordamos salir hacia el lugar de carga al día siguiente. Cené esa noche con

Alexandro en un restaurante de Puerto Banús. Evitamos durante toda la noche hablar del trabajo; en ello pude comprobar que él también estaba preocupado, detalle que me consoló. Después de la cena, y a modo de postrera voluntad, mi amigo me animó a tomar una copa en el "Navy", bar del Puerto donde se mezclaban personas de diferente disposición, y entre las que eran asiduas chicas monísimas, capaces de enamorarse de ti con furor durante unas horas por el módico precio de cuarenta mil pesetas; ello no significaba que todas fuesen profesionales; también acudían al conocido garito otras que, por despiste o por morbo, se dejaban caer por allí. El "Navy", como "La Llave", eran dos antros ambiguos en los que todo era posible.

Cuando entramos no había mucha gente. A lo largo de la barra, y sentadas de forma provocativa, había media docena de rubias venidas del Este y algún que otro caballero inmerso en tráfagos seminales. En las mesas, alrededor de la pista de baile, varios grupos, sentados en animada conversación, mitigaban el aspecto de lupanar de postín. Nos quedamos en la barra y Alexandro, asiduo cliente, me presentó a dos chicas que se quedaron con nosotros y a las que invitamos a una copa. Como era obvio, de allí nos fuimos cada uno a nuestra casa acompañados de una de las chicas. La mía, mi conquista pecuniaria, se llamaba Nadia y era simplemente escultural. Tuvo la deferencia de no pedirme nada al llegar a casa, e hizo como si la hubiese conquistado de verdad. Sólo me preguntó si quería que se quedase toda la noche, a lo que yo asentí. Por la mañana, tras desayunar un zumo y unas galletas, me ofrecí a acompañarla a su casa. Ella se negó diciéndome que prefería ir en taxi y, esbozando una magnífica sonrisa, me preguntó si le iba a pagar el "taxi", poniendo énfasis en esta última palabra. Con ello comprendí sin esfuerzo que la ilusión había acabado, y que me tocaba pagar. La verdad es que había disfrutado tanto, que no me costó ningún trabajo deshacerme de cuarenta mil pesetas.

Zarpamos al mediodía. Nos sobraba tiempo, así que decidimos ir costeando y parando de vez en cuando para llamar menos la atención. La primera vez lo hicimos frente a Soto Grande, y para disimular más colocamos un par de cañas de pescar en la popa y nos tomamos unas cervezas como aperitivo con una lata de mejillones. Notaba a Alexandro tenso. Imagino que él notaría lo mismo en mí, pero ambos tratábamos de estar lo más animados posible. Comenzamos a cruzar el Estrecho sobre las seis de la tarde; navegaba pegado a la costa española y sobre las ocho y media tenía a Tarifa al través. Puse rumbo directo hacia Canarias con el fin de que en los radares de Tarifa no notaran nada anormal y, sobre media noche, cuando ya estaba a siete millas al sur de cabo Espartel, di la vuelta entre un grupo de pesqueros y puse rumbo norte, aminorando la velocidad y parando a una milla al través de Espartel, tal y como habíamos convenido.

Había un poco de marejadilla de levante y la noche era totalmente oscura. Apagué las luces de navegación e intente contactar con Nordín por teléfono. Esta vez hubo suerte y a la primera contestó. Nos dijo que estuviéramos tranquilos, que estaba todo controlado y que en unos minutos se nos aproximaría un pesquero que nos indicaría el lugar exacto de carga. El lugar donde nos encontrábamos estaba lleno de pequeñas embarcaciones; mi instinto me decía que algo estaba ocurriendo. Me mantenía pendiente del ruido de los motores de los arrastreros hasta que pude escuchar un ruido diferente. Eso no era un pesquero. Le comenté a Alexandro lo que había escuchado, pero él no me respondió, estaba casi paralizado de miedo. Sabía muy bien lo que era una cárcel en Marruecos;

había tenido a un buen amigo suyo en una durante seis años. Yo no sabía qué hacer. Lo más cuerdo hubiese sido arrancar los motores e irme, pero sabía que ya estaba en la boca del lobo y que, en Marruecos, si te cogían con un barco tan próximo a la costa a esas horas, ibas directo al "talego" aunque no llevases nada; para eso ellos se buscarían quien declarase que estábamos a la espera de un cargamento. Decidí llamar a Nordín. Como imaginé, me dijo que no pasaba nada y que estaba todo controlado. Yo insistí:

—¿Cómo que no pasa nada? Te digo que he oído un motor que no es de un pesquero —le dije casi gritando.

—Estáte tranquilo, está todo pagado. Dentro de unos minutos se te acercará un arrastrero y te dará instrucciones.

—Pero, ¿tu dónde estás? —le pregunté alterado.

—Yo estoy en Tánger, pero en la playa hay un amigo de confianza que tiene todo controlado. Estáte tranquilo, hazme caso.

Tras decir esto colgó. Intenté volver a contactar con él pero había desconectado el teléfono.

Los nervios comenzaban a traicionarme, y Alexandro me observaba con preocupación. La noche, de una lobreguez inusual, contribuía involuntariamente a que nuestra situación fuera aún más difícil. En el radar no podía distinguir, de entre todos los ecos, cuál podría ser la patrullera: estábamos rodeados de embarcaciones, y todas navegaban con la lentitud que caracteriza a los arrastreros, parándose de vez en cuando y volviendo a reanudar su marcha. El ruido que oí había cesado, pero un presentimiento me indicaba que ya nos habían localizado y que estaban cerca esperando acontecimientos.

No habrían pasado más de veinte minutos cuando oímos un ruido de motores que se acercaba hacia nosotros. Miré en la dirección del sonido y vi como nos hacían señas con una luz. Sin pensarlo dos veces cogí mi linterna y contesté. La embarcación se acercó hasta unos diez metros de la nuestra, y una voz con acento marroquí nos dijo en español que les siguiésemos. Arranqué motores y navegué detrás de ellos.

La embarcación que nos precedía, un minúsculo arrastrero, puso rumbo hacia Tánger pegándose hacia la costa. A mitad de camino, entre Espartel y Tánger, paró máquinas y esperó a que nos situásemos cerca de él. Cuando lo hicimos, nos comunicaron que esperásemos en ese lugar hasta que la patera nos trajese la mercancía. El arrastrero se alejó de nosotros con rumbo hacia la costa. En unos minutos dejamos de oír sus motores y volvimos a adentrarnos en nuestro desasosiego. Habrían pasado unos treinta minutos cuando oímos el ruido del motor de una patera que se nos acercaba, y voces que hablaban entre sí. Si hay algo que caracteriza a todas las cargas es lo mucho que hablan entre ellos y el tono alto de sus conversaciones, justo lo contrario de lo que debería ser. La patera se nos abarloó con un golpe seco, y antes de que pudiéramos pronunciar palabra comenzaron a echar bultos a la cubierta. Cuando soltaron el último fardo separaron la patera y arrancaron motores para irse. Yo miré hacia todas partes y me percaté de que no había embarcado el "garantía", así que, desesperado, les increpé que faltaba el tripulante. Ellos sin hacer caso se separaban de nosotros a toda máquina. Miré a Alexandro y, de inmediato, le ordené que tirara todos los bultos por la borda. No había acabado de darle la instrucción cuando oí arrancar los motores que antes había oído y un haz de luz que, enfocando hacia la costa, se dirigía hacia donde nos encontrábamos. Fue el pánico lo que nos hizo capaces de deshacernos de los fardos en apenas cinco minutos. La patrullera nos localizó cuando tirábamos los últimos a la mar y puso rumbo hacia nosotros a toda máquina. Yo salté al panel de control, arranqué los motores y puse proa hacia la patrullera. Cuando vio Alexandro que íbamos a rumbos encontrados me gritó: "¿Estás loco?"

Yo le increpé para que se callara y se tumbara en la "bañera". Las dos embarcaciones navegábamos a toda máquina a rumbos encontrados y, ni el patrón de la patrullera ni yo teníamos intención de variar el curso. Por mi parte, tenía claro que la única posibilidad de salvarnos era hacer que la patrullera perdiese unos minutos maniobrando, para yo continuar con el rumbo que llevaba y acercarme a Tarifa a toda máquina, obligando a que la patrullera de la Guardia Civil saliese a nuestro encuentro. Era consciente de que si los marroquíes lograban detenernos íbamos de cabeza a la cárcel, aunque no llevásemos mercancía a bordo. Si, por el contrario, nos detenían los nuestros, al no llevar nada nos dejarían marchar.

Yo tenía algo de mar de proa, lo que hacía que, con la velocidad, pegásemos fuertes pantocazos levantando la estela desde la misma roda del barco. Eso hacia más aparatosa nuestra marcha. El potente foco de la patrullera marroquí hacía que se cegase mi visión; tan sólo veía la luz que, por segundos, se aproximaba a mí. Decidí que prefería morir a dejarme atrapar. Esa determinación, de alguna manera, la presagió el patrón de la patrullera, que en el último instante viró a estribor bruscamente y facilitó que mi amura de babor rozase la aleta de babor de la patrullera a una velocidad que daba vértigo. La patrullera viró todo a babor y se puso detrás de nosotros. Esta vez también a ella le daba la mar de proa y, al tratarse de una embarcación mayor que la nuestra y menos marinera, los pantocazos hacían que el foco, de vez en cuando, nos perdiese. Yo comencé a cambiar rápidamente de rumbo, a babor y estribor simultáneamente, zigzagueando ante los patrulleros y creando con mi estela más inconvenientes a la embarcación marroquí. En dos ocasiones pensé que nos hundían porque su proa estuvo, literalmente, a punto de abordar nuestra popa. Cada vez veía más cerca el faro de Tarifa. Alexandro, tirado en la "bañera" detrás de mí, no articulaba palabra. Aferrado a un cabo miraba con terror la embarcación, que cada vez se nos aproximaba más. Era increíble, parecía que lo estuvieran haciendo a propósito, pero la Guardia Civil no aparecía por ningún lado. Si a alguien le cuento que dos embarcaciones a toda máquina desde Tánger a Tarifa, con rumbo directo en plena madrugada, no son interceptadas por la Guardia Civil, no se lo cree; pues eso fue lo que ocurrió. Como a cinco millas del faro, la patrullera paró su marcha y se dio la vuelta. Alexandro y yo nos fundimos en un abrazo mientras nos dirigíamos pegaditos a la costa hacia Huelva.

Me puse en contacto por teléfono con Luis y le expliqué que iba hacia casa, pero que no habíamos comprado nada. El guardó silencio y me dijo que me esperaría en la estación de autobuses, lo cual quería decir que iría al puerto deportivo. Yo le informé que cogería el primero de la mañana, indicándole que entraría en puerto de día, para no llamar la atención.

Pasamos la noche comentando todo lo que había ocurrido. La tensión que había pasado hacía que me doliese todo el cuerpo; teníamos tiempo, así que moderé la velocidad y me recosté en la butaca del puente, dejando que el piloto automático trabajase por mí.

Sobre mediodía entramos en el puerto deportivo de Huelva, donde nos esperaban Luis, Eduardo y José. Les narramos todo lo que nos había ocurrido, paso por paso, mientras comíamos en un restaurante del puerto, y le pedí a José que se pusiese en contacto con Sergio para organizar una reunión esa misma noche en Marbella. Huelva era un buen puerto para dejar el barco, así pues, le saqué un atraque y nos fuimos en coche hacia Marbella esa misma mañana. Yo iba en el coche de José con Luis y, Eduardo y Alexandro, iban en el nuestro. Nos reunimos todos esa noche en Fuengirola para cenar. Cuando llegamos nos estaba esperando Sergio con cara de preocupación. Nos comentó que sabía todo, pues había hablado con Nordín: imaginaban que un amigo de Nordín, que se había ocupado de la carga, había podido cambiar nuestra mercancía por otra en malas condiciones, y que para que nunca se supiese la verdad había avisado a la patrullera con el propósito de que nos cogiesen; por eso no había embarcado ningún "garantía".

—¿Y qué va a pasar ahora con el hijo puta ese? —le pregunté indignado.

—Me gustaría decirte —me contestó— que le van a cortar los huevos. Pero todos sabemos que él negará todo, y como nadie quiere cerrarse puertas y ese cabrón es el único que puede cargar por esa zona, al final no ocurrirá nada. Nordín correrá con los gastos y punto.

—¡Pues manda cojones el asunto. Si nos llegan a coger nos joden vivos! —le dije con rabia.

—Si os llegan a coger —me contestó—, os dan una buena somanta de palos, y después os pasáis entre seis y doce años en el "trullo"; así de fácil y sencillo.

—¿Qué hacemos ahora? —pregunté a Sergio buscando una solución—. He invertido mucho dinero y necesito rentabilizarlo.

—Por ahora, esperar. Hay que buscar mercancía y un nuevo lugar, más seguro, de carga y descarga —me contestó con tranquilidad.

Esa noche tuve verdaderas pesadillas. Soñaba con que nos habían detenido y nos estaban torturando en una fría y oscura habitación de una comisaría marroquí.

Por la mañana vino a buscarme Luis y me advirtió que debíamos traernos el barco a nuestra zona. Sospechaba que si, como le había dicho José, Manuel trabajaba para la Policía, dejar allí el barco era facilitarles el trabajo. A mí me pareció absolutamente lógico, así que decidí que nos fuésemos con José a Huelva en su coche ese mismo día y volviésemos con el barco.

Llegamos a Huelva bastante tarde. José nos sugirió quedarnos a dormir en su casa y volvernos por la mañana. Como José vivía solo y era particularmente noctámbulo y amante de las juergas, nos dejamos guiar por él por los lugares de ambiente de su ciudad. Perdí la cuenta de lo que comimos y bebimos. Por supuesto, finalizamos la noche en una discoteca de Punta Umbría con unas amigas de José. Una de ellas, Sofía, enfermera, se mostró más interesada en mí que las demás y como físicamente estaba de muy buen ver y además era bastante simpática, decidí intentar llevármela al huerto y triunfé. Sofía me invitó a su casa y como no opuse resistencia tuve la suerte de recibir un baño caliente y un magnífico masaje antes de dormir.

Cuando nos despertamos, Sofía había preparado un suculento desayuno y me comentó que estaba de vacaciones. Era una mujer verdaderamente guapa, debía tener unos treinta años, era rubia y tenía un cuerpo soberbio. Todo eso hizo que me decidiese a invitarla a pasar unos días en Marbella conmigo. Ella tampoco opuso resistencia y de inmediato se puso a organizar su equipaje.

Cuando mis amigos me vieron llegar con Sofía al puerto, y cuando vieron que bajábamos dos bolsas de su coche, las sonrisas se convirtieron en carcajadas. Decidí que Luis se volviese con el coche de Sofía a Marbella y nos esperase allí, ya que prefería hacer la travesía a solas con mi nueva conquista.

El naufragio

Es absolutamente diferente salir a navegar para ir a cargar con un individuo de marinero, que hacerlo por placer y con una hermosa mujer como única compañía. Sofía compró todo tipo de provisiones antes de hacernos a la mar, y en cuanto pusimos rumbo hacia el Estrecho se despojó de toda su ropa y se tumbó en la bañera sobre una toalla para aprovechar los rayos de sol. Era verdaderamente escultural y no pude resistir la tentación. El piloto automático y el poco tráfico que había por esa zona fueron mis más fieles aliados.

Durante los días en que estuvo Sofía conmigo mi vida cambió. Era agradable estar con ella, llevábamos una vida plácida, ordenada y hogareña, casi no salíamos por las noches. Sofía era una mujer extremadamente culta, amante de la literatura, de la buena música y de todo lo relacionado con el arte. Nos pasábamos horas paseando por la playa y hablando de todos esos temas que a mí también me interesaban. Sabía perfectamente a qué me dedicaba, pero en ningún momento hizo el menor comentario. La discreción era una de sus cualidades más destacables. Cuando salíamos a comer o a tomar una copa nos apetecía estar solos; nos molestaban las inoportunas visitas de mis amigos o mis conocidos. Uno de nuestros lugares preferidos era Cabo Pino. El pequeño puerto deportivo fue testigo de muchos de nuestros románticos paseos. Cuando finalizó sus vacaciones y tuvimos que despedirnos pensamos los dos que tan sólo sería un divorcio temporal y que cuando nos volviésemos a ver sería para no volvernos a separar jamás.

La estancia de Sofía duró doce días y en todo ese tiempo me olvidé de Luis, Eduardo, Sergio, Alexandro, José y Nordín. Era evidente, por otra parte, que ellos preservaron voluntariamente mi intimidad con Sofía olvidándose de mí durante ese tiempo.

Luis me esperaba a bordo del barco con una sonrisa sarcástica en su rostro.

—Me parece que te has enamorado —me increpó mientras me estrechaba la mano.

—Pues no vas del todo desencaminado —le respondí correspondiendo a su mueca con otra sonrisa.

—¿Qué sabes de Sergio? —le pregunté mientras abría una lata de refresco.

—Nada —me contestó sin mirarme. Absolutamente nada. Pero tengo algo que puede ser interesante —me dijo girando lentamente su rostro hacia mí.

—Pues dime de qué se trata —le conminé.

He conocido a un tipo que necesita un barco y una descarga para traer mil doscientos kilos.

—¿Es de confianza? —le interrogué.

—Creo que sí. Me lo ha presentado un amigo y parece un tipo serio. Lo tienen todo preparado y sólo tienes que llegar a un acuerdo.

Me quedé un rato pensando qué debía hacer. Por una parte, debía esperar noticias de Sergio, pero por otro lado necesitábamos trabajar lo antes posible. De hecho, Sergio quizá no nos llamase hasta la próxima luna, y nosotros no podíamos esperar otro mes.

—De acuerdo —le dije a mi amigo—. Prepara una cita para esta tarde. ¿Sabes qué zona es la que quieren?

—Sé que quieren descargar por aquí, pero no me ha dicho la zona de carga.

—Lógico —le contesté—. Lo dicho: prepara la entrevista para esta misma tarde.

Nos despedimos y acordamos que él me llamaría para decirme el lugar y la hora de nuestro encuentro.

Cuando regresé a mi casa noté la ausencia de Sofía. En realidad, yo era una persona que no había nacido para vivir solo, pero, por otra parte, era consciente que para reorganizar mi vida era necesario cambiar mi oficio y, de momento, no podía hacerlo. Al abrir el armario vi que se había olvidado, en uno de los cajones, una gorra que solía utilizar por las mañanas para protegerse del sol. La cogí, la acerqué a mi rostro y pude gozar de su familiar fragancia. Esperé hasta que me llamó Luis confirmándome la reunión a las nueve de la tarde, en un restaurante del puerto deportivo de Benalmádena.

La entrevista se desarrolló en un ambiente muy agradable, ya que el hombre con el que teníamos la reunión, Toni, apareció acompañado de su socio que no era, ni más ni menos, que una morenaza de unos veinticinco años llamada María. Los dos eran muy agradables, y además tenía la suerte de que no formaban pareja y que a Toni parecía no importarle que le tirara los tejos a María, que, por otra parte, se los dejaba tirar. Quedamos en aprovechar los cuatro días de luna que nos quedaban para efectuar el trabajo. Como de costumbre, pedí un millón por adelantado para gastos, las coordenadas del lugar y todos los detalles para efectuar la carga. Quedamos en que a la mañana siguiente me entregarían todo y nos haríamos a la mar esa misma tarde. María vivía en San Pedro de Alcántara y Toni en Benalmádena, así que aproveché para ofrecerme a llevarla en mi coche, a lo que ella accedió gustosa.

Convencí a María, sin excesivo esfuerzo, para ir a tomar una copa al "Olivia Valere", y allí afianzamos nuestra mutua atracción. Evidentemente, María compartió mi lecho esa noche. Cuando amanecí, un sórdido remordimiento se apoderó de mí. Comencé a darme cuenta que Sofía me interesaba más de lo que pensaba. Desayunamos un zumo de frutas que preparé, llamé a Alexandro para que estuviera listo esa tarde y acompañé a María a su casa para que se cambiase de ropa. Vivía en el centro de San Pedro de Alcántara, en la planta baja de una casa antigua de dos pisos. Cuando abrió la puerta, un enorme pastor alemán le dio la bienvenida. Entramos en un pequeño salón muy acogedor lleno de libros, velas, y figuras y tallas extrañas. María me pidió que me sentara mientras se cambiaba. Su dormitorio comunicaba con el saloncillo, separado tan sólo por un visillo. Cuando tomé asiento, sin que el sabueso dejase de observarme, vi sobre la mesa del salón una baraja de tarot y le pregunté si era aficionada a esas extrañas artes.

—¿Cómo que si soy aficionada? Soy la mejor vidente de la Costa del Sol —me contestó riéndose.

—¿Me lo dices en serio o estás de coña?

—Yo nunca bromeo con esas cosas.

Abrió el visillo y, con unas mínimas braguitas como toda prenda, se sentó en una banqueta bajita frente a mí y asió las cartas. Al instante comenzó a barajar, las colocó sobre la mesa y me pidió que hiciera tres cortes. Acto seguido me pidió que eligiese un montón, elegí el que estaba a mi derecha y se lo entregué. Comenzó a ordenar las cartas de ese montón sobre la mesa y me pidió que no cruzara las piernas. Yo estaba tan interesado en sus pechos que casi no le prestaba atención. Imagino que se dio cuenta porque me dijo que si no me concentraba no iba a poder decirme nada interesante.

—Es curioso —me dijo una vez que hubo finalizado de ordenar los naipes—. Por una parte tienes la fortuna de tu parte, pero, al mismo tiempo, vas a pasar una dura prueba. También me dicen que hay una mujer en tu vida y que no soy yo, ya que se trata de una mujer rubia. De todas formas, tu verdadero amor es tu hija y ninguna mujer podrá tenerte, porque sólo vives para tu retoño. Quieres cambiar tu vida y no sabes cómo, y tus cartas me dicen que tardarás aún mucho en conseguirlo. Sobre tu relación conmigo, las cartas me confirman que tan sólo nos ceñiremos a follar alguna vez más, y punto.

Se quedó mirándome fijamente unos instantes. Se levantó y se dirigió a su dormitorio, donde continuó vistiéndose.

Habíamos quedado en una céntrica cafetería de Marbella. Toni me dio el millón que exigía como adelanto y las coordenadas de carga. Luis y Eduardo me esperaban en Soto Grande, donde teníamos atracado el barco. Habían decidido descargar en un lugar situado entre Soto Grande y el puerto de la Duquesa, una promoción de casas unifamiliares que estaban construyéndose a pie de playa. La obra se había parado por falta de liquidez del constructor. Todo el lugar estaba vallado y cerrado, pues había materiales dentro. El guarda que se ocupaba de vigilar el lugar era un buen amigo de Eduardo, y, a cambio de una propina la noche de la descarga, él se pondría enfermo y les dejaría la llave del recinto. De esa manera, la furgoneta quedaría guardada dentro de la obra. La idea era descargar y dejar la mercancía dentro de la furgoneta, en el recinto, hasta la mañana siguiente y, de día, sacar la furgoneta para llamar menos la atención. Toni nos pagaría la totalidad el mismo día que descargásemos, así pues, sólo teníamos que hacerle entrega de la furgoneta, que además iba a darnos él.

Alexandro había comprado todo lo necesario para nuestro nuevo viaje. Íbamos a zarpar esa misma tarde.

El puerto deportivo de Soto Grande estaba ese día particularmente animado, y los barcos entraban y salían sin parar; hecho que nos benefició, ya que salimos del puerto a la vez que varios yates, lo que nos hizo pasar más desapercibidos.

El punto de carga era, nuevamente, Jebha. La mar estaba en buenas condiciones y soplaba un poco de levante. La travesía se produjo con toda normalidad y sobre las dos de la madrugada se nos acercaron las pateras para darnos la mercancía. El "garantía" era un chaval muy joven y rápidamente se instaló en la cámara. Cuando se retiraron las pateras, me dirigí al puente de mando para arrancar los motores. Los motores no arrancaban. Alexandro y yo nos miramos con incredulidad. Abrimos el compartimiento de máquinas y, cuando alumbramos con las linternas, nos percatamos de que estaba inundado. Me metí dentro y comprobé con horror que había una vía de agua en el casco. El "garantía" había salido de la cámara y esperaba con Alexandro mis noticias.

—Rápido, llamad a las pateras para que vuelvan. Esto está inundado— les dije gritando.

El "garantía" contactó con los de las pateras por teléfono, pero, ante nuestro asombro, le comunicaron que no podían volver. Yo no entendía nada, tan sólo sabía que estábamos a una milla de la costa marroquí con un barco que no se podía mover y cargados de droga. El "garantía", cuando advirtió la situación en que nos encontrábamos, se tiró al mar y se fue nadando hacia la costa.

Alexandro y yo procuramos no perder los nervios e intentamos arreglar la avería. Fue imposible, no teníamos ni herramientas ni material para parar la vía de agua. Además, aunque consiguiésemos solucionar ese problema nos quedaría el del motor. Estaba amaneciendo y éramos conscientes de que no tardaría mucho en aparecer la patrullera marroquí. Decidimos tirar la mercancía al agua. ¡Horror! Se trataba de "polen". La mayoría de los fardos flotaban. Esos cabrones, sin decírmelo, me habían cargado "polen" pagando el transporte a precio de "chocolate" normal.

No nos quedaba más solución que abandonar el barco. Cuando estábamos a punto de saltar por la borda, vimos un pequeño bote con un chavalito que iba pescando al curricán. Le hicimos señas y el chaval se acercó. Alexandro no llevaba ni un duro en el bolsillo y yo sólo tenía un billete de cinco mil pesetas que le ofrecí si nos llevaba hasta tierra. El chaval aceptó y, cuando ya estaba amaneciendo, nos dejó en la playa.

Estábamos exhaustos de los nervios y la tensión que habíamos pasado. Al mismo tiempo nos dábamos cuenta de que nos encontrábamos en un país que no era el nuestro, sin documentación, sin dinero y, lo que era peor, con un barco a la deriva y un montón de fardos flotando alrededor de él.

Subimos hasta una carretera que bordeaba la costa y decidimos continuar monte a través para evitar los controles que, en pocas horas, pondría la Policía, en cuanto se corriese la voz de todo lo que había ocurrido.

Sabíamos que la zona donde estábamos, Ketama, era un buen lugar. Allí podríamos encontrar quien nos ayudase. No sé cuánto andamos. Íbamos guiándonos por la carretera que conducía desde Jebha a Ketama. Veíamos pasar los coches y, tiempo después, las luces, al anochecer. Teníamos hambre y frío, pero el miedo nos hacía vencer esas dificultades. Nos encontramos con una pequeña aldea y dudamos sobre qué hacer. Alexandro dijo que la única solución real era llamar a algunos de nuestros compañeros para que nos ayudasen. El problema no era, ni más ni menos, que no llevábamos dinero para llamar. Había que jugársela e intentar pedir dinero a alguien. Pero el azar tenía que ayudarnos ya que si nos topábamos con un policía sin saberlo o con un confidente, estábamos perdidos. Por otra parte, con los nervios y el miedo habíamos abandonado todo en el barco. No llevábamos pasaportes; yo llevaba el carné de identidad, pero Alexandro no llevaba nada. Decidimos entrar en la aldea y pedir ayuda. Tuvimos suerte y nos dimos de cara con un par de chavales de unos veintitantos años. No tuvimos casi que explicarles nada, sólo dijimos que necesitábamos un teléfono y uno de ellos nos dejó su móvil. Llamamos al teléfono del cargador que nos habían dado y la suerte nos acompañó.

—Somos nosotros, ya sabes lo que ha ocurrido —le dije en cuanto me contestó.

—¿Dónde estáis? —me preguntó.

Le indiqué, con el máximo detalle que pude, dónde nos encontrábamos, y me indicó que nos fuésemos hacia la salida del pueblo y que nos ocultásemos cerca de la carretera. Me advirtió que sólo volviésemos a la carretera cuando viésemos un "Peugeot" de color azul parado en el arcén.

Hicimos lo que nos indicó y, al cabo de media hora, vimos un coche como el que me había descrito, que paraba en la carretera. Salimos de nuestro escondite y nos dirigimos a él. Dos individuos jóvenes nos indicaron que nos metiésemos en el maletero, porque, según nos dijeron, habían visto varios controles de la Policía. Tanto Alexandro como yo teníamos una envergadura considerable, lo que ocasionó que tuviéramos que hacer verdaderos esfuerzos para caber en el reducido espacio del portamaletas. Casi no podíamos respirar y cada vez que tomaban una curva nos presionábamos mutuamente. El coche paró dos veces debido a los controles, pero en ambas ocasiones continuó su marcha tras una pequeña conversación con los policías. Yo no había pasado tanto calor ni tanta angustia en mi vida. Temía porque a alguno de los dos nos diese un ataque de claustrofobia. Estábamos empapados de sudor y desesperados cuando notamos que el coche se salía de la carretera y cogía un camino no asfaltado. Fueron casi quince minutos de golpes. Tenía el cuerpo totalmente destrozado y la sensación de ansiedad aumentaba por minutos. De repente, el coche paró y oímos cómo se bajaban. Por un momento, pensé que nos iban a dejar ahí encerrados. Gracias a Dios no fue así, y una bocanada de aire fresco nos dio en el rostro cuando se abrió el portamaletas.

No se trataba de una casa aislada. Era como un pequeño barrio con una docena de casas humildes todas iguales. Nos hicieron entrar en una de ellas. Hacía bastante frío y la casa estaba helada. Un gran salón con un viejo sofá, dos habitaciones con un par de camastros, una cocina y un baño nos iban a servir de refugio. Uno de los que nos había acompañado se quedó con nosotros y el otro se fue para traernos unas mantas y algo de comer. Hassan, que así se llamaba el que se quedó, nos explicó que estábamos en un lugar absolutamente tranquilo y que no teníamos vecinos, ya que las casas estaban casi todas en ruinas y no vivía nadie. También nos tranquilizó explicándonos que la Policía de esa zona estaba comprada, por lo que podíamos salir a pasear sin problemas. Incluso podíamos acercarnos a la aldea que estaba a un par de kilómetros. Nos dio algo de dinero y nos advirtió que lo mejor sería quedarnos unos días hasta que se tranquilizase la situación. Su compañero regresó con unas mantas, jabón, toallas, y algo de comida. Se despidieron de nosotros y quedaron en que volverían al día siguiente.

Los nervios, el miedo y la tensión no pudieron con el agotamiento. Ocupamos cada uno un camastro y, envueltos en las mantas que nos habían traído, dormimos hasta pasado el mediodía. Después de asearnos y comer algo decidimos salir para explorar el lugar donde nos hallábamos. Tal y como nos habían dicho nuestros amigos nos encontrábamos entre casas abandonadas y prácticamente en ruinas. Un camino de tierra atravesaba el campo y nos conducía hasta un pequeño pueblo llamado Ghafsai. Era increíble la cantidad de europeos que vivían allí. La mayoría se dedicaba a la artesanía, y se habían integrado de tal manera que sólo por sus rasgos se les podía distinguir, pues vestían con chilabas y babuchas. Eso nos beneficiaba mucho, ya que pasábamos del todo inadvertidos. En el centro del pueblo había una pequeña plaza donde se aglomeraban un buen número de pequeños bares con las típicas mesas en la puerta, en las que cientos de personas degustaban las especialidades del lugar. Vimos a un par de policías que no nos prestaron la menor atención. Decidimos comprarnos un par de chilabas y unas babuchas para no desentonar con el resto de la población.

Volvimos a la casa sobre las seis de la tarde. Nos estaba esperando Hassan.

—¿Qué tal habéis descansado? —nos preguntó sonriendo.

—Fenomenal —le contesté estrechando su mano.

—Bueno, he estado investigando un poco todo y están las cosas bastante complicadas —nos dijo mientras nos dirigíamos al interior de la casa—. La Policía sabe absolutamente todo, pero lo más grave es que como hay por medio un barco abandonado y encallado en la costa, ha intervenido la Marina.

—Os están buscando —nos dijo con cara de preocupación.

—¿Qué saben de nosotros? —preguntó Alexandro inquieto.

—Saben bastante. Saben que sois dos, a lo que veníais y, más o menos, tienen vuestra descripción. Son conscientes de que o vais indocumentados, o, como mínimo, no lleváis el sello de entrada en vuestros pasaportes.

—¡Joder! ¿Qué podemos hacer? —le pregunté mientras me sentaba en una silla, porque el miedo me hacía perder las fuerzas.

—No lo sé. Este es un país muy peculiar. Aquí entre policías y confidentes suman un sesenta por ciento de la población. Por otra parte, si os cogen no salís de la cárcel en la vida. Ya no se trata solo de tráfico de hachís, por lo que te comes doce años, sino que además está lo del abandono del barco, que ha perdido combustible y, por lo visto, ha dejado una buena mancha en la costa. Total que lo mejor será que no os cojan.

—¿Entonces? —insistió Alexandro.

—Entonces hay que tener paciencia y cuidado —le contestó Hassan con una mueca de sorna en su rostro—. Aquí estáis bien; de momento es el lugar más seguro hasta que veamos cómo podemos sacaros de este lío. No os preocupéis por nada, aquí estáis absolutamente seguros y comida no os va a faltar. Tenéis que tener paciencia y confianza en Alá.

Cuando Hassan se marchó, Alexandro y yo nos quedamos terriblemente preocupados.

—¿Hasta qué punto crees que podemos fiarnos de ese tío? —me preguntó Alexandro.

—No tengo ni idea, pero creo que, en las condiciones actuales, no nos queda más remedio que fiarnos de él. A mí, por lo menos, no se me ocurre otra alternativa. Me imagino que esconder a quien persigue la ley debe ser un delito también en Marruecos. Por lo tanto, si ellos nos han escondido, no creo que nos vayan a delatar.

Alexandro no se quedó muy convencido con mi deducción y me apuntó que lo más inteligente sería ir al pueblo y desde una cabina llamar a nuestros amigos. Al fin de cuentas Toni y María tenían que ayudarnos a salir de esta. Decidimos ir por separado pues la Policía buscaba a dos individuos.

Esa segunda visita al pueblo no fue como la primera. Desde que Hassan nos había dicho que nos buscaban nos parecía que todos los que nos cruzábamos eran policías o delatores. Cuando entré en la oficina de teléfonos me temblaba todo el cuerpo. Intenté comunicar con Toni, pero su teléfono estaba desconectado. Llamé a Luis y le expliqué nuestra situación. Me dijo que se encargaría de localizar a Toni y de hallar una solución rápida a nuestro problema. Acto seguido llamé a María y me informó que ya estaban al tanto de todo a través del cargador. Me pareció, por su tono de voz, que estaba preocupada. Me insinuó la posibilidad de trasladase a Marruecos ya que tenía bastantes amigos en Tánger que nos podrían ayudar. Posteriormente llamé a Nordín, que estuvo muy cariñoso conmigo. Ya se había enterado de todo: "En ciertos oficios —me dijo— las noticias corren como la pólvora". Le expliqué dónde estábamos y me aconsejó esperar unos días hasta que se calmase todo un poco. Me garantizó que en dos o tres días vendría a vernos.

Las llamadas de teléfono me habían levantado un poco el ánimo. Me reuní con Alexandro y le conté todas las gestiones que había hecho. Él, por su parte, había conseguido hablar con un amigo suyo que vivía en Tánger.

—Yo creo —me dijo Alexandro— que debemos irnos a Tánger. Ten en cuenta que esto es un pueblo muy pequeño y ya estamos localizados. Tánger, por el contrario, es una ciudad grande, con muchísimos turistas. En una ciudad como Tánger es imposible que nos encuentren..

—Hay dos problemas —le contesté—. El primero es que hay que desplazarse, y en la carretera hay controles. El segundo, que estamos sin documentación y sin dinero.

—Yo tengo un amigo que vive allí y podemos ir a su casa —me replicó Alexandro—. Nos adelantará dinero. Además, se pueden desplazar hasta Tánger nuestros colegas de España para traernos lo que necesitemos sin levantar sospechas.

—Es evidente que en Tánger tenemos más ventajas que aquí, pero el problema principal es cómo ir sin que nos localicen en los controles.

—En taxi —me contestó casi sin darme tiempo a terminar.

—¿Cómo que en taxi? —le pregunté incrédulo.

—Muy sencillo. Estamos a varios kilómetros de donde abandonamos el barco; hay cientos de turistas que recorren Marruecos en taxis y, campo a través, no estamos muy lejos de Taounate.

—Muy bien; pues ahora tradúceme lo que has querido decir con todo esto —le dije elevando la voz.

—Pues lo que quiero decir es que podemos ir andando a Taounate. He comprado un mapa de Marruecos; está cerca de aquí. Por lo que he podido indagar, es una población importante. Por lo tanto, si vamos andando y cogemos allí el taxi no vamos a levantar sospechas. Hay infinidad de turistas que cruzan en barco a Tánger y desde allí hacen excursiones a otros lugares en taxi. Por otra parte, estamos alejados de la costa, e imagino que, si hay movida, será cerca de donde dejamos el barco y no tierra adentro.

Me quedé pensativo por unos momentos. No sabía exactamente lo que debíamos hacer. Si nos quedábamos, corríamos el peligro de que alguien diese parte de nosotros. Estábamos en una población excesivamente pequeña como para que no se notase nuestra llegada.

Además, yo no acababa de fiarme de Hassan y su colega; a fin de cuentas, trabajaban para el cargador y por nuestra culpa había perdido una fortuna: lo que había cargado era "polen", y el "polen" es muy caro. ¿Quién podía decirnos que no iba a intentar utilizarnos para recuperar su dinero?

Todos estos comentarios los hice en voz alta y Alexandro los finalizó: "O para salvar su pellejo."

—¿Cómo que para salvar su pellejo? —le volví a preguntar sin salir de mi asombro.

—Elemental —me contestó—. Hay un barco embarrancado y la Marina Real por medio. A ellos lo del hachís les da igual, pero por lo del barco no pasan. A estas alturas sabrán quién es el cargador, por lo tanto, me imagino que le dirán que o entrega a los culpables, o va él al talego.

—¿Y cómo van a saber quién es el cargador? —le pregunté riéndome.

—Por la marca.

—¿De qué me hablas? —le grité, ya cabreado.

—Mira, Juan, a ver si te enteras de una puta vez de este negocio. Los fardos que hemos tirado van llenos de pastillas de "chocolate" del tamaño de un paquete de cigarrillos. Estas pastillas, que van envueltas en papel de celofán, llevan una marca como los toros llevan el hierro de la ganadería en la pata.

—No sabía eso. Bueno, de hecho es imposible que lo sepa, porque jamás he visto un fardo abierto. De todas formas, ¿qué es eso de la marca? No lo entiendo.

—En la mayoría de las ocasiones —me explicó—, la mercancía que se embarca no es de un sólo cargador. Para que no surjan problemas cada cargador marca su mercancía. Esto ha pasado a ser lo normal, y de hecho, un especialista, viendo la marca, sabe a quién pertenece la mercancía. Es decir, que como en este caso probablemente todo era del mismo cargador, cuando la "poli" haya abierto un fardo...

—Vaya putada —exclamé pegando una patada a uno de los árboles del camino.

—Mira, Juan, yo creo que lo más inteligente es irnos. Hassan nos ha dejado suficiente dinero como para llegar a Tánger y, puestos a jugárnosla, prefiero la actividad que no el quedarnos aquí a merced de unos tíos de los que no acabo de fiarme.

Ya no pronunciamos una palabra más hasta llegar a la casa. Cuando entramos me dijo Alexandro: "¿Nos vamos?"

La fuga

Esperamos a que anocheciera para irnos. Sabíamos que en Marruecos la vigilancia nocturna era mucho menor que de día. Hacía mucho frío, la noche era muy oscura y no teníamos ni siquiera una brújula. Taounate estaba al este de Ghafsai, aproximadamente a unos cuarenta kilómetros campo a través. Nunca en mi vida he andado tanto ni tan rápido. Ya no era intranquilidad, ni nervios. Era miedo. Empezaba a tener pánico. No hablábamos para no hacer ruido. Era una zona boscosa, con mucha maleza. Habíamos salido a las nueve de la noche e hicimos cinco paradas para descansar. A las siete de la mañana estábamos agotados y perdidos. Decidimos buscar un sitio para escondernos y dormir un poco. Encontramos una arboleda y, entre unos matorrales, nos tumbamos a descansar. Fue inútil, no éramos capaces de dormir. Comimos un poco y estuvimos allí escondidos hasta las seis de la tarde. A esa hora vimos a un pastor que conducía su rebaño, y los perros nos delataron. Decidimos acercarnos a él. Todo fue inútil, sólo hablaba árabe. Con gestos conseguimos enterarnos de la dirección que debíamos tomar para llegar a Taounate y, más o menos, averiguamos que estábamos cerca de la ciudad. Así era; una hora más tarde entrábamos en el pueblo arrastrando los pies de agotamiento.

Taounate se encuentra a mitad de camino entre Fez y Ketama. Es una ciudad populosa y activa. Todo esto nos beneficiaba. Nos dirigimos a una parada de taxis y ajustamos precio con uno de los chóferes para que nos llevase a Tánger. Cuando pensamos que al fin habíamos solucionado todos nuestros problemas, la suerte se volvió, por enésima vez, en nuestra contra.

—Necesito sus pasaportes —nos dijo el taxista mientras nos acomodábamos en el coche.

—¿Para qué? —le pregunté intentando disimular el pánico que recorría mi cuerpo con impunidad absoluta.

—Para salir de mi delimitación tienen que darme una autorización, y sólo me la dan si presento los pasaportes de los viajeros.

—¿A quién le tiene que presentar los pasaportes? —le interrogó Alexandro.

—A la Policía. Ven esa oficina de allí. Pues yo me bajo un momento, enseño sus pasaportes, me sellan un papel y nos vamos. No tardo ni cinco minutos.

No podíamos casi ni reaccionar. Nos miramos y nos dimos cuenta de que habíamos metido la pata.

—¿A qué hora llegaremos a Tánger? —pregunté como si no le hubiera estado escuchado.

—Hay muchos kilómetros y la carretera no es buena. Estaremos toda la noche viajando.

—¿Toda la noche viajando? Eso es una locura —dije mirando a Alexandro—. Vaya estupidez. Es mejor dormir aquí y salir mañana por la mañana, que podemos disfrutar del paisaje. Al fin y al cabo, hemos venido para conocer Marruecos.

—Tienes razón —dijo Alexandro inmediatamente.

—Vamos a hacer una cosa. Como ya hemos pactado un buen precio, le contratamos a usted —dije para que el taxista no se enfadara—. Es más, para que esté usted aquí a las diez en punto le adelanto ahora veinticinco "dirhams".

—Cuando salimos del coche, Alexandro y yo nos miramos con cara de alivio.

—¿Qué hacemos ahora? —me preguntó Alexandro con preocupación.

—Vamos a llamar a Nordín, a ver si él puede venir a recogernos. Es lo único sensato que podemos hacer en la situación en que nos encontramos actualmente.

Nos dirigimos hacia el centro de la ciudad en búsqueda de un teléfono desde el que poder llamar. En una céntrica plaza vimos un par de cabinas. Yo me acerqué a efectuar la llamada y Alexandro me esperó en una calle cercana.

Le expliqué a Nordín toda nuestra aventura. Me escuchó con atención y, cuando acabé de relatarle hasta el último detalle, me dijo que hasta el día siguiente no podría venir por nosotros. Para evitar que tuviésemos que dormir en la calle, me dijo que se iba a poner en contacto con unos amigos suyos, y que le volviese a llamar pasados diez minutos.

Como yo esperaba lo solucionó todo. Me indicó que no nos moviésemos de la plaza, que, en unos minutos, un par de colegas suyos pasarían a recogernos. Avisé a Alexandro y nos situamos en la plaza en espera de acontecimientos. El lugar estaba abarrotado de gente que se apiñaba en grupos de chicos y chicas en alegres conversaciones. Las palomas era otro de los entretenimientos a esas horas; ancianos y niños mataban el tiempo dándoles de comer.

Habrían pasado menos de quince minutos cuando un individuo alto y con cara de facineroso se sentó en un banco enfrente de donde estábamos parados y comenzó a observarnos. Me recorrió un escalofrío por todo el cuerpo. Se podía tratar de uno de los amigos de Nordín, de un policía o de uno de esos confidentes de los que nos había hablado Hassan. Con disimulo me volví hacía Alexandro y le advertí del peligro. Casi antes de acabar la confidencia con mi amigo, pasó un individuo joven al lado nuestro y, en voz baja y en un perfecto español, nos dijo que le siguiésemos sin llamar la atención.

Nuestro improvisado guía y salvador vestía una cazadora marrón de cuero y era de baja estatura. No llegamos a verle la cara. Cuando fuimos tras él, el hombre del banco se levantó y comenzó a seguirnos. Nos metimos por unas callejuelas sin vida detrás del muchacho de la cazadora. Advertimos que el individuo del banco continuaba, en todo momento, detrás de nosotros a una distancia de unos veinte metros. Al doblar una de las calles vimos en la esquina a dos individuos, tan siniestros como el del banco, apoyados en la pared. Una vez los hubimos pasado, los dos individuos se dirigieron en dirección contraria, hacia donde venía nuestro incómodo perseguidor. Me volví para mirar y vi cómo, al pasar al lado del individuo que nos perseguía, se abalanzaron contra él y, mientras uno le sujetaba, el otro le golpeaba varias veces hasta que cayó al suelo sin sentido. Acto seguido corrieron en nuestra dirección y nos gritaron para que les siguiésemos. Corrimos, a toda velocidad, por innumerables callejuelas hasta que, cuando ya casi no me quedaban fuerzas, el chico de la cazadora abrió la puerta de una casa y nos indicó que entrásemos. Al flanquear la puerta ya no tenía aire para respirar y me senté en el suelo agotado. Alexandro hizo lo mismo y cayó al lado mío.

Era una especie de almacén. No encendieron la luz, pero por dos ventanas entraba suficiente claridad para poder ver. Los tres individuos hablaron entre ellos en árabe, y Alexandro y yo nos mirábamos sin atrevernos a pronunciar palabra. El más bajo, que parecía llevar la voz cantante, cuando terminó de hablar con sus compañeros, se acercó a nosotros y, sentándose en el suelo a nuestro lado, nos dijo:

—Tenéis muchos enemigos, y lo peor es que todos son peligrosos.

—¿Qué quieres decir con eso? —le pregunté bastante alterado.

—Por un lado, el mismísimo Ministro del Interior, que en este país es el hombre más importante después del Rey, ha dado orden de que os detengan y ha movilizado a toda la Policía de Marruecos. Por si fuera poco, el cargador, que ha perdido mucho dinero y le habéis complicado la vida, ha puesto precio a vuestra cabeza.

—El tipo que nos seguía era un policía, ¿verdad? —le preguntó Alexandro.

—No, era uno de los hombres del cargador. Creedme, si estuviera en vuestro pellejo, preferiría que me cogiese antes la Policía que el cargador. Con esto creo que os he aclarado el problema.

—¿Qué vamos a hacer? —le pregunté, desesperado.

—No lo sé —me contestó hundiendo su cabeza entre sus manos—. Este asunto es muy peligroso. Si nos cogen nos buscamos todos la ruina. Lo primero que se me ocurre es sacaros de aquí y llevaros a algún lugar seguro hasta que "el Cojo" decida cómo os podemos sacar del país.

Los otros dos hombres, de considerable corpulencia, permanecían de pie sin moverse y sin pronunciar palabra.

—¿Tienes algún lugar donde poder escondernos? —le pregunté casi implorando.

—Mira, tío, tal y como está el panorama, cualquier lugar es peligroso. Tenemos sólo una ventaja; salvo el "garantía", nadie más os ha visto la cara. Por esta noche, os llevaré a una casa que tenemos para esconder la mercancía. Mañana ya veremos.

—¿Dónde está esa casa? —preguntó Alexandro.

—En la costa.

—¿En la costa? —le increpé con sorna.

—Sí, en la costa. Precisamente, ya han rastreado esa zona. Además, ese tipo, cuando se recupere, dirá que os ha visto aquí. Nadie, en su sano juicio, pensará que habéis vuelto al lugar caliente. Aunque os parezca extraño, ese es el sitio más seguro. Tenemos otra ventaja —continuó riéndose—. Los controles no paran a los coches que van hacia allí, sino a los que se van de allí.

—¡Puff! —exclamé desesperado.

—Estáte tranquilo; Nordín te aprecia, y no va a dejar que te cojan. Le eres de mucha utilidad.

—¿Por qué es tan peligroso el cargador? —le pregunté aprovechando su simpatía hacia nosotros.

—Es un tío muy importante. No puedo decir quién es, pero puedo adelantarte que ocupa un cargo muy alto en este país.

El trayecto hasta nuestro nuevo escondite no pudo ser más tranquilo. Esta vez no fuimos en el maletero, sino cómodamente sentados en el asiento trasero de un viejo pero amplio "Mercedes". Efectivamente, los controles se cebaban en los coches que venían en dirección contraria. A nosotros no nos paraban.

Para llegar a la casa tuvimos que desviarnos de la carretera por un camino en muy malas condiciones. Al cabo de aproximadamente un kilómetro recorrido por ese sendero pararon. El resto del trayecto lo hicimos andando ya que por esa zona no podía pasar el coche. La noche era muy oscura, casi no podíamos ver nada. Andábamos entre una frondosa vegetación y, Alexandro y yo, seguíamos de cerca a nuestros guías. No llevábamos linterna, y nos advirtieron que no hiciésemos ruido ni hablásemos al pasar cerca de la garita de uno de los policías que vigilan la costa.

Llegamos al refugio tras una hora de dura caminata. Desde fuera apenas se veía, pues estaba oculto entre unos arbustos. Para introducirnos tuvimos que agacharnos. La entrada no superaba un metro de altura. Cuando estuvimos dentro encendieron una linterna y comprobamos que no había nada, salvo algunas mantas en un rincón. Era de forma rectangular y no tendría mas de treinta metros cuadrados. La estructura de paredes y techo era de ramas, por lo que no se veía desde fuera. El suelo lo formaban plásticos. Hacía mucho frío.

—Si no salís y no hacéis ruido, es imposible que os encuentren —nos dijo nuestro amigo, del que nunca supimos el nombre.

—¿Qué tenemos que hacer? —le pregunté, resignado.

—Aguantar hasta que veamos lo que podemos hacer con vosotros.

—¿Tenéis algo de comida? —le preguntó Alexandro totalmente abatido.

—No. Y es muy arriesgado que volvamos aquí. Tenéis que aguantar. Espero sacaros en unas horas. Ahora debemos irnos. Sería peligroso que alguien viese el coche donde lo dejamos. Suerte.

Dormimos. Fue un milagro pero conseguimos quedarnos dormidos, lo que nos facilitó mucho las cosas. Cuando me desperté, Alexandro continuaba dormido y estaba oscureciendo, por lo que pude deducir que habíamos superado el primer día. Dejé que mi compañero siguiese descansando y mis pensamientos se apoderaron de mí: ¿cómo podía encontrarme en esta situación? ¿Cómo era posible que en tan poco tiempo mi vida hubiese cambiado tanto? No estaba seguro de que estuviese preparado para este tipo de vida. Aspiraba a otra cosa. Mi hija volvió a acaparar el protagonismo. Si todo esto servía para que ella viviese bien; si todo esto servía para que ella fuese feliz, si fuese así, entonces me compensaba todo lo que estaba pasando. De repente, dejé volar mi imaginación y soñé despierto, figurándome que no me había separado y que vivíamos felices los tres. Que éramos felices. Pero lamentablemente, mi vida no era así. Por desgracia, en ese momento, mi vida peligraba.

Alexandro se despertó con hambre y sed. No podíamos hacer nada, así que le pedí que no hablara para minimizar en lo posible nuestro riesgo. Estaba amaneciendo y nadie había venido por nosotros. Alexandro comenzó a insinuar la posibilidad de irnos. Esta vez no tenía la menor duda así que le dije que no.

No podíamos incorporarnos y, sentados, casi dábamos con la cabeza en el techo. Nuestro único entretenimiento era molestar a un escarabajo que se había introducido entre los plásticos del suelo. Hubo un momento en el que oímos ruidos que nos parecieron proceder de personas que se acercaban. Fue el instante de mayor intranquilidad. Habíamos separado un poco las ramas de la entrada, lo que nos permitía tener un pequeño ángulo de visión. El día transcurrió lentamente, regocijándose con nuestra ansiedad, con nuestra sed y con nuestro voraz apetito. Para que no faltase el menor detalle en nuestra indigencia también carecíamos de un cigarrillo con el que distraer a nuestro cuerpo.

Volvía a oscurecer y no aparecía nadie. Teníamos mucha sed y nos planteamos la posibilidad de que uno de nosotros se aventurase a salir e intentar conseguir agua y algo de comida. Ya no podíamos aguantar más. El día había sido muy caluroso y la noche se presentaba fría. Alexandro se encontraba mal, tenía escalofríos y algo de fiebre. Decidí salir yo. Le dije a Alexandro que se cubriese con todas las mantas que había y que no saliese por ningún motivo. Ya era de noche y hacía un frío helador. Vi una pequeña duna a unos cien metros y subí a ella para orientarme.

Tenía miedo, mucho miedo. Si me cogían no tenía ninguna posibilidad de salvarme y nunca conseguiría escapar de la cárcel. Me arrastraba por la arena con todos mis sentidos en guardia. Aprovechaba los matorrales para protegerme. Soplaba un viento frío que hacía a la noche más tenebrosa. Cuando llegué a la cima de la duna me di cuenta de que la garita del policía estaba a escasos cien metros de nosotros. Tras ella la visión de la mar me produjo una sensación de angustia que no sabría expresar con palabras. Se me presentaba como el gran obstáculo que teníamos que salvar para volver a nuestras casas. Esa inmensa franja de agua era el muro infranqueable que me separaba de mi hija. Por unos instantes pensé que jamás la volvería a ver, que mi vida había acabado. No podía dejarme vencer por la depresión. Tenía que hacer un esfuerzo. Tenía que conseguir salir de ese país y volver con los míos. Me prometí a mí mismo que si conseguíamos escapar mi vida cambiaría. De repente, escuché ruidos tras de mí, cercanos a nuestro escondite. Empecé a sudar, no sabía qué debía hacer. Con mucho cuidado me arrastré hacía unos arbustos un poco más altos para protegerme más. Distinguí dos siluetas que se acercaban sigilosamente al acceso de nuestro refugio. Si eran nuestros amigos, estábamos salvados. Si era la Policía no iba a dejar que cogiesen a Alexandro. Decidí acercarme. Lo hice arrastrándome muy lentamente para no hacer ruido. Cuando llegué a la entrada no había nadie. Decidí entrar para comprobar cómo estaba mi compañero. Cuando separé las ramas de la abertura alguien se tiró encima de mí y me hundió la cara en la arena. No podía hablar ni moverme.

—No vuelvas a hacer eso nunca —me increpó nuestro amigo cuando me recuperé del susto—. Si queréis salir de aquí vivos y que os sigamos ayudando tenéis que cumplir mis ordenes al pie de la letra. Si, por el contrario, queréis ir por vuestra cuenta nos lo decís, y así no nos hacéis perder el tiempo ni asumir riesgos innecesarios.

No le contesté, dependíamos de ellos y no quería que malinterpretase mi contestación.

—Os hemos traído algo de comida y agua —me dijo alargándome una bolsa.

—¿Cuándo podremos salir de aquí? —le pregunté mientras sacaba la comida y se la ofrecía a Alexandro.

—Cuando amanezca. Os vamos a trasladar por separado, es menos peligroso.

—¿Cómo lo vais a hacer? —le volví a preguntar—. Mi compañero no está bien. Tiene fiebre.

—Eso se cura —me respondió sin miramientos—. Ahora descansad; dentro de unas horas vendremos por vosotros.

Volvieron al amanecer. Recorrimos andando todo el trayecto de la vez anterior y, en el mismo lugar en que habían dejado el coche cuando nos trajeron, nos esperaban con el "Mercedes" y una camioneta. Yo subí en el coche y Alexandro en la camioneta. Los que llevaban a mi amigo eran dos individuos a los que nunca habíamos visto. Conmigo vinieron los tres hombres que ya conocíamos. Al salir a la carretera cada vehículo tomó una dirección diferente. Yo no quise hacer más preguntas. En la situación en la que me encontraba todo me daba igual. Había decidido confiar en ellos, no me quedaba más remedio. A los pocos minutos se salieron de la carretera y empezamos a circular por caminos de tierra y por carreteras secundarias. Pasado el mediodía, entrábamos en Tetuán. Durante todo el trayecto no pronunciamos palabra; de vez en cuando, hablaban entre ellos en árabe. No nos encontramos ningún control y mis compañeros de viaje parecían satisfechos de la aventura.

Al entrar en la ciudad me hicieron poner una chilaba, cubrirme con la capucha y unas gafas oscuras. Nos dirigimos a una barriada de apartamentos; en el portal de uno de los edificios detuvieron el coche. Nos bajamos y, al entrar en el edificio, y tras despedirme de mis compañeros de viaje con un apretón de manos, otro individuo me indicó que le siguiese. Subimos por las escaleras a la primera planta y entramos en un piso. Era un apartamento acogedor, decorado al estilo marroquí, limpio y con todo tipo de comodidades. El individuo, llamado Mustafá, me dijo que podía ducharme, comer, dormir o ver la televisión. Me interesé por Alexandro pero me dijo que no sabía nada, que estuviese tranquilo, pues Nordín estaba a punto de llegar. Tras esa parca conversación se fue dejándome solo en la casa.

El agua recorriendo mi cuerpo, el olor del jabón y el poder afeitarme hicieron que volviese a sentirme una persona. Mi ropa estaba muy sucia; opté por ponerme la chilaba y tumbarme en la cama. La sensación de tener un colchón y una almohada fue un verdadero placer. Me quedé dormido sin darme cuenta.

Fue Nordín quien me despertó, y, el ver a mi amigo, me produjo mucha tranquilidad.

—Menudo lío que has organizado —me dijo con rostro serio mientras me invitaba a sentarme en el sofá, al lado de él—. Has conseguido que el tipo más peligroso de este país haya puesto precio a vuestras cabezas. Eso sin contar con que la Policía está barriendo ciudad por ciudad, pueblo por pueblo, aldea por aldea, para localizaros.

—Mira, Nordín —le dije tratando de sosegar la conversación—. No sé quién nos busca, no tengo ni idea de lo que está pasando. Lo que sí sé es que he perdido un barco en el que había invertido todo mi capital, y que estoy en Marruecos sin documentación. Por lo tanto, lo que necesito es un amigo que me ayude. Por eso te he llamado, porque sé que en tí puedo confiar.

Se quedó unos minutos sin pronunciar palabra, mirando al suelo.

—¿Sabes quién es el cargador? —me preguntó sin cambiar de posición.

—No tengo ni puta idea. Nosotros contactamos en el otro lado con una pareja que nos ofreció el trabajo.

—¿Una pareja? —me preguntó levantando la cabeza y mirándome asombrado.

—Sí, una pareja; es decir, un tío y una tía.

—¿Españoles?

—Sí.

—En esta historia hay algo que no encaja —me dijo con voz áspera.

—¿Qué quieres decir?

—Muy sencillo, el propietario de la mercancía que habéis perdido es un tipo muy rico, muy influyente y con muchos contactos. Tiene su propia organización y hasta sus propios barcos. Según me he informado, para hacer este traslado no quiso arriesgar ningún barco suyo. Que yo sepa es la primera vez que se intenta desembarcar más de mil kilos juntos de "polen". El "polen" es demasiado caro y peligroso como para hacer una expedición así. Por otra parte, no hay nadie que quiera cargar esa mercancía. Como tú has visto, flota, y eso es un riesgo que no quiere correr nadie. En definitiva, este personaje decide contratar un barco y, sin decir al transportista que se trata de "polen", hacer la jugada. El "pájaro" tiene una organización de lo más sofisticada y en tu país tiene gente para todo: para hacer la descarga, guardar la "merca", camiones para el transporte y clientes directos. Da orden a su gente de que busquen un barco y... Este último punto es el que no encaja.

—¿Qué es lo que no encaja? —le pregunté.

—Jamás trabaja con españoles, y menos con una mujer.

—Tampoco es tan complicado deducir lo que ha ocurrido.

—¿Qué es lo que tú crees que ha ocurrido? —me preguntó Nordín con cara de asombro.

—Muy sencillo; su gente de España, al ser marroquíes, no conocían ni podían contactar con dueños de barcos. Alguno tendría un amigo español, y ese español actuó como intermediario. Por lo tanto, el tipo con el que yo cerré el negocio, Toni, es amigo o conocido de la gente de este tipo del que no queréis que sepa su nombre.

—No es que no quiera que sepas su nombre, pero es mejor que no lo sepas. Es más seguro para ti no saberlo. En cuanto a tu deducción, podría ser correcta, pero no lo es.

—¿Por qué tienes tanta seguridad de que no es correcta?

—Porque sé cómo trabaja este poderoso individuo, y te aseguro que no tiene ninguna necesidad de trabajar con intermediarios. Su gente, en España, está perfectamente relacionada. Los barcos no los conoce nadie, ya que se cambian muy a menudo. A los dueños de los barcos los conocemos todos. Utilizar un intermediario es aumentar el riesgo, y cuando pretendes transportar esa cantidad de "polen" no quieres correr riesgos. De todas maneras, haré mis indagaciones. Mantengo buenas relaciones con ese tío.

—Bueno, pues ya que no me vas a decir quién es el "hombre X", cuéntame por lo menos qué ha sido de Alexandro —le dije con fingida docilidad.

—Tu amigo está ya cerca de la frontera y, si todo va bien, mañana estará, sano y salvo, en Ceuta.

—¿Y yo? —le pregunté inquieto.

—Tú, si todo ha ido bien, saldrás dentro de un par de días. Es más fácil sacaros de uno en uno que a los dos a la vez. Aquí estás seguro y, además, así podemos aprovechar estos días para hablar. Tengo mucha mercancía que sacar, y te necesito.

—Sí, pero el problema es que yo ya no tengo barco.

—Eso no tiene importancia. Tienes estructura. Te podría adelantar dinero para que comprases otro barco; si llegamos a un acuerdo, claro.

Nordín me dejó un teléfono para poder hablar con mi gente. Tenía toda la casa para mí y, para que no me aburriese, me envió una masajista terriblemente atractiva. Pude hablar con Luis y Eduardo, y les puse al corriente de todo. Me aseguraron que se trasladarían a Ceuta para esperarme y me pidieron que les llamase todos los días. Al día siguiente, Luis me llamó y me dijo que Alexandro ya estaba con ellos. Esta noticia me animó y les pedí que enviasen a Alexandro a su casa para que se recuperase.

Fátima, mi singular masajista, hablaba perfectamente español y, aparte de atractiva, era de lo más imaginativa. Los dos días se me pasaron con una rapidez inusitada. Vinieron a recogerme a la caída de la tarde.

Había venido Nordín unas horas antes para hablar conmigo y para llegar a una serie de acuerdos interesantes para los dos. Fátima me había lavado y planchado la ropa. Despedirme de ella no fue agradable. Había sido una gran compañía para mí y una mujer excitante. Nordín me prometió que, si todo iba bien, la mandaría de "garantía" en uno de los futuros viajes que íbamos a hacer, para que se quedase conmigo en España. Esa idea me pareció, simplemente, descabellada.

Me condujo uno de los hombres de Nordín en un coche todo-terreno hasta la frontera. Como de costumbre, unos kilómetros antes de llegar nos salimos de la carretera y circulamos por un camino de tierra campo a través. Sobre media noche llegamos a un lugar, en mitad del campo, donde había un grupo de hombres y mujeres, en total dieciocho personas. Mi acompañante descendió del coche y se acercó a uno de los individuos. Estuvieron un rato hablando y pude observar como el hombre de Nordín le entregaba un sobre. Acto seguido, mi compañero me indicó que bajase del coche y me acercase a ellos.

—Mira, Juan —me dijo cuando me acerqué—. Este es Karin, el jefe de expedición. Él te va a conducir, a ti y a este grupo de personas, al otro lado de la frontera. Debes seguir al pie de la letra sus instrucciones. Puedes estar totalmente tranquilo, Karin es de confianza y lleva haciendo este trabajo muchos años. Él fue quien sacó a tu compañero.

Anduvimos durante más de una hora en fila india y en silencio. Yo iba el primero del grupo, justo detrás de Karín, porque así me lo había indicado. En un momento determinado nos hizo parar, y nos dijo que nos agachásemos y que no hiciésemos ruido. Él se separó de nosotros, y avanzó con sigilo hasta que se perdió entre la maleza. Volvió pasados unos quince minutos, y nos indicó con gestos que no nos moviésemos. Se acercó a mí y, en voz baja, me dijo que había que esperar un rato. Yo le pregunté por qué. Me respondió que la frontera estaba patrullada por guardias civiles, y que por el lugar por donde íbamos a cruzar había, en esos momentos, vigilancia.

Cuando casi ya estaba amaneciendo, Karín se volvió a ir, en avanzadilla. Volvió enseguida y, nuevamente con gestos, nos indicó que le siguiésemos. Esta vez la marcha fue mucho más rápida y, en pocos minutos, estábamos en la alambrada que separa Marruecos de Ceuta. Karín se acercó y levantó el cercado por una zona que ya estaba preparada. Acto seguido fuimos atravesándolo todos. Él fue el último en pasar. Se volvió a poner al frente de la expedición y, con paso ligero, nos condujo por una vereda hasta una zona de casas bajas. Al llegar el grupo se dispersó. Nos sentamos en la puerta de una de las casas y me dijo:

—Bueno, yo ya estoy en casa y tú también. Esto es el Príncipe, un barrio bastante peligroso. Te sugiero que te vayas lo antes posible.

—¿Qué tengo que hacer para salir de aquí? —le pregunté estirando los músculos.

—No lo sé. Si tienes dinero coge un taxi, y si tienes amigos, allí hay una cabina de teléfonos.

Me dio la mano y se metió dentro de la casa. El teléfono que me había dado Nordín funcionaba perfectamente en esa zona. Llamé a Luis y, al cabo de treinta minutos, me recogían él y Eduardo en un taxi.

Los "estupas" y el "Niño"

Regresar a mi casa, después de lo que había vivido, fue una de las cosas más agradables que me han sucedido nunca. Había llegado a pensar que jamás volvería a ver mis libros, mis muebles, mis cuadros. De repente me di cuenta del valor de esas cosas cuando piensas que las puedes perder. Necesitaba descansar, recuperarme de toda la tensión acumulada. Me hubiese gustado abandonarlo todo e irme a otro lugar, comenzar una nueva vida. Pedí a Luis y a Eduardo que me diesen un par de días para asimilar todo lo que había pasado, para ordenar mis ideas. La realidad es que estaba harto de mí mismo. Antes de conocer a Alí era un fracasado con pocas ganas de vivir. Después de conocerle me había convertido en un delincuente, y no era capaz de asumir mi papel. Lo peor en la vida es renegar de uno mismo. No estaba contento con mi vida, envidiaba a cualquiera. Durante tres días no salí de casa. Me hubiera gustado tener a alguien a quien contarle todo lo que me pasaba; hubiera deseado tener a una persona con la que desahogarme, alguien que me ayudase a tomar decisiones, que me aconsejase. La realidad es que estaba solo. En ese momento fui consciente de mi soledad.

Una llamada de Nordín fue el detonante que hizo que saliese de mi letargo.

—El "hombre X", como tu lo llamas, no utilizó intermediarios —me dijo nada más descolgar el teléfono.

—¿Qué quieres decir con eso?

—Tan sólo lo que he dicho. Él pensaba que tu amigo era el propietario y tú el conductor, y aún lo piensa. Según me he informado, tu amigo —se refería a Toni —llevaba tiempo ofreciéndole transporte propio.

—¿Tienes alguna sospecha? —le pregunté nervioso.

—Sí. Ten cuidado —y tras decirme esto colgó el teléfono.

La conversación con Nordín me dejó pensativo. Había sido muy escueta; pude deducir que Nordín sospechaba que mi teléfono podía estar ya pinchado. Si era así, el mensaje estaba claro: podía tratarse de una encerrona de la Guardia Civil o de la Policía. Llamé a Luis y a Eduardo y les pedí que viniesen a mi casa.

Cuando llegaron les relaté todo lo que sabía y la conversación con Nordín.

—Esto me huele mal —me dijo Luis—. Lo he visto en otras ocasiones y esos cuando muerden no sueltan a la presa.

—¿Qué quieres decir? —le pregunté.

—Los "estupas", tío —interrumpió Eduardo.

—¿Qué coño son los "estupas"? —volví a interrogar.

—La Brigada de Estupefacientes de la Policía Nacional.

—¡Joder! Es decir, que pensáis que Toni es un "madero" —dije mientras encendía un cigarrillo para calmar la ansiedad.

—"El Toni", o la chica, o los dos —me contestó Luis apropiándose de mi paquete de cigarrillos.

—¿Y cómo podemos averigüar si lo son o no?

—Es un tema delicado —intervino Eduardo—. Si lo son tendremos que emigrar durante una temporada.

—Vamos a ver —dije alterado—. ¿Quién coño os presentó a Toni?

—Pues un colega que estuvo en el "trullo" con este —contestó Eduardo de inmediato.

Me quedé pensativo; entonces intervino Luis, intuyendo lo que estaba pensando:

—No, mira, el colega es legal y de confianza. Si quieres hablamos con él. Quizá así obtengamos más información.

—Me parece una idea cojonuda —le dije—. Llámale y queda hoy mismo con él. Tenemos que aclarar todo lo que ha sucedido lo antes posible.

El colega de Luis era un prenda, con un aspecto que daba miedo mirarle; pero, cuando se sentó a hablar con nosotros, me pareció un tío encantador. Luis no se anduvo por las ramas y le contó todo lo sucedido con pelos y señales. Cuando acabó de relatarle los hechos y nuestras sospechas, le dijo sin inmutarse:

—Somos amigos, y sé que tú no me meterías un "marrón" como este; así que, como confío plenamente en ti, cuéntame todo lo que sepas. Si lo que me cuentas no me convence, te meto la "recortá" por la boca y te saco los sesos.

El colega debía conocer perfectamente a Luis, porque le cambió la cara y un sudor comenzó a recorrer su frente.

—¿Qué quieres que te diga? —preguntó a Luis casi temblando.

—La verdad.

—Mira, tío, yo no sé nada. Un día me vino "el Toni" ese para que le vendiese un par de gramos de coca, y se los vendí. Le debió gustar la calidad porque me compraba habitualmente. Al final, ya sabes lo que pasa: intimas y te haces colega.

—¿No sospechaste nada de él? —le volvió a preguntar Luis en el mismo tono.

—¿Qué voy a sospechar? El tío venía bien trajeado, en un buen "buga", con un buen "peluco" en la muñeca y con guita. ¿Qué coño voy a sospechar yo?

—¿Iba siempre solo, o iba también una tía con él? —le pregunté, interesado en saber si también María era de la Policía.

—Normalmente venía solo, pero a veces le esperaba una "gachí" en el coche mientras hacíamos el mercado.

—¿Cómo surgió el tema del barco? —le volví a interrogar.

—Ya sabes, hicimos amistad. De vez en cuando me invitaba a una "birra", y un día me dijo que tenía un negocio entre manos y que le hacía falta un transporte serio. La casualidad es que a los dos días me encontré con Luis. Yo no sabía que os dedicabais al tema; fuiste tú —refiriéndose a Luis— quien me lo dijo cuando te comenté el tema.

—Así es —ratificó mi amigo.

—Por lo menos sabemos algo —intervine tras la explicación.

—¿Qué? —me preguntaron.

—Que no andaban detrás de nosotros. Que el dar con nosotros fue casual. Lo más probable es que anduvieran tras los hombres del cargador y si, como me dijeron, es una persona muy poderosa, probablemente estarían trabajando para atraparles con las manos en la masa.

—Todo eso está muy bien —me interrumpió Luis—, pero ahora saben quiénes somos y a qué nos dedicamos. Ya me dirás qué vamos a hacer. A estas alturas ya tenemos los teléfonos intervenidos, y, probablemente, nos estarán siguiendo.

Decidimos separarnos durante una semana y procurar hacer una vida normal. Quedamos en un lugar para volver a reunirnos transcurrido ese plazo. Yo, durante ese tiempo, intentaría recabar información. Al fin y al cabo, había tenido una aventura con María y lo lógico era que les llamase. No hacerlo hubiese sido delatarles nuestras sospechas, y teníamos que jugar con la baza de que ellos, probablemente, no supiesen nada

Luis me dijo que él se ocuparía de que su colega no abriese la boca.

Regresé a mi casa intentando idear un plan que nos pusiese a salvo de los "maderos". Antes de nada, tenía que verificar si nuestras sospechas eran ciertas. Después, tomaría las decisiones para salir del problema.

Llamé a Sofía y le anuncié que en unos días iría yo a verla. Necesitaba evitar que ella viniese, porque tendría menos libertad de movimientos.

Desde una cabina de un bar llamé a Nordín, pero no contestó al teléfono. Yo colgué y, enseguida, él me llamó desde otra cabina. Ese truco me lo había enseñado él mismo. Cuando yo le llamaba a su móvil, salía el número de teléfono reflejado en la pantalla. Con este dato, desde otra cabina él me llamaba. De esa manera evitábamos que nos pinchasen la llamada.

Le expliqué todo lo que había ocurrido. Él me escuchó en silencio. Cuando acabé, me aconsejó que tuviese cuidado y que le mantuviese informado.

Al día siguiente llamé a Toni. Le dije que había estado recuperándome del miedo que había pasado y le pedí que se reuniese conmigo para comer en el restaurante Marisa.

Él no puso inconveniente y me anunció que iría con María.

A las dos en punto llegaron a la cita. Me saludaron muy cordialmente y me preguntaron por mi estado de ánimo. Durante la comida me contó su versión. Tuve que hacer verdaderos esfuerzos para no delatar mis sospechas. Me parecía increíble la hipocresía de la que hacía gala. Hubiese disfrutado rompiéndole una botella en la cabeza. Al final me di cuenta de que él hacía su trabajo, y que lo hacía bien. Yo debía representar mi papel a la perfección si quería salvar el pellejo.

—No sabes lo preocupado que he estado —me dijo mientras degustábamos un magnífico arroz con almejas, una de las especialidades de la casa—. Al principio pensé que te habían detenido. Cuando me llamaste explicándome lo que había ocurrido me quedé más tranquilo. Lo que no acabo de entender es por qué os fuisteis de la casa que os había facilitado el cargador.

—Como tú comprenderás —le expliqué sin dar demasiada importancia a lo que ocurrió —si nos engañó con la carga, no había razón para que no lo volviese hacer. No me fiaba, y creo que hice lo adecuado. No tengo claro que, en manos de ese tipo, hubiésemos podido escapar de Marruecos.

—Sí, la verdad —continuó Toni— es que lo del "polen" fue una putada. De todas formas, el problema principal fue la avería del barco.

—Ya —continué intentando acopiar toda la información posible—. El cargador ha debido de perder mucho dinero, pero le está bien empleado por listo. El "pájaro" quería transportar "polen" a precio de "merca" normal. Sabes —continué— tengo un inusitado interés en saber quién es el hijo puta ese.

Toni levantó la cabeza del plato y cruzó una mirada de complicidad con María. En ese momento me di cuenta que me había acostado con una "estupa", como diría mi amigo Luis.

—Ese dato no puedo revelártelo —me dijo mirándome fijamente—. Al igual que no le diría a él quién eres tú. Lo hago por la seguridad de los dos. Además, si bien es cierto que nos la quiso meter cuadrada a todos, porque yo tampoco sabía que se trataba de "polen", no es menos cierto que tu barco falló y que él ha perdido una fortuna, aparte de tener un gran problema por el asunto del abandono del yate.

—¿Qué planes tienes ahora? —me preguntó María intentando, claramente, cambiar el curso la conversación.

—No lo sé. En principio estoy planteándome dejar esta vida. Después de lo que he pasado no tengo ganas de más aventuras.

—Lo que no acabo de entender —me interrumpió Toni— es cómo lograsteis escapar de Marruecos sin ayuda.

—Ya ves, con suerte, con mucha suerte.

—Pero, ¿lograsteis salir tranquilamente por la frontera sin problemas? —insistió. Ahora era él quien intentaba sonsacarme.

—Bueno, ya sabes que con dinero se consiguen muchas cosas. Tuvimos la suerte de llevar bastante dinero y nuestros pasaportes. Si a esto añades que tengo un par de amigos por allí, te harás una idea de cómo lo hicimos.

—Yo también conozco gente allí. ¿Quizá tengamos amigos comunes? —me dijo intentando que le diese más pistas.

—Quizá, pero como tú has dicho antes, los nombres hay que mantenerlos en el anonimato. Es por seguridad —le contesté riéndome.

—¿Tienes posibilidad de conseguir otro barco? —me preguntó viendo que no conseguiría averiguar los nombres de quienes me ayudaron.

—No, y además quiero dejar este tema. Como te he dicho antes, no quiero volver a meterme en líos. Me apetece llevar una vida normal y olvidarme de historias como esta.

—¿Y tus amigos qué van a hacer? —insistió, refiriéndose a Luis y Eduardo.

—En realidad, ninguno de nosotros nos dedicamos a esto. Tanto ellos como yo en un momento determinado necesitábamos dinero; Luis me dijo que te había conocido y que le habías propuesto este negocio. Decidimos aceptarlo para acabar con nuestros problemas y luego separarnos. Después de lo que ha ocurrido, hemos tomado la decisión de seguir cada uno nuestro rumbo.

—Yo creí que ya habíais hecho otros trabajos.

—No, para nada. Pero si Luis te hubiera dicho que era la primera vez, seguramente no nos habrías contratado.

Me despedí de ellos tras la comida con la absoluta certeza de que no se habían creído nada de lo que les había dicho. Cuando ya estaba subiendo a mi coche, se acercó Toni y me dijo que, si cambiaba de opinión o podía ayudarle a conseguir un barco, le llamase.

Mi situación no podía estar más en precario. Había perdido mi barco, no tenía dinero y no se me ocurría qué hacer para solucionar mis problemas. Nordín se había ofrecido a ayudarme adelantándome dinero para que comprase otro yate, pero no me parecía una buena idea en esos momentos. Estaba seguro de que estaría vigilado por los "estupas" día y noche.

Aproveché esa semana para desaparecer, hasta volver a reunirme con mis amigos. Me fui a casa de Sofía. Pensé que sería bueno que nadie supiese nada de mí en unos días.

Luis, Eduardo y yo nos reunimos en el lugar convenido una semana antes. Entre ellos habían hablado y habían tomado una decisión que yo no esperaba.

—Verás —me dijo Luis cuando nos sentamos en una mesa, tras relatarles mi conversación con Toni y María—. He estado pensando estos días en qué era lo que debía hacer. Mi oficio no es este. Cuando hice amistad contigo pensé que esta podría ser una forma más fácil de ganarme la vida, pero no ha sido así. Necesitamos, tanto Eduardo como yo, buscarnos la vida. Eres un buen tío, Juan, pero tú tienes tu mundo y nosotros el nuestro. Por supuesto que, si necesitas ayuda, te ayudaremos; de hecho la "zodiac" es tuya y está en mi casa. No sé, tío, no te lo tomes como si te dejásemos tirado. Simplemente, el ambiente está muy revuelto; estoy preparando un trabajo en Granada para salir del paso y conseguir pasta.

—Lo comprendo —le contesté—. Las cosas no han salido como esperábamos. Sé que somos amigos y sé, también que, si os necesito, puedo contar con vosotros. Es mejor así; hasta que salga algún trabajo es preferible que no nos vean juntos. Ya os he dicho lo que le conté a Toni. Quizá, si no nos ven durante una temporada, se lo crean.

—¡Qué va! —me interrumpió Eduardo—. Los "estupas" son muy jodidos, por eso nosotros vamos a cambiar de destino. No te fíes de ellos. Los "maderos" tienen dos ventajas sobre nosotros: no tienen prisa, y tienen mejores medios para trabajar.

—Te voy a decir una cosa —me dijo Luis agarrando suavemente mi hombro—. Cuando los "maderos", sean los que sean, te marcan, acabas cayendo.

—Pues, anda, qué ánimos me das —le increpé.

—Tú no eres de este ambiente —continuó en el mismo tono—. Te metiste en estas historias por casualidad, y eso se nota. Nosotros somos otro mundo. Para mí o para este —me dijo señalando a Eduardo— el "trullo" no es algo desconocido. Todos nuestros amigos o están, o han estado en él, y tenemos claro que podemos volver. Hemos nacido en ese ambiente, nos encontramos a gusto siendo como somos. Tú no.

Me quedé callado y pensativo. Ellos se levantaron y se fueron.

Jesús Rodríguez me recibió en su despacho de Málaga. Le relaté todo lo que me había ocurrido, y él, como siempre, me escuchó con atención.

—Por la experiencia que tengo en estos asuntos —me dijo, una vez finalizado mi relato—, no tienes motivos para estar preocupado. Me imagino que la Brigada estará intentando coger al famoso "hombre X" y a toda su organización. Tú, todavía, no tienes demasiado interés para ellos.

—¿Quién crees que puede ser ese "hombre X"? —le pregunté.

—Se habla, en círculos que tú ya conoces, que hay un político de Marruecos, creo que un diputado, que se dedica al negocio a gran escala. Imagino que la Policía sospecha de la existencia de un socio de su misma posición, en España o en otro lugar de Europa, y por eso estarán montando operaciones de gran envergadura.

—No sé qué hacer. Necesito trabajar, pero no me apetece, por ahora, volver a la mar. Ha sido muy dura esta última experiencia y necesito tiempo para superarlo.

—¿En qué puedo ayudarte yo? —me preguntó Jesús recostándose en su sillón.

—Tú conoces gente y a lo mejor se te ocurre...

Jesús no me dejó finalizar la frase:

—Olvídalo. Yo no soy una oficina de empleo. Soy abogado penalista y tengo clientes, pero no puedo estar constantemente haciendo de intermediario. Es peligroso.

—Será la última vez. Necesito ganar algo de dinero y luego dejar esta vida.

—De acuerdo —me dijo con resignación—. Veré qué puedo hacer.

—¿Sabes algo de Alí? —le pregunté mientras me despedía.

—Sí. Quizá pueda sacarle bajo fianza pronto.

—No sabes lo que me alegro —le dije mientras estrechaba su mano.

—Y tú, ¿qué sabes de Lamía?

—Nada. Hace mucho que no la veo, ni a ella ni a Veronique.

—Lamía no se ha vuelto a preocupar por Alí. No lo entiendo —me dijo mientras llamaba al ascensor—. Alí siempre se portó muy bien con ella.

—Así es la vida —le respondí introduciéndome en el ascensor—. No te olvides de mí, necesito dinero.

—No te preocupes, voy a localizar a un amigo que se pondrá en contacto contigo.

Los días pasaban y no recibía noticias de Jesús. De Sergio y de Nordín no volví a saber nada. Era como si se los hubiese tragado la tierra. Me imaginé que tenían miedo de contactar conmigo por si estaba vigilado por la Policía. De vez en cuando quedaba con Sofía, unas veces ella venía y otras yo iba a su casa. El dinero se me estaba agotando.

Una mañana de domingo recibí la llamada de un hombre:

—Te llamo de parte de tu amigo, el de los juzgados —me dijo.

—Ah, sí. Me dijo hace días que ibas a llamarme.

—¿Por dónde andas? —me preguntó.

—En Marbella.

—No me gusta ese sitio, hay mucha gente. Acércate esta tarde, a las seis, a Tarifa. Continúa por la carretera y a unos diez kilómetros, pasado el cruce de entrada a la ciudad, verás un hotel. Debes ser puntual.

—No tuve ningún problema para encontrar el sitio que me había indicado. Llegué a las seis menos cuarto. Entré en la recepción y allí pregunté por la cafetería. El empleado me indicó que siguiese por un corto pasillo que había enfrente, y que al final encontraría la puerta. Cuando me introduje en el pasillo vi a un chico joven y de complexión atlética salir de la cafetería; al cruzarse conmigo me interrogó:

—¿Juan?

—Sí —contesté.

—Entra en el servicio —dijo indicándome una puerta que teníamos al lado.

Cuando entramos me indicó:

—Ve a la cafetería, tómate algo y vuelve a tu casa. Mañana, a las doce de la mañana, ven a esta dirección —y me entregó un papel doblado que me guardé en el bolsillo.

En la cafetería había un grupo de seis personas sentadas en una mesa, una pareja en otra y tres individuos en la barra. Me imaginé que alguno de ellos era de la Policía.

Al día siguiente hice lo que me indicó; a las doce me encontraba en la puerta de una casita de pescadores en La Línea de la Concepción. Me abrió la puerta el mismo individuo que me había dado la dirección. Me hizo pasar a un pequeño salón donde había otros dos chavales de su misma edad —no debían pasar de los veinticinco o veintiséis años—, y una anciana que cosía una camisa sentada en una silla de mimbre.

—Bueno, tío —me dijo el que me había abierto la puerta—, yo me llamo Pepe, este Juan y este Pedro. Esa es mi abuela y no se entera de nada, es sorda. Siéntate y "tranqui", que aquí no hay problema. —¿Quieres beber algo?

—No, gracias.

—Ya. Me ha dicho "el Jesús" que eres de confianza y que necesitas un curro urgente. Me ha dicho, también, que has tenido una movida muy chunga, que tienes experiencia y que estás mas tieso que la mojama.

—Sí, más o menos, esa es la situación —le contesté riéndome.

—Pues tú tranquilo, tío, que aquí hay curro para todos.

Los otros dos me observaban callados.

—¿Qué tipo de trabajo puedes ofrecerme? —le pregunté, ya más relajado.

—Nosotros recogemos la "merca" a las "rápidas". Si quieres, hoy nos echas una mano. Si te mola el curro, pues continúas, y si no, pues lo dejas y punto.

—¿Cuánto puedo ganar?

—En una noche guapa te metes cien papeles entre pecho y espalda como si nada.

—Por probar que no quede —le contesté.

—Pues lo dicho. El Juan te llevará a una casa que tenemos por aquí cerca para que descanses. A las siete hay que empezar a prepararlo todo. Hoy, como es tu primer día, te daré cincuenta papeles. Si te lo montas bien, el próximo día ganarás el jornal completo. ¿De acuerdo?

—De acuerdo —le contesté.

—Vale, tíos; entonces, nos vemos a las siete —les dijo a los otros dos y levantándose, dio la reunión por concluida.

Juan y Pedro no eran muy habladores, pero eran muy amables. Dejamos mi coche en casa de Pepe y fuimos andando a otra casa, similar a la que habíamos estado, que estaba a unos trescientos metros de distancia.

Sólo tenía un salón, una habitación con cuatro camastros, un cuarto de baño y una cocina. Todo estaba bastante limpio. Tenían un buen equipo de música y una televisión. Cuando llegamos, Juan me explicó que habían estado toda la noche trabajando y que estaban muy cansados, por lo que iban a dormir unas horas. Me mostró dónde había comida, y me dijo que, si quería, pusiese la televisión o el equipo de música, que a ellos no les molestaba. Yo preferí dar un paseo por Algeciras y volver más tarde.

A las siete en punto estábamos todos en la puerta de la casa de Pepe. Nos subimos en un todo-terreno conducido por él y nos dirigimos hacia Tarifa. Durante el trayecto, Pepe fue adelantándome lo que íbamos a hacer.

—Cuando oscurece —me dijo—, salen varias lanchas rápidas desde Ceuta. Unas van cargadas y otras no. Cada día quedamos en un lugar determinado, donde tienen que llegar las que van cargadas para entregarnos la mercancía. Eso es todo.

—¿Nosotros, dónde recogemos la mercancía?

—En la misma playa. Hay que recoger la "merca" y empujar la lancha, ya que con la velocidad se queda siempre un poco cogida en la arena.

—¿Cuántas lanchas llegan con "merca"?

—Esta noche van a ser tres. No pueden ser muchas porque en un instante tendríamos a la Guardia Civil detrás de nosotros.

—¿Cuántas lanchas salen de Ceuta? —le pregunté interesadísimo en este sistema que yo no conocía.

—Diez, a veces doce.

—¡Joder! ¡Vaya movida! ¿Quién es el jefe de todo esto?

—"El Niño".

—¿Quién es "el Niño"? Nunca he oído hablar de él.

—Pues debes ser el único, porque "el Niño" es más conocido que Julio Iglesias —me contestó Pepe asombrado de mi ignorancia.

—¿Y esta movida la hacéis todas las noches?

—¿Estás loco? Si lo hiciésemos todas las noches, ya nos habrían cogido. Se hace una o dos veces al mes.

—¿"El Niño" es un chaval de vuestra edad?

—¡Que va! Yo creo que ahora tiene diecinueve años, pero es que empezó en esto con catorce.

—¿Sólo trabaja con lanchas rápidas?

—No, su negocio es de lo más completo. Él empezó con una "zodiac" y hoy en día tiene una docena de "rápidas", dos o tres barcos grandes y varios camiones. Para que te hagas una idea, se calcula que tiene más de tres mil kilos de fortuna.

—¿Y por qué sigue?

—Porque le gusta esto. De hecho, muchas veces sale él en una "rápida". Los que le conocen a fondo dicen que está loco. Yo lo único que sé es que paga bien, y que nunca hay un problema con él.

—¿Nunca le han cogido?

—Con las manos en la masa no; le han detenido un par de veces, pero le han soltado echando leches.

Tiene unos abogados de puta madre. Cuando alguno de los que trabaja con él ha tenido algún problema, sus abogados se han ocupado de solucionarlo, y mientras ha estado en el "trullo", el Niño se ha ocupado de pasar dinero a su familia. Por eso todos quieren trabajar con él.

—Espero que algún día me lo presentes —le dije maravillado por lo que me había contado.

Cuando llegamos al lugar donde íbamos a trabajar, había otro todo-terreno, con otros cuatro chicos esperándonos. En los dos coches nos dirigimos, con las luces apagadas, a pie de playa, y dejamos a uno de los chicos a la entrada del camino. Nos escondimos entre los matorrales y esperamos en silencio. Sobre media noche oímos y vimos una de las lanchas rápidas. Pepe corrió hasta la orilla e hizo unos destellos con una linterna. La lancha puso proa a la luz y, en menos de cinco minutos, se había colocado a cinco metros de donde estaba Pepe. En ese momento, salimos todos hacia la embarcación y, en dos o tres minutos, teníamos entre los matorrales quince fardos de veinte kilos. Sin perder tiempo los cargamos en uno de los coches, el cual partió del lugar sin perder un segundo. En menos de veinte minutos el coche estaba de vuelta y, una hora más tarde, repetíamos la operación con otra lancha rápida. Cuando cargamos la segunda partida de fardos en el coche, Pepe nos indicó, tras hablar por teléfono, que subiésemos en nuestro coche. Una hora más tarde estábamos en La Línea de la Concepción. No me lo podía creer; en dos horas, y con una velocidad inusitada, se habían descargado quinientos kilos de mercancía.

—¿Qué te ha parecido? —me preguntó cuando entramos en la casa donde habían descansado Juan y Pedro.

—Impresionante —le contesté.

Pepe se echó a reír y, sacando un fajo de billetes de su bolsillo, me entregó cincuenta mil pesetas.

—¿Quieres volver a currar con nosotros? —me preguntó sonriendo.

—Claro.

—Bueno, pues, "tranqui". Te llamaré probablemente en dos o tres días. La próxima vez te daré cien papeles.

Me despedí de los tres y volví a mi casa. Por el camino no dejaba de pensar en lo que me había contado Pepe sobre el Niño y en la forma tan espectacular de trabajar que tenían.

Los trabajos se repetían en cada luna nueva. Cada vez íbamos a un sitio diferente y, por lo que fui observando, el equipo de Pepe no se reducía a las siete personas que trabajábamos en la playa. La estrategia consistía en colocar dos coches aparcados en la carretera principal, por donde entrábamos y salíamos. Esos coches estaban a diez kilómetros de distancia en ambas direcciones de la carretera. Por lo tanto, si la Guardia Civil quisiera ir al lugar donde estábamos trabajando, los de los coches los verían pasar y con una simple llamada de teléfono nos daría tiempo a abandonar el lugar antes que ellos pudiesen llegar.

Un día Pepe me llamó y me pidió que fuese a verle. Cuando llegué me preguntó si estaría interesado en pilotar una de las lanchas rápidas. Yo estaba bastante contento haciendo el trabajo que hacía. Ganaba bastante dinero y corría pocos riesgos. Sin embargo, me apetecía conocer al "Niño" y tenía ganas de subir a una lancha rápida. Así que acepté. Esa misma tarde nos dirigimos en el "ferry" a Ceuta. Pepe me advirtió del carácter un tanto duro del "Niño" y me aconsejó que no hablase mucho. Según me explicó, al "Niño" le gustaba la gente que hablaba poco.

Nos recibió en una soberbia villa en la montaña de Ceuta. Cuando entramos en los jardines de la mansión me fijé en la colección de coches que tenía aparcados. Todos deportivos caros; había un "Ferrari", dos "Porsches", un "Mercedes" y un "Jaguar".

"El Niño" era un español de origen marroquí. No era muy alto, ni tenía físicamente ningún rasgo que le hiciese especial. Durante todo el tiempo de la entrevista estuvieron presentes dos guardaespaldas gigantescos.

Era un personaje curioso, iba directamente al grano y tenía una clara vocación de líder. Nunca pedía nada, lo ordenaba.

Cuando Pepe me lo presentó, me estrechó con fuerza la mano y me miró de arriba abajo.

—Eres como te había descrito Pepe —me dijo mientras nos invitaba a sentarnos en una pequeña mesa redonda, situada en un rincón de un salón grandioso, con una decoración que dejaba mucho que desear.

—¿Y cómo me describió?, si se puede saber.

—Me dijo que eras un "pureta" muy legal y con pinta de banquero.

La descripción me hizo gracia y me reí. Mi risa rompió el hielo; él también se echo a reír y me dijo:

—Me caes bien. Estoy seguro que nos vamos a entender.

—Me han dicho que tienes experiencia como piloto —continuó dando por hecho una contestación positiva. Ya has visto cómo trabajamos. En estos momentos necesito un piloto para una de las "rápidas". Hemos tenido un pequeño problema y he perdido, por una temporada, a uno de mis hombres.

—Me gustaría intentarlo —le contesté.

—Bueno, pues hoy te quedas aquí. Mañana uno de mis chicos te enseñará todo lo que tienes que saber.

—¿Cuánto voy a cobrar? —le pregunté mirándole fijamente.

—Si llevas la "merca", dos kilos. Si vas vacío, doscientos papeles. Tú eliges.

—Iré cargado —le respondí sin dudarlo.

—Eso me gusta, tío. Eso dice mucho de ti. Me gusta la gente con huevos y con ganas de ganar dinero.

—Pepe —le dijo a mi compañero—, lleva a Juan a la otra casa y dile al Chato que me llame.

—Bueno, tío —dijo refiriéndose a mí—, si necesitas algo se lo pides al Chato. Es mi mano derecha. Él se ocupará de enseñarte toda la estrategia.

La otra casa era un piso en el centro de Ceuta con todo tipo de comodidades. "El Chato" era un individuo de unos treinta años con más pinta de alemán que de español. Era un tipo muy educado, que me sorprendió por la familiaridad con la que me trató desde el primer momento. Era el único inquilino del piso ya que, como posteriormente me contó, el resto de los componentes de la organización vivían en Algeciras, Tarifa y La Línea. Desde el primer día me demostró que su mayor pasión, aparte de la velocidad, eran las mujeres. La noche en que salimos a cenar y a tomar una copa me presentó como a veinte y todas de muy buen ver.

Me levanté sobre las nueve de la mañana y mi compañero de piso ya había preparado el desayuno.

—¿Cuántas horas duermes? —le pregunté asombrado, porque nos habíamos acostado cerca de las cuatro de la madrugada.

—Poco y mucho —me contestó riéndose—. Poco, porque duermo pocas horas seguidas, y mucho, porque duermo varias veces al día. Es lo que suele ocurrir en este oficio, te acostumbras a dormir cuando puedes y así no habitúas al cuerpo a un horario fijo. Es curioso —continuó—, antes de trabajar para "el Niño" era de los que me metía en la cama y hasta nueve horas después era incapaz de levantarme. Fue conocerle y todo cambió.

—¿Hace mucho que le conoces?

—Empecé a trabajar con él hace tres años y, la verdad, espero continuar muchos más. Pero bueno —dijo cambiando el tono de voz—, desayuna de una puta vez, que tenemos que hacer muchas cosas.

Tenía razón, el día fue intenso e interesante. Cuando salimos del piso nos dirigimos en su coche a un almacén casi en la frontera. Se trataba de un hangar grande donde había tres cascos de lanchas y varios motores fueraborda.

—Mira, estas son las embarcaciones que empleamos. Te he traído aquí porque es donde tenemos el material de reserva, ya que las lanchas en activo no están en Ceuta.

—¿Dónde están? —le pregunté.

—Unas en Gibraltar y otras en Marruecos. Aquí sólo está la del "Niño". Ya sabes, a él le gusta tocar los cojones a todo el mundo y la tiene en el puerto deportivo. Es igual a estás. Luego, si quieres, te la enseño.

—¿Es decir, que no salimos desde aquí?

—No. Salir desde Ceuta es imposible. No sé si sabes que gracias al "Niño" hay una normativa que prohíbe navegar con embarcaciones de alta velocidad de noche.

—¿Gracias al "Niño"? —le pregunté interesado.

—Sí. Antes salían todas las lanchas desde Ceuta. Teníamos la ventaja de que las que llevaban la mercancía salían cargadas y de que no necesitábamos tener un barco nodriza. Además, cuando trabajábamos así, en Ceuta no había patrullera. Ahora las cosas han cambiado.

—Pero centrémonos y vayamos paso a paso, hoy tienes que aprender muchas cosas.

—Verás —continuó con su explicación—, estas embarcaciones tienen nueve metros de eslora y llevan dos motores de gasolina de doscientos cincuenta caballos cada una. Las que van vacías, sin mercancía, llegan a los sesenta nudos. Tienen un inconveniente, su escaso peso. Por eso, antes las preparamos con unos lastres que les dan más estabilidad y, a la vez, no pierden velocidad. Eso en cuanto a las que van vacías. Las que van cargadas pueden transportar hasta doscientos cincuenta kilos de "merca", pero nunca solemos cargar más de doscientos. Estas embarcaciones están ideadas para que naveguen en óptimas condiciones cargadas. Sin embargo, en lastre son un coñazo. Cargadas pueden alcanzar hasta cuarenta nudos, pero tienes que tener en cuenta que los "maderos" tienen "zodiacs" de casco duro, que alcanzan hasta sesenta nudos. Por eso es vital que las que van en lastre sepan entretener a las "zodiacs" y a las patrulleras.

—Explícame los riesgos que hay que evitar y cómo se trabaja exactamente —le pedí para tener una idea más clara del negocio.

—Empecemos por los riesgos —me dijo sentándose sobre una caja de madera—. Si te cogen cargado, vas al talego; eso no tiene mayor explicación. Si te cogen en una vacía, te joden tres días en los calabozos, pagamos una fianza y sales, ya que lo único que pueden hacer es ponerte una sanción administrativa. Lo malo es que perdemos la lancha.

—¿Por qué?

—Porque, como te he dicho antes, hay una ley que prohíbe navegar de noche a las "rápidas", y aunque nuestras lanchas no son españolas, se lo pasan por el forro de los cojones. Como es evidente, si pierdes una "rápida" perdemos una pasta gansa y "el Niño" no suele ser muy simpático cuando pierde dinero. Por cierto —me dijo cambiando el tono de voz—. No sé si te lo han dicho, pero si no, te lo digo yo. Si alguna vez te cogen, tú no conoces ni al "Niño" ni a ninguno de nosotros. Eso, que no se te olvide. Por otra parte, también tengo que decirte que él nunca abandona a uno de los suyos.

—Eso ya me lo habían dicho —le repliqué en el mismo tono grave que él me había hablado.

—¿Quieres saber algo más sobre este tema? —me preguntó con un tono mucho más cordial.

—Sí. ¿Cómo trabajáis?

—Eso te lo explicaré sobre el terreno. Vamos a ir a "Marina Smir" y desde allí vamos a salir en una de las lanchas. Así la pruebas y, de paso, veo cómo pilotas.

"Marina Smir" es el puerto deportivo más importante de Marruecos. A escasos kilómetros de Ceuta, es una de las zonas con más futuro como enclave turístico. Comimos en el mismo puerto deportivo y aproveché la tranquilidad del lugar para conseguir más información.

—¿Por qué habéis elegido Marruecos y Gibraltar como base?

—Ya te lo expliqué antes. Primero, porque la ley de embarcaciones de alta velocidad no existe en estos sitios. Segundo, porque así diversificamos riesgos: tenemos las embarcaciones en un sitio y la "merca" en otro. Por otra parte, nosotros, en Marruecos y en Gibraltar, no hacemos nada malo ya que ni cargamos ni descargamos en ninguno de esos sitios. Por lo tanto, las embarcaciones salen limpias y vuelven limpias. No pueden decirnos nada. No hacemos nada malo.

—Pero saben lo que hacéis.

—Me imagino —me respondió—, pero no lo pueden demostrar.

—¿Dónde cargamos la "merca"?

—La "merca" se carga desde un barco nodriza. Pero eso te lo explicaré el día que tengas que ir a cargar.

—Yo le dije al "Niño" que quería ir cargado —le aclaré para que no hubiera malos entendidos.

—Sí, pero no ahora. Primero tienes que salir un par de veces en lastre para que veas cómo se hace. Además me ha dicho el Niño que has tenido una historia con "estupas" por medio. Por lo tanto, debes comprender que prefiera que empieces sin carga. No te preocupes, si eres un buen piloto te pasaré a una con carga.

—¿Quién coordina toda la movida?

—Yo. Tenemos un buen observatorio, y desde allí os doy las instrucciones. Para trabajar tiene que haber buena mar y poca luna. No te preocupes demasiado, tenemos todo muy controlado. ¿A qué te dedicabas antes de conocer al "Niño"?

—Soy economista. Trabajaba en un banco, pero me cogieron y me mandaron tres años al talego.

—¿Te cogieron?

—Sí, soy experto en ordenadores, y pasaba fondos de otras cuentas a la mía.

—Ya —le contesté sin querer profundizar más en su pasado.

—Sobre las tres de la tarde salíamos del puerto de "Marina Smir" en una "rápida" de color azul marino. Luego me enteré que todas eran de ese color. Estuvimos navegando un par de horas y pude disfrutar de la velocidad y de la maniobrabilidad de ese tipo de embarcaciones. "El Chato" me dio un notable alto de puntuación y quedó completamente satisfecho de mi pericia como piloto.

—Ahora —me dijo mientras volvíamos en su coche a Ceuta— te voy a enseñar, sobre una carta náutica, las zonas por donde no pueden pasar las patrulleras, por su calado, y nuestras embarcaciones sí. Esto te servirá por si te ves en un apuro en alguna ocasión.

Cuando llegamos al piso, quitó todas las cosas que había en la mesa del comedor y extendió una carta náutica del Estrecho.

—Tienes que tener en cuenta una serie de cosas fundamentales —me dijo apoyando los codos en la mesa y mirando fijamente a la carta—. Lo primero es que nuestras lanchas tienen una autonomía muy reducida. No podemos llevar unos depósitos muy grandes de combustible porque el peso nos perjudicaría. Por otra parte, los motores que llevamos son de alto consumo. Nosotros jugamos con la baza a nuestro favor de la velocidad y de la sorpresa. Nunca saben cuando vamos a operar y sus embarcaciones son más lentas. Otro factor que hay que tener en cuenta es el estado de la mar. Nosotros no podemos trabajar con viento y olas. Entre otras cosas —me dijo riéndose— porque saldríamos volando.

—Es decir; que la cosa no es sencilla —comenté mientras acercaba una silla a la mesa para sentarme.

—No. Es complicada. Ahora te voy a explicar lo que nunca se puede hacer. Verás —me dijo marcando con un lápiz en la carta—, hay dos zonas a las que no podemos acercarnos: Marruecos y Gibraltar. Si no damos motivos, ni las patrulleras de Marruecos ni las del Peñón se van a meter con nosotros. Por ese motivo siempre trabajamos hacia la zona de Tarifa. Cuando las "rápidas" regresan a estos puntos, después de trabajar, lo hacen a velocidad moderada y sin dar el cante. Si alguna vez diésemos motivos para que en Marruecos o Gibraltar se pudiesen meter con nosotros, se nos acabaría el negocio.

—Ya entiendo —asentí fijándome en los límites que había marcado con el lápiz.

—Ahora —continuó— centrémonos en la táctica. Tu misión es la de entretener a todos los obstáculos que pueda tener una de las lanchas con mercancía. Los principales obstáculos son las patrulleras —en nuestro argot las llamamos "Heniken" por el color verde de la Guardia Civil—, las "zodiacs" de casco duro y el helicóptero. Las "Heniken" no son un problema, porque son lentas y las tenemos localizadas. Las "zodiacs" son muy peligrosas porque son muy rápidas. Para las "zodiacs" llevamos nuestra propia artillería.

—¿Artillería? —le pregunté extrañado.

—Sí. Nuestras "rápidas" llevan un trozo grande de red. Si ves que la "rápida" con la mercancía corre un peligro serio, por parte de una "zodiac", debes situarte en medio de las dos y lanzar la red. A la velocidad que van y con la falta de luz, lo normal es que se enrede la hélice en la red y quede inutilizada la "zodiac".

—Si aparece el helicóptero, la única estrategia es buscar un punto de la playa diferente al que se va a hacer la descarga y poner proa a él para confundir al pájaro y que te siga a ti y no a la que va cargada. ¿Has entendido todo? —me preguntó mirándome fijamente.

—Sí.

—¿Crees que eres capaz de hacer este trabajo?

—Sí —le volví a responder con aplomo.

—Bueno, pues vas a coger el "ferry" de vuelta a tu casa y espera instrucciones.

Esa noche me reuní con Jesús Rodríguez. Cenamos en un conocido restaurante de Puerto Banús y le relaté todo lo que me había ocurrido esos días. Jesús me escuchaba ensimismado. Cuando acabé de narrarle todas mis peripecias, me dijo:

—Tengo que darte una sorpresa.

—¿Qué clase de sorpresa? —le pregunté un poco a la defensiva.

—No, hombre, no. No se tratan de malas noticias. Tu amigo Alí ya está en la calle.

—¡No me digas! Joder, que alegría. ¿Cuándo le han soltado?

—Ayer. No quise decírtelo porque sabía que estabas ocupado.

—Bueno, y cuéntame. ¿Dónde está? ¿Cómo le puedo ver?

—Hay que tener tranquilidad —me dijo Jesús viendo que estaba excesivamente alegre—. Está en casa de Veronique. Su situación no es muy buena. Ya sabes que Lamía le abandonó; además está en libertad condicional. Creo que de momento no debes verle. Lo más lógico es que esté vigilado y tú ya no eres un desconocido para la Policía. Ten en cuenta lo que te ocurrió hace unos días con los "estupas".

—¿Eso qué quiere decir? —le pregunté desconcertado.

—Eso quiere decir —me contestó— que ya le verás. Pero no ahora. Yo ya le he dicho que andabas por aquí, y le he contado un poco todo lo que ha ocurrido. Él también está deseando verte, pero hay que tener precaución y un poco de paciencia. Ahora está bien donde está.

Me despedí de Jesús pasada la medianoche. Mi amigo Alí no se borraba de mis pensamientos. Todo había comenzado por él. Si no le hubiese conocido, jamás hubiese experimentado todo lo que había vivido en este tiempo. No sabía si debía estarle agradecido o, por el contrario, si debía detestarle. Alguien, en cierta ocasión, me dijo que no existen casualidades, que lo que hay son "causalidades". Es decir, que todo lo que ocurre es por alguna causa, que nada es patrimonio del azar. Si fuese cierto, entonces yo conocí a Alí porque debía conocerle. Y había experimentado lo que había vivido porque tenía que ser así.

Después de esta reflexión exculpatoria para Alí, decidí que tenía ganas de dar un abrazo a mi amigo.

No me apetecía volver a casa y, como a los niños cuando les dicen que no hagan algo, decidí que sería una buena idea dar un paseo por las cercanías del apartamento de Veronique, para ver cómo estaba el asunto de la hipotética vigilancia que debía tener Alí.

La calle donde vivía mi amiga estaba desierta. Dentro de los coches estacionados no había nadie. En los jardines de la urbanización no detecté presencia alguna. Miré hacia arriba y vi luz en el apartamento de Veronique. Recapacité y llegué a la conclusión de que lo más sensato sería seguir los consejos del abogado. Me di la vuelta y me dirigí al portal. Busqué el numero de apartamento de Veronique y llamé al timbre. No había cambiado tanto, seguía sin hacer caso de los consejos de los demás.

A sangre fría

Nos fundimos en un fuerte abrazo. Le noté más delgado. Ya no era ese Alí fuerte, bronceado y cuidadosamente vestido; estaba demacrado. Llevaba un pantalón vaquero gastado y una sudadera. Tenía el pelo más largo y no se había afeitado. Nos sentamos los tres en el salón.

—¿Qué tal estás? —le pregunté, por decir algo.

—No muy bien. No puedo decir que estoy en el mejor momento de mi vida —me contestó con una sonrisa forzada.

—¿Te han puteado mucho?

—¿Dónde? ¿En el talego?

—Sí.

—No. Allí no. Me ha puteado Lamía. Me ha puteado la persona en la que más confiaba; me ha traicionado.

—Bueno. Ya sé que es doloroso, pero la vida continúa, y lo más importante es que estás fuera —le dije para animarle.

—Sí. Estoy fuera, y no voy a volver a entrar. Eso te lo garantizo.

—¿Qué piensas hacer? —le pregunté de una forma afectuosa.

—Conseguir dinero. Voy a ver si puedo hacer algún trabajo y luego largarme.

—Lo más probable es que estén vigilándote —le advertí.

—En este oficio siempre te están vigilando. Da igual que estés con la condicional o no. La única diferencia es que, cuando estás en la situación en que me encuentro yo ahora, lo sabes a ciencia cierta. Por lo tanto, en el fondo, es una ventaja.

—¿Puedo ayudarte en algo?

—Todavía no lo sé. Déjame un número de teléfono donde localizarte. Es importante que no nos vean juntos. Me ha contado Jesús que has tenido algún problema, y no es bueno que nos relacionen. Debes irte ya. Yo mañana buscaré otro sitio donde quedarme. No debo continuar aquí.

—Por mí no lo hagas —le dijo Veronique—. Puedes quedarte aquí el tiempo que quieras.

—No. No es inteligente hacer eso. No quiero que te relacionen conmigo, porque acabarían vigilándote a ti también, y eso no me beneficia. Lo lógico es que en algún momento te necesite, pero si te tienen controlada, no me servirías. Ahora sólo confío en vosotros dos.

Le di mi número de teléfono y nos despedimos con un fuerte apretón de manos. Mi entrevista con Alí fue demasiado breve. Me hubiese gustado hablar más con él, le había notado muy hundido y nervioso. Tenía miedo que su ansiedad le empujase a cometer alguna locura.

Sobre las diez de la mañana recibí una llamada del "Chato" desde una cabina. El mensaje, como era normal, me lo dio en el argot de los del oficio: "Cenaremos esta noche. Nos vemos en el garaje. No te retrases. Hemos encargado un arroz para los cuatro, y no me gusta comerlo pasado." Es decir, que ya sabía que íbamos a trabajar esa misma noche y que debía coger el "ferry" que llegaba a las cuatro de la tarde a Ceuta.

Como me ocurría cada vez que iba a hacer un trabajo, una excitación se adueñó de mí. Las horas anteriores a la actividad se habían convertido en un absoluto ritual. Llamé a mi hija. Me senté en el salón y observé mis libros. Me di un paseo por la playa. Y mientras que hacía todas estas cosas me iba preparando para entrar en acción.

Cuando desembarqué del "ferry" en Ceuta no sabía exactamente qué debía hacer. Me imaginé que alguien vendría a buscarme. Me dirigí directamente a la cafetería de la Estación Marítima, me senté en la barra y pedí un café. Cuando estaba a punto de acabarlo, un individuo joven, que se había sentado a mi lado, me pidió fuego. Cuando acercaba mi encendedor a su cara reposó sus manos sobre las mías para proteger la llama del aire. En ese momento depositó en mi mano, con disimulo, un trozo de papel. Después de encender el cigarrillo, pagó su consumición y se fue. Yo guardé el papel en el bolsillo. Esperé unos minutos para evitar sospechas, pedí la cuenta y, cuando pagué, me dirigí a los servicios del hangar. Deslié el papel y pude leer una dirección. A la salida de la Estación Marítima había una parada de taxis. Cuando me subí en el coche, pedí que me llevase a la calle que me habían indicado en la nota, pero le di al taxista otro número por si alguien intentaba seguirme. Al descender del taxi continué el trayecto a pie, pero por una calle paralela y me cercioré de que nadie me seguía.

El lugar donde me habían citado era una tienda de electrónica, equipos de música, televisiones, fotografía, etc. Tras el mostrador había una chica de rasgos árabes. No había en ese momento ningún cliente. Ella me sonrió cuando entré y me preguntó qué era lo que deseaba. Yo, sin pronunciar palabra, saqué el papel del bolsillo y se lo entregué. Tras leerlo me indicó que la siguiera. Separó unas cortinas que había tras el mostrador y subimos unas escaleras estrechas que conducían al piso superior.

"El Chato" me recibió con un fuerte apretón de manos. La escalera nos había comunicado con una amplia habitación decorada al estilo marroquí. Varias alfombras cubrían el suelo y un amplísimo sofá rodeaba las cuatro paredes de la estancia. Una mesa en el centro evidenciaba que había habido una opípara comida. "El Chato" me presentó a los ocho individuos que se encontraban con él. La mayoría de ellos eran de origen marroquí. Una vez me dijo sus nombres, que no memoricé, nos hizo sentar a todos.

—Hoy vamos a trabajar —nos dijo mientras continuaba de pie frente a nosotros—. El tiempo está perfecto, no hay demasiado viento, la mar está en calma y prácticamente no hay luna.

Se acercó a las escaleras, llamó a Fátima, la chica que estaba en la tienda, y le pidió que recogiese todo lo que había sobre la mesa. Cuando aseó todo, "el Chato" desplegó una carta náutica sobre la mesa y pidió que nos acercásemos.

—Como ya es habitual —continuó— cada uno tiene asignado un número del uno al nueve. Yo seré siempre el diez. Las cargadas serán el uno y el nueve. Las demás tendréis los otros números. Así que vamos a ver que número tendrá cada uno. Tú —me dijo señalándome— serás el dos. Tú el tres. Tú el cuatro...

Cuando tuvimos cada uno asignado un número prosiguió con su explicación.

—De esta manera —nos dijo— del uno al cuatro salís desde "Marina Smir", y del cinco al nueve desde el Peñón. Yo estaré justo aquí —nos indicó señalando un punto muy cercano a la costa y aproximadamente a dos millas al oeste de Ceuta—. La uno y la nueve vendréis a mí para cargar. Primero la uno y después la nueve. Como es lógico, la dos, la tres y la cuatro sois los escoltas de la uno. Tenéis que proteger a la uno para que cargue y descargue sin contratiempos. La cinco, la seis, la siete y la ocho tenéis que hacer lo mismo con la nueve. Comenzaremos a las diez, y a las doce tiene que estar todo concluido. El punto de descarga es este —afirmó señalando en la carta una zona de la playa de Tarifa—. ¿Alguna pregunta?

—nos interrogó mirándonos uno a uno. Nadie preguntó nada.

Bajó a la tienda y regresó con una caja con trasmisores de VHF y varios paquetes de pilas.

—Están codificados —me dijo mientras me entregaba uno—. Utilizamos el canal siete, que está preparado para que sólo podamos comunicar entre nosotros y para que no puedan escucharnos. Ya sabes, hay que estar en todo, un pequeño fallo y se va todo a la mierda.

A las siete de la tarde me dirigía con mis tres compañeros a la frontera de Marruecos en un coche conducido por el número uno, el que tendría que llevar la mercancía. Los tres eran bastante jóvenes, no superaban los veinticinco años. Durante el viaje les pregunté todas las dudas que iban surgiéndome, según iba pensando en el trabajo.

—Lo más importante es hablar lo menos posible por los trasmisores —me explicó el que iba sentado junto a mí en el asiento de atrás—. Es necesario que "el Chato" tenga libre el canal para avisarnos de cualquier problema que surja.

—¿Salimos de "Marina Smir" las cuatro "rápidas" a la vez? —le pregunté.

—Claro. Es lo normal. A fin de cuentas somos un grupo de amigos que salimos a hacer carreras por la mar —me contestó riéndose—. Además, aquí no hay problema. Saben de sobra de qué vamos, pero "el Niño" les hace buenos regalos para que no nos molesten

Sobre las ocho y media de la tarde salíamos por la bocana del Puerto Deportivo. Navegábamos despacio hacia el Estrecho. Estaba oscureciendo y hacía bastante frío. Me puse el chaquetón y los guantes y conecté el VHF. Paramos a dos millas al este del Peñón y esperamos a recibir instrucciones. La noche era oscura y veía las luces de los barcos que cruzaban el Estrecho, sin casi poder ver las siluetas de los cascos. Había bastante tráfico de mercantes en ambos sentidos y pesqueros faenando cerca de la costa. A las diez menos cuarto "el Chato" dio su primera orden: "Número uno ven a diez". En ese momento una de las "rápidas" apagó las luces de navegación y oí el rugir de sus motores. A continuación salimos detrás del número uno, flanqueándole por ambos costados. Navegábamos a unos quince nudos para no levantar sospechas. El corazón me empezó a latir con más fuerza y la adrenalina se adueñó de mi.

El número uno se acercaba al lugar donde debía estar el número diez, pero la oscuridad de la noche y la cantidad de pesqueros hacían imposible distinguir donde estaba. Cuando estábamos a media milla del lugar pactado, dos destellos rápidos con una linterna nos indicaron el sitio exacto. Paramos, y el número uno se dirigió al lugar donde habíamos visto la luz. No habrían transcurrido ni quince minutos cuando por el VHF "el Chato" nos decía que el uno estaba cargado. Pusimos proa al lugar de descarga a la misma velocidad que nos habíamos dirigido al diez. De repente, "el Chato" nos avisó de que una "Heniken" salía del puerto de Algeciras con rumbo hacia nosotros. Me ordenó que pusiese rumbo hacia la patrullera y la desviase. No sé exactamente lo que sentí. Era la primera vez que iba a buscar a la patrullera en vez de intentar evitarla. Aceleré al máximo los motores y puse rumbo a un punto cercano a la entrada del puerto de Algeciras. Efectivamente, a los pocos minutos el foco de la patrullera me iluminaba con tal intensidad que parecía que se había hecho de día. Crucé su proa a toda velocidad y rectifiqué el rumbo hacia el centro del Estrecho. La estrategia funcionó y la patrullera comenzó a seguirme. Me conecté el auricular del VHF en el oído; con el ruido de los motores era la única forma de poder escuchar las instrucciones del "Chato". Justo cuando me lo conecté y cuando navegaba con la patrullera tras de mí, "el Chato" me advirtió que salían dos "zodiacs" de Ceuta para intentar interceptarme. Evidentemente, "el Chato" tenía un buen radar. Desconecté las luces de navegación y viré todo a babor dando una vuelta completa y pasando a la patrullera por su popa. Había conseguido despegar el foco de mi lancha, lo que me servía para que las "zodiacs", aunque fuese por unos minutos, me perdiesen la pista. A pesar de que la mar estaba prácticamente en calma chicha, las pequeñas crestas de las olas y la velocidad hacían que fuese planeando sin apoyar la totalidad del casco en el agua. Me percaté de que llevaba la red a bordo y la preparé. Puse rumbo hacia el Mediterráneo. La patrullera volvió a ponerse a mi popa y a enfocarme con su potente luz. En dos minutos vi que una de las "zodiacs" iba navegando a mi costado de estribor y que se iba acercando, cerrando su rumbo hacia mi proa. Viré de nuevo todo a babor y lancé la red quedándome con el cabo en la mano para que se fuese desplegando según yo viraba. El foco se centraba en mí y no en el costado de la lancha, por lo que no se pudieron percatar de la trampa. Solté el cabo y miré hacia atrás. La "zodiac" había caído en el cepo. Grité de júbilo mientras observaba cómo me separaba de mi peor enemigo. Cuando volví a mirar al frente vi a la otra "zodiac" a escasos seis metros de mi proa. Íbamos a colisionar. Viré todo a estribor y nos cruzamos a menos de un metro. La patrullera tuvo que variar bruscamente el rumbo para evitar a la "zodiac", que viró rápidamente para continuar mi persecución. Ya no sabía que hacer. De pronto vi en mi proa unas luces muy tenues; era una almadraba. Comencé a zigzaguear para que mi estela impidiese la visión de la "zodiac" y puse proa a la almadraba. Cuando estaba a diez metros viré en redondo, y la "zodiac" y la patrullera se precipitaron contra la extensa red de pesca. Había matado dos pájaros de un tiro. Aminoré la marcha hasta el mínimo de velocidad, me puse de pie en la embarcación y les dediqué a mis perseguidores un impresionante corte de mangas.

Avisé al Chato que estaba solucionado el problema, y me indicó que volviese a "Marina Smir". Cuando entré en puerto mis tres compañeros estaban amarrando sus lanchas en los atraques.

—¿Ha ido todo bien? —me preguntó uno de ellos, mientras cogía el cabo que le lancé para aproximar mi embarcación al amarre.

—Sin problemas —le contesté sin intención de contar mi aventura a nadie.

Era más o menos la una de la madrugada y nos quedamos a dormir en un pequeño hotel cercano al Puerto Deportivo. Según me explicaron nunca regresaban de noche para no llamar la atención. La habitación del hotel era amplia y tenía una nevera muy bien surtida. Me di un baño, comí un poco y me quedé profundamente dormido con la televisión conectada, pero sin volumen.

Por la mañana desayunamos en el hotel y después nos pusimos en camino a Ceuta. Cruzamos la frontera y fuimos directamente a la tienda donde nos esperaba "el Chato" para pagarnos. Cuando entramos en el salón estaba "el Chato" con los otros chicos que tenían la base de sus embarcaciones en el Peñón. Estaban todos muy alegres. "El Chato" me dijo:

—Toma, lee el periódico, has conseguido dejar fuera de servicio a una "Heniken" y a dos "zodiacs". El Niño está muy contento.

Cuando cogí el diario, mis compañeros de equipo se me aproximaron para poder leer la noticia.

Volví a Marbella esa misma tarde. Estaba contento de haber podido demostrar el primer día que servía para ese trabajo. La voz se corrió como la pólvora y por la noche recibí una escueta llamada de Pepe: "¡Ole tus cojones, tío! Eres un figura".

Pasaron dos días hasta que volví a recibir otra llamada del "Chato". Me citaba a la misma hora y en el mismo sitio. Me extrañó que me hiciesen ir, porque esa noche había luna llena y era imposible trabajar. Cuando llegué a la tienda había un par de clientes. Fátima me hizo un solapado gesto para que me fuese y volviese más tarde. Aproveché para tomar café en un pequeño restaurante que se encontraba en la misma calle, a pocos metros de la tienda. En el momento en que me disponía a entrar vi a María, sentada en una de las mesas con dos individuos. Ella no me vio. En ese momento no supe qué hacer. Si entraba acabaría viéndome. Si no entraba me quedaría con la duda de por qué estaba allí. Por un momento pensé que lo lógico era que hubiesen estado vigilándome y que fuesen por mí. También podía ser una casualidad. De hecho, Ceuta es una zona caliente en la que se puede obtener información de todos los grupos que operan en el Estrecho. No podía quedarme con la duda. Si entraba y me acercaba a saludarle, en función de cómo reaccionase podría darme cuenta del motivo que le había llevado a estar a menos de veinte metros de la base de operaciones del "Chato".

Entré y me dirigí directamente hacia ella Su vehemente conversación con los otros dos individuos hizo que no se percatase de mi presencia hasta que estuve a su lado. Cuando giró su cara y me vio no pudo disimular su sorpresa.

—Pero bueno, ¿qué haces tú aquí? —me preguntó con una voz que manifestaba su asombro.

—He venido de compras con unos amigos —le contesté sonriendo—. Lo que ocurre es que ya me dolían las piernas de tanto andar de tienda en tienda, les he dejado que se adelantasen y les he perdido.

Los individuos que se encontraban con ella no tenían cara de haberles gustado mi interrupción. María, cuando se dio cuenta que les miraba, no tuvo más remedio que hacer las presentaciones.

—Perdona que no os haya presentado. Mira, Juan, te presento a Vitorio y a Moncho.

Nos dimos cordialmente la mano. Vitorio era el prototipo de mafioso italiano y Moncho debía de ser otro elemento de cuidado por la pinta que tenía.

—Bueno, no os molesto. Además, debo irme; volvemos esta misma tarde a Marbella y tengo que localizarles.

María asintió con un gesto de alivio cuando se dio cuenta que iba a dejar de importunarle.

Regresé a la tienda. Ya no estaban los clientes, y Fátima me hizo subir directamente al piso de arriba. "El Chato" estaba solo tumbado con unos cojines sobre la alfombra viendo la televisión. Me dijo que me sentase a su lado y me ofreció un porro que se estaba fumando, y que yo rechacé.

—No me digas que vamos a trabajar hoy con luna —le dije nada más sentarme sobre uno de los cojines.

—No. Se trata de otro tema.

—Pues tú dirás.

—Se trata de subir cincuenta kilos de "polen" desde Algeciras a Madrid. Hay un cliente que necesita tener la "merca" en un almacén de Alcobendas mañana sin falta. "El Niño" ha dicho que te lo proponga a ti. Nosotros tenemos el problema de que toda nuestra gente es joven y con mala pinta —me comentó riéndose.

—Nunca he hecho un transporte por carretera.

—No tiene ninguna ciencia —me respondió sin mirarme—. Tú vas en un coche cargado y llevas otro coche delante por si hubiese un control poder avisarte. Si eso ocurre te paras a tomar algo hasta que puedas continuar.

—¿Cuanto ganaría por este trabajo? —le pregunté muy interesado.

—Veinte mil por kilo; nosotros pagamos los gastos y el coche de escolta.

—Me interesa.

—Ya me lo había dicho "el Niño".

—¿Qué te dijo el Niño? —le inquirí.

—Que harías el trabajo. Que te sobran huevos y te falta dinero.

—Bueno, pues dime qué tengo que hacer.

—Llama a Pepe en cuanto vuelvas a Algeciras. Él te explicará todo.

Llamé a Pepe durante la travesía y me citó ese mismo día en su casa. A las ocho de la tarde llegué a Algeciras.

—El trabajo es sencillo; es muy difícil que haya problemas —me dijo mientras me servía un güisqui—. Lo mejor es que duermas aquí esta noche. Aprovecharemos para prepararlo todo y así podremos salir mañana a primera hora.

—¿Tú vas a venir conmigo? —le pregunté mientras le ofrecía un cigarrillo.

—Sí. Yo iré en otro coche con Juan. Nosotros saldremos quince minutos antes que tú y si hay algún problema te avisaremos por teléfono. Llevaremos teléfonos nuevos para evitar malos rollos. Es muy importante que circulemos a la misma velocidad.

—¿A qué velocidad? —le volví a interrogar.

—A la legal, tío. Si por una zona se puede ir a ciento veinte, pues vamos a ciento veinte. Si en otro sitio hay que ir a sesenta, pues vamos a sesenta.

—Ahora —continuó— vamos a llevar tu coche al garaje de un colega para que lo preparen. Iremos cada uno en uno; el tuyo lo dejaremos allí y lo recogeremos por la mañana.

Nos dirigimos, tal y como me había explicado Pepe, a la zona industrial de Algeciras. Entramos directamente con los coches en un amplio garaje donde nos esperaban Juan y un chavalito que no tendría más de veinte años, vestido con un buzo de mecánico.

En cuanto me bajé de mi coche el mecánico abrió las cuatro puertas y el maletero. Lo observó con detenimiento sin pronunciar una palabra.

—Tranquilo —me dijo Juan dándome un golpe suave en la espalda—, "el Sonrisas" es un manitas; ya verás como hace un trabajo fino.

—Venga —nos interrumpió Pepe—, dejad de hablar y vamos a trabajar.

En un rincón del hangar había dos fardos de arpillera que rajaron y abrieron con una navaja. Fueron colocando en el suelo las pastillas de hachís, que estaban envueltas una a una con papel de celofán. Cuando sacaron todas de los fardos, Pepe fue a un pequeño lavabo que había en un rincón y se lavo varias veces las manos con un potente detergente. Juan, que vio que observaba con interés todo lo que hacían, sonrió y me dijo:

—Vamos a preparar la "merca" para que no la puedan oler los perros.

—¿Hay perros? —pregunté extrañado.

—Sí. Hay controles donde puede haber perros. Normalmente, en Despeñaperros hay un chucho para la coca y otro para el "chocolate". El de la coca es un pastor alemán y lo ponen para los coches que vienen hacia aquí, ya que la coca viene del norte. El del "chocolate" es un "cocker" y controla los coches que suben hacia Madrid.

Cuando acabó de lavarse las manos, Pepe se dirigió a su coche, sacó una bolsa de plástico y volvió donde estábamos nosotros.

—Bueno venga, tío —le increpó a Juan—, vamos a la faena.

Pepe sacó de la bolsa un globo, abrió con sus manos la abertura y Juan introdujo una pastilla de hachís con mucho cuidado, procurando no rozar las manos de Pepe ni rozar, con sus mano, el globo. Una vez que estuvo la pastilla introducida, Pepe hizo un nudo simple en la boca del globo. Esta operación la hicieron con todas las pastillas de hachís que había. Luego procedieron los dos a lavarse otra vez las manos. Se pusieron unos guantes de cirujano y trajeron un bote, como de pintura, y una brocha cada uno. Abrieron el bote y dieron unas brochadas a cada paquete. Era un producto negro que enseguida reconocí. No era, ni más ni menos, que brea. Al mismo tiempo rociaron un polvo verdoso por encima de la brea y volvieron a introducir ese globo polvoreado en otro globo.

—¿Qué es ese polvo? —les pregunté muy pendiente de lo que estaban haciendo.

—Es una mezcla de polvos de talco con pimienta molida.

Cuando acabaron esta operación envolvieron cada paquete en papel de plata.

—Bueno —me dijo Pepe— esto ya está listo. Ahora ya pueden venir todos los chuchos de los "maderos". A ver si tienen huevos de descubrir la "merca".

Nos incorporamos y nos dirigimos a mi coche. El Sonrisas había desmontado los paneles internos de las puertas, el salpicadero y la rueda de repuesto.

—¿Cómo lo llevas? —preguntó Pepe al mecánico.

—Cuando queráis —contestó casi sin inmutarse.

Fuimos llevando paquete a paquete hasta el coche y el Sonrisas los iba colocando. Empezó por las puertas y, cuando acababa una, procedía a montar otra vez todas las piezas antes de continuar cargando en otra. Luego continuó por el salpicadero y finalizó con la rueda de repuesto, a la que había quitado la cubierta. Colocó los paquetes rodeando el aro de la llanta y fijando los paquetes a ella con cinta adhesiva. Posteriormente volvió a hinchar la rueda.

A las ocho de la mañana Juan me despertó. Había dormido perfectamente. Era la primera vez que iba a hacer un trabajo por el que no estaba preocupado. Probablemente, porque, comparado con todos los trabajos que había hecho, este me parecía más fácil, menos peligroso.

Desayunamos en casa de Pepe y de allí nos fuimos a recoger mi coche al almacén del polígono industrial. En el trayecto Pepe me entregó un teléfono móvil y me hizo memorizar su nuevo número. Acordamos ir por la carretera de Los Barrios a Jerez y, de allí, continuar por autopista a Sevilla y Madrid. La idea era no hacer ninguna parada, salvo una para llenar el depósito de gasolina; por ello Pepe me entregó una bolsa con un par de bocadillos y una lata de Coca-Cola.

—Si no puedes aguantar y necesitas parar para mear, me llamas y me dices que no has podido sacar las entradas para el cine, ¿de acuerdo? —me advirtió mi amigo de aventuras.

—Sin problemas. De acuerdo —le contesté sonriendo ante la ocurrencia de la contraseña.

—Otra cosa —insistió—, hay zonas donde no hay cobertura, y precisamente una de esas zonas es Despeñaperros. Por eso es importante que nos distanciemos quince minutos. Si hubiera un control en ese periodo, nos daría tiempo a pasar esa zona y tú aún tendrías cobertura; así podríamos avisarte. Recuerda —insistió— siempre debemos estar por delante de ti como mínimo quince minutos, y si son veinte mejor.

—No te preocupes —le contesté— no tengo ningún interés en que me cojan.

—Bueno, pero hay que hablarlo todo. Si no hay problemas no hablamos para nada. Cuando estés entrando en Madrid, estaremos esperándote en un bar llamado "Las tres jotas", que verás al lado de la carretera.

—Únicamente llámame si tienes algún problema, o si te pierdes y no encuentras el bar.

—De acuerdo. Así lo haré.

Salí del almacén sobre las diez de la mañana, justo veinte minutos después que ellos. Me impresionaba de mí mismo no sentir nada. Conducía por la carretera como siempre, ni siquiera pensaba en lo que llevaba. La carretera hasta Jerez no era autovía y en un par de ocasiones vi a la Guardia Civil. Cuando entré en la autopista hacia Sevilla hubo una pequeña retención por obras. Llegué a Despeñaperros sobre las dos del mediodía y no me encontré nada anormal. No había ningún tipo de control, lo que hizo que, una vez pasado el tramo de curvas, me relajase. A la altura de Valdepeñas una pareja de motoristas de la Guardia Civil circulaba detrás de mí. Miré el velocímetro y me percaté de que rodaba a ciento veinte kilómetros por hora. Con esa velocidad, lo lógico es que ellos no me adelantasen ya que iba al límite exacto permitido. Me empecé a poner nervioso y tuve miedo de que los nervios me hiciesen cometer un error, me delatasen. Para completar la incomodidad, me entraron unas ganas locas de ir a un cuarto de baño. No lo pensé dos veces, y como tenía que poner gasolina, decidí parar en la siguiente estación de servicio. Al rato vi la indicación de una gasolinera; puse, con sumo cuidado, el intermitente reduciendo paulatinamente la velocidad. Los motoristas me adelantaron y yo respiré.

Encontré sin el menor problema el bar que me había indicado Pepe. Mis compañeros de viaje me estaban esperando en el aparcamiento. Cuando llegué no me dieron tiempo ni a bajar del coche, porque me indicaron con la mano que les siguiese. Circulamos por la M–30 buscando la carretera de Burgos. Entramos en el polígono industrial de Alcobendas y en pocos minutos estábamos en la puerta de un gran almacén de frutas. Pepe se bajó de su coche y entró por una puerta pequeña. Al momento abrieron la puerta grande y me indicaron que entrase con mi coche. Cuando entré pude ver un camión y muchas cajas con fruta en "palés" por el suelo. Con Pepe estaba un individuo calvo y de baja estatura vestido con un traje gris. Junto a los "palés" había dos tipos corpulentos con ropa de trabajo. Uno de ellos llevaba una caja grande de herramientas en la mano. Bajé de mi coche y el individuo procedió a desmontar las puertas, el salpicadero y la rueda de repuesto. Pepe no me presentó a nadie y mientras descargaban mi coche, Juan me sugirió que fuésemos a tomar algo a un bar cercano. Me pareció una buena idea y acepté.

—¿Qué tal el viaje? —me preguntó Juan tras sentarnos en una mesa de una pequeña cafetería situada a escasos cien metros del almacén.

—Sin problemas. He ido bastante tranquilo para ser la primera vez que lo hago.

—En este tipo de trabajos —me dijo—, si no hay nadie que se vaya de la lengua o un golpe de mala suerte, nunca pasa nada.

—De todas maneras, me imagino que tal y como habéis empaquetado la "merca", aunque me hubiesen parado no habrían encontrado nada.

—Por el olor no —me contestó—. Lo malo es ponerse nervioso y que decidan revisar el coche. Piensa que no hay muchos lugares para esconder la mercancía, y ellos saben de sobra dónde se suele meter.

—Entonces, ¿para qué tanta historia de embalaje?

—Primero, por si te meten un perro en un control, y segundo, porque esa mercancía sigue hasta Holanda, y ahora sólo tienen que cambiarla al escondite del camión y no pierden tiempo en prepararla.

Volvimos al almacén. Ya habían sacado toda la mercancía de mi coche. Ayudé al hombre a acabar de montar el salpicadero y una de las puertas. Cuando finalizamos, el tipo bajo y calvo dio a Pepe un sobre y se despidió de él. Teníamos hambre y decidimos comer algo antes de regresar. En el restaurante donde hicimos el alto, Pepe me dio un sobre que había preparado en el corto trayecto con un millón de pesetas.

Mis compañeros decidieron quedarse en Madrid hasta el día siguiente. Yo opté por regresar esa misma tarde. Llegué a mi casa a altas horas de la madrugada, totalmente agotado. Cuando abrí la puerta, me encontré una nota de Veronique en la que me pedía que le llamase. Fue entonces cuando me percaté que mi teléfono móvil había estado desconectado desde el día anterior. Pensé que era excesivamente tarde para llamarla, así que me metí en la cama. Me despertó el teléfono a primera hora. Era Veronique, que quería que pasase por su casa. Por su voz me pareció que estaba nerviosa y, aunque intenté que me explicase lo que le pasaba, ella insistió en que fuese a su casa lo antes posible.

Veronique estaba con su hijo en la piscina de sus apartamentos. Cuando me vio, tras dar instrucciones a la niñera, se dirigió hacia mí.

—Vamos a subir a casa —me dijo bastante alterada—. Necesito hablar contigo sin que nadie nos interrumpa, y si nos quedamos aquí, el niño no va a dejarnos tranquilos.

—¿De qué se trata? —le pregunté en cuanto entramos en su apartamento.

—De Alí, pero siéntate. ¿Quieres tomar algo?

—No, gracias. Siéntate tu también y explícame lo que ocurre, me tienes intrigado —le dije en tono imperativo.

—Estoy muy preocupada por Alí —me dijo sentándose a mi lado—. Se ha ido no sé dónde, lo que sí sé es que los dos días en que estuvo aquí se puso en contacto con gente muy peligrosa.

—¿Con quién?

—Tú no les conoces, pero yo sí. Son "narcos" colombianos. Gente muy peligrosa —insistió— que anda metida en toda clase de negocios. Ya sabes —continuó— trabajan la coca, la heroína, extorsionan, secuestran, asesinan...

—¡Joder!, ¿y tú de qué coño conoces a esos tíos?

—Yo no les conozco de haber hablado con ellos. Les conozco porque les he visto alguna vez en "Olivia Valere" y me han informado de quiénes son. El último día que Alí durmió en mi casa, salí por la mañana a dar un paseo con mi hijo por Puerto Banús y vi a Alí con esos tíos.

—Vaya sitio más raro para quedar con unos mafiosos. Puerto Banús no es precisamente un sitio discreto.

—Alí ya no es el mismo —me dijo muy afectada—. Le da igual todo, y va a por todas. La primera noche que estuvo aquí y hablé con él me di cuenta de lo que había cambiado. Va a pecho descubierto y está hundido por el abandono de Lamía. Le da igual todo, y eso precisamente es lo que me preocupa.

—¿Y qué puedo hacer yo? —le pregunté intrigado.

—Habla con él, Juan. Tranquilízale. No sé. Creo que si hay alguien que puede hacer algo eres tú. Él te considera su amigo y confía plenamente en ti.

—¿Cómo puedo dar con Alí?

—Me dejó este número de teléfono por si pasaba algo —me dijo entregándome un papel—. Llámale desde una cabina. Deben de tenerle muy vigilado, y más ahora que está con esa chusma.

Estuve todo el día intentando hablar con él, pero su teléfono estaba desconectado. Por la noche me llamó Veronique para que le diese noticias de nuestro amigo. Cuando le dije que no había podido localizarle se alteró todavía más.

Sofía me llamó por la mañana temprano y me dijo que venía a pasar conmigo un par de días. La idea no me gustó mucho, tal y como estaba la situación, así que le puse como excusa que tenía que salir de viaje y que cuando volviese iría yo a Huelva. El resultado fue que me pidió de una manera particularmente cortés que me fuese a hacer puñetas y me rogó que me olvidase de ella en los próximos veinte años. Estaba claro que mi relación con las mujeres no era especialmente fácil.

Comí con Veronique en un restaurante de Puerto Banús porque insistió en ir a los lugares donde se solía ver a ese grupo de colombianos. Después de comer dimos un paseo por todos los bares de la zona, pero no vimos ni a esos tipos ni a nuestro amigo. Me pidió que me quedase con ella porque estaba muy nerviosa. Cenamos en su casa y después de la cena me sugirió que nos acercásemos al "Olivia Valere" a tomar una copa. Estaba convencida de que ese era el único lugar donde les podríamos ver.

Estuvimos en la discoteca desde la una de la madrugada hasta las cuatro y no vimos a nadie. Veronique me invitó a quedarme en su casa pero estaba muy cansado y preferí dormir en la mía. Cuando llegué eran casi las cinco de la mañana. Abrí la puerta de mi casa y me encontré un papel en el suelo que habían introducido por debajo de la puerta. Sólo tenía escrito un número de teléfono. Inmediatamente pensé en Alí. Fui hasta una cabina cercana y marqué el número.

—¿Sí? —efectivamente era mi amigo con voz de estar aún medio dormido.

—¿Dónde te has metido? Llevo dos días buscándote.

—Ahora no puedo darte muchos detalles. Escúchame atentamente —me dijo con voz angustiada— tienes que ir al varadero de Gibraltar y preguntar por un tipo que se llama John. Él te va a dar una cosa para mí. Tú y yo nos veremos a las once de la noche en la puerta del "Meliá Don Pepe". No le digas a nadie que me has llamado, ni siquiera a Veronique. ¿De acuerdo?

—De acuerdo.

—Bueno, pues hasta esta noche.

Cuando colgué el teléfono un escalofrío me recorrió el cuerpo, tenía el presentimiento de que algo gordo estaba ocurriendo. Casi no pude dormir. A las nueve en punto salí hacia el Peñón. En la frontera no había mucho tráfico por lo que pude pasar sin perder tiempo. Fui directamente a las oficinas del varadero.

—Querría ver a John —dije a una de las secretarias.

—¿Al mecánico? —me preguntó casi sin mirarme.

—¿Hay algún otro John? —le interrogué con la esperanza de que sólo hubiese uno.

Ella me miró con cara de fastidio y me indicó con la mano una puerta sin pronunciar una palabra. Evidentemente, le había sentado mal mi observación. La puerta conducía a un inmenso almacén de efectos navales donde había varias personas trabajando. Pregunté al primero que vi por John.

—Soy yo —me contestó.

—Vaya casualidad —le dije asombrado por mi golpe de suerte—. Vengo de parte de Alí.

—Ahora no puedo salir —me dijo bajando el tono de su voz—. Espérame a las doce en la puerta principal del varadero.

Me fui a tomar un bocadillo a un bar cercano para hacer tiempo. A las doce en punto estaba en donde me había indicado. Cuando me vio se dirigió a su coche y me hizo señas para que le siguiese. Un rato después aparcábamos en la puerta de un edificio de oficinas de tres pisos. Era una especie de centro de negocios donde tenían sede varias empresas y algunos bufetes de abogados. Nos dirigimos al segundo piso y entramos en una pequeña oficina en cuya puerta había un cartel que ponía en inglés "Seguros y Reaseguros". Era una habitación de no más de cuarenta metros cuadrados con dos mesas de despacho metálicas, cuatro sillas, un armario, una máquina de escribir y una inmensa caja fuerte. En la oficina, sentado en una de las mesas, había un señor mayor con gafas.

—Viene de parte de Alí —le dijo John cuando entramos.

El anciano asintió con la cabeza, se levantó y se dirigió a la caja fuerte. La abrió y sacó un sobre grande que entregó a John.

Cuando me lo entregó a mí, como vi que estaba cerrado, le pregunté sobre su contenido. No tenía ganas de que les diese por registrarme en la frontera y encontrarme con una sorpresa.

—No te preocupes —me dijo—, es dinero y un pasaporte.

Cogí el sobre y me fui.

Veronique me llamó por la tarde. Le dije que seguía sin poder contactar con Alí. Lo cierto es que yo tampoco quería que supiese nada, pensaba que debía estar al margen de este tipo de asuntos.

A las diez y media aparqué mi coche en el lugar de la cita y esperé la llegada de mi amigo. Los minutos transcurrían lentos. Me fumé nueve cigarrillos para entretener a mis nervios. Alí apareció a las once y cuarto. Aparcó a mi lado y me hizo señas para que entrase en su coche.

—¿Qué tal ha ido todo? —me preguntó en cuanto me acomodé en el asiento de su lado.

—No ha habido problemas —le contesté entregándole el sobre. Él lo abrió y sacó un fajo de billetes con dólares y un pasaporte.

—Ves —me dijo—, ahora soy de nacionalidad inglesa y ya no me llamo Alí.

—¿Qué piensas hacer? —le pregunté preocupado.

—Lo primero, invitarte a cenar y luego largarme fuera de este país.

—¿Dónde te has metido estos días?, nos tenías preocupados.

—Haciendo un trabajito —me contestó riéndose—. Y, abriendo la guantera del coche, me enseñó una cantidad ingente de dinero en libras, dólares y pesetas.

—¿De dónde has sacado todo ese dinero? —le pregunté asustado.

—Digamos que se lo he cogido prestado a unos "capullos". Es bastante para pasar una temporada sin problemas, ¿verdad?

—¿Y lo que te he traído de Gibraltar?

—Eso es otra historia. Eso es una inversión que había hecho con una póliza de jubilación. Si alguna vez tienes dinero y quieres invertirlo ponte en contacto con John. Es un especialista en hacer ganar dinero a los amigos.

—Ya. ¿Y esos tipos a los que les has quitado el dinero?

—No te preocupes —me dijo pasándome su brazo por los hombros—. Mañana ya no estaré aquí; entonces, que me busquen —y se echo a reír.

Fuimos a cenar a un restaurante pequeño situado a las afueras de Marbella en dirección a Fuengirola. Cada uno llevábamos nuestro coche pues su intención era salir esa misma noche hacia Portugal. El restaurante estaba vacío y tenía un par de mesitas en la terraza. Como la noche era agradable decidimos cenar en una de esas mesas de fuera.

No volvimos a hablar en toda la noche del asunto del dinero que, según él, había cogido prestado. Sin embargo me habló de los negocios de John, lo cuales resultaron ser muy interesantes.

—En Inglaterra —me explicó— la jubilación se hace contratando compañías privadas a las que tú pagas una cantidad al mes durante equis años y a cambio, esas empresas, al cabo de ciertos años, te dan una cantidad a tanto alzado. Es decir, es como si ahorrases una cantidad todos los meses a plazo fijo y después de cierto número de años te devolviesen el capital, más un pequeño interés. El truco —continuó— es que esas pólizas son al portador. Eso significa que si hay un tipo al que le faltan dos años para cobrar diez millones, por ejemplo, y tiene necesidad urgente de dinero, tú puedes comprarle su póliza por siete u ocho y, esperando un par de años, recuperas diez. Bueno pues hay pólizas de veinticinco, cincuenta e incluso de cien millones. Si tienes un buen contacto dentro de las empresas que gestionan las pólizas, puedes conseguir unos chollos importantes. John —me aclaró— tiene una pequeña sucursal que representa a unas cuantas empresas, y a cambio de una comisión te invierte tu dinero comprando pólizas a bajo precio. ¿Cómo se te ha quedado el cuerpo? —me dijo con cara de felicidad.

—Muy interesante. Pero entonces, ¿por qué trabaja en el varadero de simple mecánico?

—Porque a parte de ese negocio tiene otro que le aporta pingües beneficios.

—¿Cuál?

—En ese varadero preparan, compran y venden barcos para el negocio. El que se ocupa es él; el dueño del varadero no quiere saber nada de ese asunto. Es decir, cierra los ojos y pone la mano. Para que no sea el tema excesivamente descarado ante los demás trabajadores, John trabaja como encargado del almacén. Las organizaciones fuertes cambian de barco cada poco tiempo. Entonces contactan con John, que se ocupa de todo discretamente, y cobra, como es lógico, su comisión.

Habíamos acabado de cenar y Alí no quería perder tiempo, así que nos despedimos dándonos un fuerte abrazo. Me dijo que cuando se instalase en algún sitio me llamaría para que estuviésemos en contacto. Yo me dirigí a mi coche y Alí se quedó pagando la cena. Habíamos aparcado a unos cincuenta metros del restaurante. Mientras caminaba hacia el coche llegaba una moto con dos personas vestidas con trajes de cuero y embutidos en cascos integrales de color negro. Apenas me fijé en ellos; imaginé que sería una pareja que iba a cenar. De repente oí tres tiros. Giré la cabeza hacia la puerta del restaurante y vi a Alí tirado en el suelo rodeado de un inmenso charco de sangre. Sólo me dio tiempo a ver como el que iba de paquete se volvía a subir en la moto portando una pistola en su mano. La moto partió a toda velocidad. Me eché las manos a la cabeza y corrí hacia donde estaba mi amigo. Los camareros del restaurante salieron a la puerta y se quedaron inmóviles al ver lo que había ocurrido. Me agaché al lado de Alí y vi que estaba muerto. La Policía tardó veinte minutos en llegar.

Los "narcos"

La Policía estuvo interrogándonos durante más de dos horas, justo hasta que llegó el juez para autorizar el levantamiento del cadáver. Un grupo de especialistas registró minuciosamente el coche de Alí; otros recogieron los casquillos de las balas. A mí me interrogó una chica joven, pero yo evadí la mayoría de las preguntas. Tan sólo le dije que le había conocido hacia tiempo, que sabía que había tenido problemas y que ese mismo día me había llamado para cenar, ya que, según me dijo, tenía intención de irse de viaje. Tuve que inventarme una conversación con Alí porque me interrogó sobre lo que habíamos hablado durante la cena. Así mismo tuve la inmensa fortuna de haber llamado a mi amigo desde una cabina, porque una de las cosas que más les interesó, de las que se llevaron, fue su teléfono móvil. La inspectora no hizo referencia ni al dinero ni al pasaporte que había en el coche, pero un compañero suyo, cuando me oyó comentarle que Alí pensaba irse de viaje, apuntó que iba bien preparado para viajar. Tomaron los datos de todos los que estábamos en el restaurante cuando ocurrió el asesinato, y nos advirtieron que quizá nos llamarían para ir a declarar a la comisaría.

Volví a mi casa temblando. No se me iba de la imaginación la escena de mi amigo tirado en el suelo y rodeado de sangre. No quise llamar a Veronique, hubiese sido muy difícil explicarle lo que había ocurrido por teléfono. Era muy tarde. Me metí en un baño caliente e intenté tranquilizarme. De repente, me acordé que, en mi casa, tenía oculta un arma: la que me entregó Jean aquella noche en que le recogí borracho. Salí del baño, me puse un albornoz y fui a buscarla. Me senté en el salón con el revólver en la mano. Abrí el tambor y comprobé que estaba cargada. Me parecía imposible que con una cosa tan pequeña se pudiese quitar la vida a un hombre, me resultaba increíble que en un segundo, debido a ese minúsculo artefacto, una persona pasase de estar vivo, de reír, de tener ilusiones, de ser feliz, a estar sin vida. Me di cuenta, en ese momento, que mi vida me llevaba irremisiblemente por un camino sin retorno, que había penetrado en un siniestro mundo, y que quien fue mi anfitrión estaba muerto; lo habían asesinado a sangre fría.

En el suelo de la cocina había una baldosa suelta, la levanté y con un cincel amplié el hueco. Introduje allí el revólver y puse la baldosa encima. Cuando estaba oculto pensé que, seguramente, algún día me haría falta.

Fue la noche más larga que recuerdo, la imagen del asesinato no se borraba de mi mente. Amaneció y estaba físicamente agotado. Ahora venía lo peor: debía ir a casa de Veronique antes de que se enterase por los periódicos de la noticia.

Debían de ser las ocho de la mañana cuando llamé a su puerta. Me abrió ella y, al verme notó que era portador de malas noticias.

—¿Qué ha pasado? —me preguntó con voz seria.

—Han asesinado a Alí.

No dijo nada, me miró fijamente y me invitó a que entrase. Cuando llegamos al salón se sentó en uno de los sofás y con ambas manos se echó el pelo hacia atrás.

—¿Cuándo ha ocurrido?

—Anoche.

Me hablaba de una forma pausada, sosegada, con resignación.

—¿Tú estabas con él?

—Sí, me llamó para que cenásemos juntos. Me dijo que se iba de aquí y que quería que nos viésemos antes de su marcha.

Le hablé de todo lo que había ocurrido, del encargo que me hizo, del dinero que había robado, del lugar donde cenamos y de cómo se produjo su asesinato. Ella estaba callada, escuchándome con atención. Cuando finalicé mi relato hubo unos minutos de un silencio gélido.

—Yo te he contado todo —le dije—. Ahora quiero que tú me cuentes todo lo que sepas.

—¿Para qué?, para que te maten a ti también. Olvídate de este asunto. Cambia de vida, Juan. Vuelve a tu tranquila pobreza de antaño, pero no sigas por el camino que vas. He visto muchas cosas porque me he movido mucho por la noche marbellí. He conocido a todos los mafiosos y traficantes que pululan por esta zona y todos han acabado mal. El dinero fácil no existe. La suerte no es una mujer fiel; por el contrario, es adúltera y promiscua.

—Lo sé —le contesté con el mismo tono dulce y apacible que ella estaba empleando conmigo—, pero debo saber quién mató a nuestro amigo. Lo tengo que saber porque, a lo mejor, mi vida está en peligro.

—Te quiero mucho, Juan. Eres un buen amigo, un magnífico confidente y un inestable amante. Te conozco a la perfección. He observado cómo te has ido familiarizando y amoldando a un tipo de vida que no era el tuyo. Has demostrado que eres un alumno aventajado. Pero todavía te queda mucho por aprender. Has conocido la parte más civilizada del hampa. Lo que tú quieres conocer ahora es la otra orilla del río, los que matan, los que roban, los que secuestran, los que trafican con todo tipo de drogas y armas, los que frecuentan las casas de putas porque es al único sitio donde pueden ir. Dime, ¿de verdad quieres conocer eso?

—Debo conocerlo. Por mi propia seguridad —argumenté cogiendo su mano.

—De acuerdo. Empecemos —me dijo con resignación—. Tú conoces a los traficantes de hachís, que no son peligrosos. Todos los que has conocido hasta ahora son meros transportistas. Envían un barco, traen la mercancía, la guardan, les pagan su transporte y la entregan. Se reparten el dinero, se corren unas juergas, se gastan el dinero, y vuelve a comenzar el ciclo. Hasta que un día les cogen y van a la cárcel. A ti se te puede catalogar en este grupo. Es decir, se te puede incluir en la categoría de los parias, de los pardillos, de los que se arriesgan para que otros hagan el gran negocio. Sois los que "bajáis al moro", los camellos del mar. Perdona que te hable así, pero si quieres la verdad, voy a ser sincera aunque te duela. Vosotros, Juan, sois los peones de las mafias —hizo una pausa para encender un cigarrillo y se tumbó en el sofá con cara de cansancio—. Hay otro grupo al que se conoce, en el argot, como los "financieros". Estos, los financieros, son los que están detrás de todas las operaciones que vosotros hacéis y, normalmente, no les conocéis. Los financieros son los delegados —por llamarles de alguna manera— de las grandes organizaciones; son grupos de delincuentes muy peligrosos, sin escrúpulos. Estos grupos son los que supervisan que el hachís llegue a su destino, que suele ser Holanda, y de recibir en sus zonas drogas duras como la coca, la heroína o las de diseño.

—No entiendo bien lo que me estas diciendo —le interrumpí, porque tenía verdadero interés en conocer la forma de operar de estas organizaciones.

—Te lo explicaré de otra manera para que lo entiendas —me respondió sin alterar su tono de voz y con la mirada perdida en el techo de la habitación—. Hay unos individuos que organizan toda la operación de transporte. Contactan con cargadores en Marruecos, con propietarios de barcos para que cubran el transporte marítimo, con camiones para que suban la mercancía, etc. Esos son los "financieros" y esa es la primera parte de su labor. En el caso que nos ocupa, un grupo contactó con Alí porque tenía barco y organización para traer la mercancía a España. Por otra parte, contactan con empresas de camiones que están dispuestas a jugársela y a subir la mercancía a otros países. Aquí empieza la cadena, en la que ellos, en realidad, no se juegan nada. Vamos a ver si lo entiendes —me dijo suspirando—. Un marroquí tiene mercancía. Los "financieros" contactan con él. El marroquí ha comprado el kilo de hachís a doscientas o trescientas pesetas, y ellos le proponen pagarle a doscientas o trescientas mil pesetas el kilo; eso sí, el pago se realiza cuando la mercancía llega a su destino final. A partir de entonces y hasta que llegue a su destino los gastos van por su cuenta. ¿Qué es lo que hace el marroquí? Pues exactamente lo mismo, por eso a vosotros os cogían la mitad de la mercancía y cuando esta llegaba a destino volvían con dinero, os pagaban el transporte y subían la otra mitad. El marroquí cubre sus gastos con el cincuenta por ciento de la mercancía y con el otro cincuenta por ciento obtiene los beneficios. Los financieros ponen en contacto al marroquí con el barco y con los camiones. Cuando la mercancía ha llegado a destino, y ya la organización ha pagado al marroquí el precio pactado, la venden a sus clientes. Muchos lo pagan con dinero, pero otros lo cambian por otro tipo de droga o armas. ¿Qué hacen entonces? Muy sencillo: envían ese otro tipo de droga o las armas a sus financieros, que a la vez contactan con camellos que lo distribuyen y venden. La explicación es clara. Un kilo de hachís en Marruecos cuesta veinte mil pesetas, en Algeciras noventa mil, en Madrid ciento cincuenta mil, en Francia doscientas mil y en Holanda trescientas mil. Es decir, cuanto más al norte del lugar de producción, más cara se paga. Justo lo contrario que, por ejemplo la coca o las drogas de diseño. Ten en cuenta que Holanda es el supermercado de Europa y la mayoría de los laboratorios de fabricación de estas drogas están allí. Por eso, a veces, estas grandes organizaciones deciden montar laboratorios en España, para ahorrarse los gastos de transporte y obtener más beneficios. Bueno, pues los encargados de que no haya fallos en todas estas cadenas de transportes son los "financieros".

Guardó silencio, se levantó pausadamente y se dirigió a la cocina para preparar café. Yo me quedé asimilando todo lo que me había dicho. Cuando regresó, lo hizo con una bandeja con dos tazas, un termo y una jarra con leche. Nos miramos sin pronunciar palabra. Ella sirvió el café y se volvió a tumbar en el sofá.

—¿Cómo sabes todo esto? —le pregunté intrigado.

—Ella sonrió—.

—¿Te conté que era camionera porque heredé una empresa de camiones de mi padre?

—Sí —le contesté

—Pues hasta ahí es cierto. Lo que no es cierto es que lo cerrara porque me fuese mal. Lo cerré por miedo. Yo era una transportista. Sí —me dijo girando su rostro hacia mí—. Hacía lo mismo que tú, sólo que por carretera.

—¡Joder! ¿Y por qué no me lo has dicho nunca?

—Porque quiero olvidar mi pasado —me contestó con cara de tristeza.

—Cuéntame qué le ocurrió a Alí.

—Hay un tipo —comenzó su relato —que se llama o le llaman, eso no lo sé porque todos utilizan nombres falsos, Bernardo. Es el "financiero" de una importantísima organización. Bernardo contactó con Alí porque tenía barco. Alí cobraba del "moro", pero la mercancía iba a manos de la organización de Bernardo. A su vez, Bernardo le entregaba coca de vez en cuando, que Alí y sus socios vendían.

—¡Claro, coño! Por eso cogieron a Giuseppe con coca. No porque la consumiese si no porque la distribuía.

—Efectivamente —me confirmó Veronique.

—Ya me extrañaba a mí —le dije dándome un golpe en la cabeza—. Pero, por favor, continúa.

Cuando Alí salió de la cárcel se encontró con que no tenía dinero ni amigos. Como sabes, han caído todos y están en la cárcel. Ante ese panorama decidió contactar con Bernardo. A la vez contactó con un comprador de coca y pidió una cantidad importante a Bernardo para venderla.

—¿Y? —le pregunté sin entender nada.

—Pues, muy sencillo, Alí vendió casi veinte kilos, pero no a tres millones, que es a lo que está la coca pura, sino a un millón. Por eso hizo la operación de venta rápidamente ya que para el comprador era un chollo. La jugada de Alí, desde el principio, era no pagar la mercancía a Bernardo. Entre otras cosas, porque Bernardo se lo daba a él a dos millones trescientas mil para que Alí lo vendiese a tres millones y se ganase setecientas mil pesetas por kilo. Si Alí hubiese hecho eso no hubiera podido vender veinte kilos en un día. Por eso Alí fragua el plan de huida, contando con que iba a coger veinte millones y luego se iría fuera de España. Me imagino que él pensó que con eso mataba dos pájaros de un tiro. Por una parte se libraba de regresar a la cárcel y por otra parte, con esa cantidad de dinero, podría comenzar de nuevo en otro lugar.

—¡Vaya movida! —exclamé.

—Sí, es una gran movida que ha acabado con la vida de Alí. Bernardo es muy peligroso. Si quieres un consejo mantente al margen de esa gente o acabarás muerto.

Salí de casa de Veronique atónito. Decidí investigar un poco más sobre el famoso Bernardo, la curiosidad me impedía mantenerme al margen. Tal y como estaban las cosas, prefería saber quién era para evitarle si algún día me lo encontraba. Llamé a Luis desde una cabina y le pregunté si nos podíamos ver. Alegre de volver a hablar conmigo, me citó esa tarde en Ronda. No quise preguntarle por qué en Ronda; imaginé que si me indicaba ese lugar sería por alguna poderosa razón.

Volver a ver a Luis y a Eduardo fue una gran satisfacción. Les había tomado mucho cariño y la reciprocidad era patente; tampoco ellos pudieron disimular su alegría cuando me vieron.

—¿Qué coño hacéis vosotros en Ronda? —les pregunté cuando nos sentamos en una mesa de la terraza del hotel donde nos habíamos citado.

—No me hables, tío —me dijo Luis riéndose—. No sabes que "marrón" nos hemos comido este y yo.

—Ha sido la hostia —continuó Eduardo—. Nos han echado de Granada. Lo nunca visto.

—A ver, contadme qué ha pasado —les dije interesado sinceramente en su nueva aventura.

—Ha sido por el "capullo" de mi cuñado —me explicó Luis—. Tú te puedes creer que no se le ocurre otra cosa que abrir una joyería en Granada para mi hermana.

—¿Y qué?

—Cómo que "y qué". ¡Joder!, Juan que yo soy atracador de profesión.

—Sigo sin entender nada —insistí.

—¡Coño, Juan —interrumpió Eduardo— sigues siendo un primavera! Si este —dijo señalando a Luis— es atracador, lo lógico es que su cuñado y su hermana le informen que van a abrir una joyería, vamos digo yo. Eso es lo ético, ¿no?

Yo hice un gesto de seguir sin entender nada.

—Vamos a ver si te enteras, Juanito —me dijo Luis dándome una palmada en el hombro—. Cuando te dejamos contacté con un colega del ofició que me había llamado para que le ayudase a dar un golpe. Me dijo que era una joyería nueva que habían abierto en su pueblo, Granada. A mi me gustó la idea y se lo dije a este —señalándome a Eduardo—. Total que cogimos las "recortás" y nos fuimos para hacer la faena. Hablamos con el colega y a media mañana nos pusimos las pelucas, las barbas; vamos, los avíos, para que nos entendamos, y nos fuimos a trabajar. Total que entramos en la joyería con las "recortás", encañonamos al personal y, de repente oímos ruidos en la trastienda. El colega, "recortá" en mano, pasa a la trastienda y saca a la dueña cogida por los pelos. ¿Y quién era la dueña?

—Tu hermana —contesté desternillado de risa.

—En efecto, tío. Y no te rías porque no sabes la mala leche que tiene mi hermana.

—Bueno. ¿Y qué pasó?

—"¿Y qué pasó?", me preguntas que qué pasó —me repitió. Pues que va a pasar que la jodida me reconoció.

—¿Y que hicisteis?

—Pues nada. Ella —refiriéndose a su hermana— muy digna dijo: ya os podéis largar de aquí inmediatamente.

—Y contigo —me dijo señalándome— ya hablaré luego.

—¿Y os fuisteis? —volví a preguntar.

—No, si te parece me quedo allí, y con la "recortá" y la peluca me pongo a discutir con mi hermana.

—Por eso estamos aquí —intervino Eduardo—, porque la hermana de este tiene una mala leche de cojones y nos está buscando por toda Granada. Fíjate la mala leche que tiene la tía que hasta el colega con el que íbamos a dar el palo, que vive allí, se ha largado acojonado por la tía.

—¿Y ahora vivís aquí? —les pregunté sin poder contener la risa.

—Sí —me dijo Luis—. Una amiga tiene una pensión y nos ha dejado una habitación, porque estamos más tiesos que la mojama.

—Pero cuéntanos ahora tú —me increpó Eduardo.

Les hablé de mi nuevo trabajo con el Niño y "el Chato", mi encuentro con María en Ceuta y todo lo referente a Alí.

Me escucharon sin interrumpirme. Cuando terminé Luis me dio su opinión.

—Mira, Juan —me dijo— lo de tu trabajo es de puta madre. Sobre ese tema a ver si puedes echarnos una mano para trabajar nosotros en la playa.

—Por eso no hay ningún problema —le respondí— mañana mismo hablaré con Pepe.

—Sobre lo otro —continuó— son temas muy jodidos. Yo no conozco a Bernardo, pero me puedo informar. Al que sí conozco es a Vitorio y, si es el que yo digo, es un pájaro de cuidado.

—¿Qué sabes de él?

—Vitorio es un ladrón; él no trabaja el "chocolate", lo roba. Y lo sé porque cuando empecé a trabajar contigo, un colega me advirtió que tuviese cuidado con la banda del Vitorio.

—¿Cómo trabaja? —le pregunté.

—Se entera de dónde va a haber una descarga. Entonces aparece él con su gente y roban toda la mercancía.

—¿Por qué crees que María estaría con él?

—Porque María es una "estupa" y su misión es obtener información. De todas maneras dudo mucho de que al Vitorio haya conseguido sacarle algo. Me han dicho que es un tío muy listo.

—Tengo que pediros un favor —les dije—. Necesito saber quién es ese famoso Bernardo.

—No hay problema. Consíguenos el trabajo con "el Pepe" ese para tener pasta con la que movernos, y en veinticuatro horas vas a saber hasta a qué hora caga.

Cuando dejé a mis amigos me fui directamente a La Línea, a casa de Pepe. Quería dejar solucionado el trabajo para Luis y Eduardo.

Pepe me recibió cordialmente en su casa y estuvo de acuerdo en que se incorporasen a su equipo Luis y Eduardo. La idea era que ellos se ocupasen de controlar la carretera. Llamé desde una cabina a Luis y le pedí que fuesen a ver a Pepe al día siguiente.

Dos días después me llamó "el Chato" avisándome de que fuese esa tarde a Ceuta. Íbamos a trabajar esa noche. Cuando llegué a la tienda sobre las seis de la tarde ya estaba reunido todo el equipo. Cuando "el Chato" hizo el reparto de la numeración, me miró y me dijo:

—Juan, tú vas a ser el número uno.

Es decir, esta vez iba a ir cargado y, lo que me gustaba más, iba a cobrar dos millones.

Salimos del puerto de "Marina Smir" a las ocho de la tarde; a las diez y diez me acercaba al lugar desde donde "el Chato" había hecho la tenue señal de luz. Cuando me encontraba a escasos veinte metros de la embarcación vi que se trataba de una patera de pesca y que alrededor de ella había tres barcos, también de pesca, algo mayores. En la patera estaban "el Chato" y tres individuos más. Los cuatro vestían chilabas de lana de color oscuro y "el Chato" llevaba un gorro de lana azul; no le reconocí hasta que me saludó. En dos minutos tenía ocho fardos de veinticinco kilos cada uno a bordo. "El Chato" me deseó suerte y yo puse proa al lugar convenido.

Navegaba a unos doce nudos e iba escoltado por mis tres compañeros. De repente vi que una de las "rápidas" cambió el rumbo y se dirigió hacia Ceuta. Me imaginé que venía una patrullera. Al poco tiempo, otra cambió su rumbo hacia Algeciras; sólo llevaba una de escolta. En ese momento apareció el helicóptero. Venía hacia nosotros y encendió un potente foco. La "rápida" de escolta, que navegaba a mi costado de estribor, aceleró los motores, me cortó la proa y puso rumbo hacia el helicóptero. Todavía me quedaban unas diez millas para llegar al punto de descarga. Tenía que aprovechar el tiempo. En cuanto vi que el helicóptero perseguía a mi compañero di máxima velocidad a los motores y aumenté el volumen de mi aparato de VHF. Necesitaba veinte minutos para llegar al punto de descarga y otros cinco para descargar y volver a poner rumbo a alta mar. Observaba las maniobras del helicóptero, que había descendido y acosaba a la "rápida" de mi compañero. Durante algo más de diez minutos estuvo persiguiendo a la "rápida", que se alejaba hacia Tánger. En un momento determinado el helicóptero dejó de perseguir a mi compañero, tomó altura y se dirigió hacia mí haciendo barridos con su foco con la intención de localizarme. Se acercaba a gran velocidad. No iba a darme tiempo a llegar a la playa. Decidí dar la vuelta y poner rumbo a alta mar. Si seguía hacia la playa descubrirían a todos. Cuando me disponía a virar, pasó por mi popa otra "rápida" en dirección al helicóptero. El pájaro cayó en la trampa y persiguió a la otra embarcación. Pude llegar a la playa y descargar. Una vez descargado, puse rumbo hacía Algeciras a toda máquina. No habían pasado ni veinte minutos cuando recibí orden del "Chato" de volver a puerto.

Volví al día siguiente a Marbella con dos millones en el bolsillo. Estaba eufórico. Al llegar a Algeciras llamé a Luis y a Eduardo, y les cité en mi casa. Estaban encantados con el trabajo que les había conseguido.

—Así da gusto —dijo Eduardo—. Esto es un trabajo bueno. Además, "el Pepe" es un tío legal; cuando acabó la faena nos pagó y sin problemas.

—Sí —interrumpió Luis—. Eso era lo que necesitábamos: un trabajo estable y serio. Ya está bien de dar tumbos de un lado para otro.

—Me alegro que estéis satisfechos —les interrumpí—, pero me gustaría saber si habéis averiguado algo sobre ese tal Bernardo.

—Claro, tío —me dijo Eduardo—. ¿Qué pasa contigo, acaso crees que no "estamos al loro"?

Me sonreí y les pedí que me contasen lo que sabían de ese individuo.

—El prenda ese —me dijo Luis refiriéndose a Bernardo— es más peligroso que MacGiver en "Leroy Merlín". Es un mafioso de mucho cuidado. Según nos han dicho, no le cuesta nada cargarse a un tío si le toca los cojones. Tiene el control de la coca en toda la provincia y suele ir habitualmente a un putiferio de Benalmádena. Parece que el local es suyo y que la tía que lo regenta es su novia.

—¿Algo más? pregunté.

—¿Te parece poco? —me contestó riéndose Eduardo.

—No. Está bien. Creo que debemos ir esta noche a tomar una copita a ese putiferio.

—Tú te has vuelto loco me increpó Luis.

—Es posible, pero quiero ver la cara al tipo que asesinó a mi amigo.

—No... si conseguirás que nos frían a tiros. Ahora que tenemos un trabajo tranquilo, vamos a ir a tocarle las pelotas al mafioso más peligroso de los alrededores.

—No tenéis que venir. Iré yo solo.

Se miraron y se quedaron en silencio unos segundos.

—No, tío, si tú vas a ir iremos contigo —me dijo Luis—. Aún estás un poco verde y si vas solo acabarán cosiéndote a balazos.

—Bueno, pues ya que tengo dos buenos amigos, lo mínimo que puedo hacer es invitaros a cenar —les propuse a modo de agradecimiento.

Nos citamos en un pequeño restaurante del puerto deportivo de Benalmádena y yo aproveché el día para poner un poco en orden la casa. Cuando estaba más entretenido en las labores domésticas sonó el timbre del teléfono. Era Jesús Rodríguez, con su habitual tono de voz sosegado.

—¿Por qué no me has llamado?

—Me afectó mucho el incidente y además he estado fuera. Iba a haberte llamado esta noche —argumenté como excusa dándole a entender que había estado trabajando.

—Ya. De todas formas debemos vernos. Estoy cerca de tu casa.

—Pues ven, ahora no voy a salir —le repliqué extrañado por su inusitado interés en verme.

—De acuerdo, en diez o quince minutos llegaré.

Era la primera vez que Jesús venía a mi casa, y me imaginé que tenía una poderosa razón para hacerlo ya que, salvo cuando vivía Alí, no era amigo de ir a casa de nadie. Era un hombre observador y bastante curioso; cuando entró se paseó por todo el salón examinando cada cuadro, cada libro y cada objeto de las estanterías.

—Tienes cosas muy interesantes —me dijo una vez terminó de mirar todo—. No es la típica casa de un contrabandista. En estos pequeños detalles se nota que eres un advenedizo. En realidad, eres una especie de "Doctor Jekyll" y "Mr. Hyde", y eso a veces es preocupante.

—¿Por qué? —le pregunté invitándole a sentarse en uno de los sillones.

—Porque nunca se sabe cuándo y cómo va a aparecer "Mr. Hyde". Puede mostrarse con osadía lúcida, que es lo que hasta ahora ha ocurrido; pero también podría descubrir a un hombre con excesiva curiosidad y sin capacidad para ponderar el riesgo.

—¿Qué es exactamente lo que me quieres decir, Jesús?

—Que tienes una luz roja y no te estás dando cuenta.

—Háblame más claro. Por cierto ¿quieres un güisqui?

—Sí, gracias.

Le serví la copa, me senté frente a él y esperé en silencio a que continuase su monólogo.

La luz roja es la señal de alarma. Tú estabas con Alí el día que le asesinaron y además, poco antes, tuviste una experiencia con dos miembros de la brigada de estupefacientes. Si a eso añadimos que no tienes ningún trabajo conocido y que sólo te relacionas con traficantes y atracadores, no hay que ser muy sagaz para pensar que los tienes encima. Pero eso —prosiguió— es tan sólo una parte de esa luz roja.

—¿Cuál es la otra parte? —le pregunté.

—La otra parte es Bernardo. He hablado con Veronique. Por cierto, te quiere mucho.

—Ya lo sé.

—Juan, Bernardo es muy peligroso, y todo —y cuando digo todo me refiero a todo— lo que se mueve en estas costas lo controla él. Alí era tu amigo y el mío, pero cometió un error. Su error fue intentar jugar con Bernardo.

—¿Y qué tiene eso que ver conmigo? —le interrogué extrañado.

—Alguien ha estado haciendo preguntas sobre él, y él se ha enterado.

—¿Y tú cómo lo sabes?

—Yo me entero de todo.

—Esa contestación no me vale, Jesús. Explícame cómo puedes saber tú todo eso.

—Soy abogado penalista, que no se te olvide. La mayoría de los contrabandistas son clientes míos; es un gremio más pequeño de lo que imaginas. En este mundillo se sabe todo enseguida.

—Me quedé pensativo, no entendía nada. ¿Cómo Jesús sabía tanto? Y, sobre todo, ¿de parte de quién estaba?

—¿Puedo darte un consejo? —me preguntó viendo que me mantenía en silencio.

—Sí.

—Vete, Juan, vete una temporada. Olvídate de Bernardo, de Alí y de tus amigos de Ceuta. Márchate a otro lugar y comienza una nueva vida. Estás resultando molesto a todo el mundo.

Suspiré profundamente y me recosté en el sofá mirándole fijamente.

—¿A qué juegas, Jesús? ¿De quién eres mensajero?

—Hay ocasiones —me dijo— en que hay que saber mirar más allá de donde alcanza tu vista. La mayoría de las veces participamos en un juego, pero no nos damos cuenta de que ese juego lo organizan muchas personas y de que las reglas están pactadas. Sigue mi consejo, los tiempos cambian, y ahora este escenario no es el más propicio para ti.

Dejó el vaso en la mesa y con lentitud se levantó del sillón. Me miró y me extendió la mano. Me levanté y se la estreché. Se dirigió a la puerta la abrió y se fue.

Su visita me dejo conmocionado. Me había roto los esquemas. No entendía nada, parecía como si jugase a varias bandas. Me puse en contacto con Veronique y le dije que necesitaba verla urgentemente.

Quedamos en la recepción del hotel Puente Romano. No tuve que esperar; cuando entré al aparcamiento con mi coche ella estaba aparcando. Fuimos a dar un paseo por los jardines del hotel para evitar que alguien nos pudiese ver juntos. Le hablé de la visita que había recibido de Jesús y de la conversación que había mantenido con él.

—Yo sé poco —me dijo—. A mí me llamó esta mañana interesándose por ti. Siempre he confiado en Jesús; ten en cuenta que me lo presentó Alí, yo no le conocía.

—Ya lo sé —le dije para tranquilizarla—. ¿Qué fue lo que le contaste?

—Pues, más o menos, la conversación que habíamos tenido.

—No sé qué pensar sobre Jesús, Veronique. La forma en la que me ha hablado y su preocupación por Bernardo no es normal. Alí era su amigo y Bernardo le asesinó. No entiendo nada.

Veronique me escuchaba con la mirada perdida en la frondosidad de los magníficos jardines.

—No te dejas aconsejar —me reprochó mi amiga—. Lo inteligente sería seguir los consejos de Jesús.

—¿Consejos o amenazas? le interrogué.

—Llámalo como quieras. El caso es que, sin prácticamente haber hecho nada, corres peligro. Estabas en el lugar y en el momento equivocado. Ellos deben creer que sabes más de lo que realmente conoces.

—No me voy a ir, Veronique.

—Tú sabrás, yo ya estoy aburrida de esto. Me fui de mi país por alejarme de este mundo y, sin comerlo ni beberlo, he vuelto a meterme en temas que no me interesan. Sólo quiero vivir tranquila con mi hijo, y ni tú ni nadie, va a complicarme la vida. Tampoco esta es tu vida; estás a tiempo de dejarlo y vivir como viven las personas normales. La gente normal se levanta temprano, va a trabajar, y los domingos va al cine. Prueba a hacerlo; a lo mejor, te aficionas —me dijo dándome un beso y alejándose.

Me reuní con Luis y Eduardo en el restaurante convenido. Lo primero que hice fue contarles lo que había sucedido. No quería que corriesen peligro por mi culpa.

—Yo, verdaderamente, nunca he conocido a Jesús —me replicó Luis.

—No lo entiendo —le interrumpí extrañado—; él fue quien nos puso en contacto.

—No, no fue así —me explicó mi amigo—. Jesús conoce a un colega mío y le llamó. Mi colega me dijo que Jesús era un tío legal y que me iba a poner en contacto con un amigo suyo.

—¡Vaya lío! —exclamé apoyando la cabeza en mis manos.

—De todas maneras —continuó Eduardo— ahora tenemos trabajo y las cosas van bien. Si pasas del tema y te centras en tu curro no creo que vengan a tocarte las pelotas.

—No lo sé. En cualquier caso, yo no puedo, de pronto, vender mi casa e irme a otro lugar por las buenas.

—Mira, tío —me dijo Luis—, vamos a pasar del Bernardo ese; vamos a nuestro rollo y punto. Si te vienen a tocar las pelotas, como dice este, ya se las tocaremos nosotros a ellos.

Suspendimos la visita al putiferio de Bernardo y, una vez terminamos de cenar, nos volvimos cada uno a nuestra casa. Luis y Eduardo habían alquilado un apartamento en Sabinillas. Al rato me adelantaron por la autovía a toda velocidad, pitándome al pasar al lado de mi coche.

Volvimos a trabajar a los dos días, ya que después teníamos que parar unos días a causa de la luna. El trabajo fue bastante más tranquilo que el anterior, y, como de costumbre, regresé al día siguiente con mis dos millones en el bolsillo. Ese día lo dediqué a leer, no salí. Sobre las once decidí acostarme, aburrido de la televisión. Cuando estaba poniéndome el pijama oí tiros y cristales rotos al lado mío. Me tiré al suelo en el cuarto de baño. Escuché seis disparos contra las ventanas del salón y el sonido del motor de una potente moto. Aún no había apagado las luces y debieron de pensar que estaba allí. Esperé un buen rato. Cuando me recuperé del susto, me dirigí arrastrándome al salón y apagué las luces. Me incorporé y me asomé a una de las ventanas, destrozadas por los balazos. Ya no había nadie. De la casa de enfrente salió un hombre para ver lo que había pasado. No vio a nadie en la calle, así que volvió a meterse en su casa. Me senté en el sofá sin encender las luces. Era el aviso. Tenía que tomar una decisión: o me iba y abandonaba todo, o les declaraba la guerra. Por primera vez me di cuenta de que no tenía dónde ir, de que lo poco que poseía estaba en mi casa. Si no era capaz de hacerles frente ahora, luego sería demasiado tarde. La próxima vez no habría aviso.

Mi carácter apacible se tornó violento. No iba a admitir que un mafioso de mierda me amedrentase. Cogí el teléfono y marqué el número del móvil de Jesús. Cuando oí su voz, respiré profundamente y dije: "Dile a tu amigo que si quiere guerra va a tener guerra." Colgué, cerré los ojos unos instantes y recapacité hasta qué punto estaba dispuesto a luchar. Llamé a Luis y le pedí el nombre de la casa de putas de Bernardo. No podía ser más original: "Las Geishas".

Con una tranquilidad en la que ni yo mismo me reconocía, saqué el revólver del escondite, me puse una cazadora oscura de cuero, cogí una bolsa con algo de ropa y los útiles de aseo. Era casi media noche cuando me dirigía por la autovía, en mi coche, hacia Benalmádena. Hice una parada en una gasolinera. Compré un depósito de cinco litros, que llené de gasolina, y lo metí en el maletero. Jugaba con una ventaja: yo jamás había visto a Bernardo, pero él tampoco a mí. No tardé mucho en localizar el local. Estaba a las afueras de la ciudad y tenía una gran explanada en la puerta que se utilizaba de aparcamiento. Una valla metálica cercaba la propiedad y al otro lado de la valla estaba el campo. Había muchos coches aparcados en la explanada y una moto de gran cilindrada muy cerca de la puerta. No tenía la menor duda. Era la moto que vi la noche en que asesinaron a Alí y, probablemente, la moto desde la que dispararon a mi casa. La puerta del local estaba cerrada. Aparqué al final de la explanada entre varios coches y esperé. Fueron llegando más coches. Los ocupantes llamaban a un timbre que había en la puerta para acceder al local. Un matón abría y les invitaba a entrar. Estuve observando durante casi tres horas. En una ocasión salieron del local dos individuos rubios, de aspecto nórdico, y vestidos con ropa de cuero y cascos en las manos. Eran los que mataron a Alí y los que tirotearon mi casa. Se subieron en la moto y salieron despacio por la explanada. Cuando vi que accedían a la autopista arranqué el motor de mi coche y salí detrás de ellos. Circulaban doscientos metros delante de mí con dirección hacia Marbella. Abandonaron la autovía para coger la autopista. Íbamos a ciento cuarenta kilómetros por hora, casi no circulaban coches. No podía perder mucho tiempo; si se daban cuenta de que les seguía les sería muy fácil despistarme. Llegamos a una recta de unos seis o siete kilómetros. Después de comprobar que no venía ningún coche detrás de mí aceleré. Me puse a ciento ochenta y les embestí por detrás. La moto comenzó a perder estabilidad y se salió de la carretera a la cuneta. Los dos cayeron arrastrándose con la moto. Paré el coche al lado de ellos y me bajé. Uno intentó levantarse; saqué el revólver y le disparé al corazón dos tiros. Luego, sin el menor remordimiento, me acerqué al otro, que permanecía en el suelo, puse el revólver a un metro de su casco y disparé. Vi cómo movió la cabeza al recibir el impacto, el agujero limpio en el casco y un hilo de sangre que caía por su cuello. Me subí en el coche, arranqué y me fui.

Circulaba por la autopista sin sentir nada. No fue como cuando presencié el asesinato de Alí, era como si no hubiese hecho nada trascendente. Pasé por el carril de peaje de pago con tarjeta de crédito. Me desvié de la autopista por la primera salida que encontré y me dirigí hacia la autovía para volver hacia Benalmádena.

Detuve el coche en una calle casi desierta, a unos cincuenta metros de la alambrada del local. Vi que en la explanada había bastantes coches. Saqué de la bolsa de la ropa un gorro de lana azul, que solía llevar a la mar, y me lo puse. Cogí la garrafa de gasolina y una llave inglesa, y me adentré en el aparcamiento. Vi un "Mercedes" de modelo antiguo; supuse que no tendría alarma. Estaba aparcado en segunda fila y rodeado por otros coches. Me acerqué y de un golpe seco le partí el cristal de la ventana del lado del conductor. Vacié la garrafa de gasolina en el interior y prendí fuego. Salí corriendo a mi coche y me fui sin ser visto. Al entrar en la autovía oí una fuerte explosión. No quise mirar atrás.

No me sentía mal, la realidad es que no sentía nada. Era como si esa noche no hubiera pasado nada. No pensaba en lo que había hecho, sino en lo que iba a hacer. Eran las cinco de la mañana pero no estaba cansado. Bajé el cristal y dejé entrar la brisa fresca del amanecer.

Los salteadores de la noche

A las ocho de la mañana desayunaba tranquilamente en un pequeño bar de Ronda y a las nueve y media, después de disfrutar de una relajante ducha, dormía plácidamente en una magnífica habitación del hotel Reina Victoria. Me desperté con hambre sobre las seis de la tarde. Pedí que me subieran algo de comer y me volví a dormir.

Al día siguiente me desperté temprano. Fui a comprar un teléfono nuevo y desde una cabina llamé a Luis.

—Vaya, ya era hora —me dijo mi amigo con tono serio—. Menuda fiesta te pegaste el otro día. Nos has tenido preocupados. ¿Qué piensas hacer?

—Nada —le contesté relajado—. He decidido tomarme unos días de descanso y luego volver a mi vida normal.

—¿Tú estás loco? Anda, dime un sitio donde nos podamos ver. Hay que hablar. Las cosas no son como tú piensas.

—¿Cuándo quieres que nos veamos? —le pregunté.

—Lo antes posible.

—¿Hoy? —le volví a interrogar.

—Sí, coño. Si es hoy, mejor.

—Vale, si quieres nos vemos en el sitio donde me citasteis la última vez y tomamos café —le dije de manera que entendiera el lugar y la hora.

Luis y Eduardo estaban esperándome en la terraza del hotel Parador cuando llegué. Me recibieron con expresión de incredulidad.

—Vamos a ver —me interrogó Eduardo mientras nos estrechábamos las manos— ¿tú has organizado todo el "cipote" que dicen los periódicos?

—Si te refieres a lo de esos dos elementos y a lo del local del amigo, sí.

—¡Joder! No creí que fueses capaz de hacer eso —continuó.

—Yo tampoco —le respondí sin mostrar ni un ápice de emoción.

—¿Por qué lo hiciste? —me preguntó Luis mirándome fijamente—. No creo que fuese por vengar a tu amigo.

—No. Lo hice porque atentaron esa noche contra mí y sabía que, o acababa yo con ellos, o ellos acabarían conmigo. Por otra parte, tampoco estoy dispuesto a que nadie me coaccione.

—¿Sabes cómo está ahora la situación realmente? —me increpó Eduardo.

—Ni idea. Ni siquiera he visto los periódicos.

—Pues no tienen desperdicio —bromeó Eduardo, y sacando un recorte de su bolsillo me lo entregó.

Era una página completa del diario "El Sur". Se veía una foto de los cadáveres de los motoristas, otra del local de Bernardo con dos coches totalmente calcinados y otra, más pequeña, del mismísimo Bernardo. El texto hablaba de un ajuste de cuentas entre bandas mafiosas y señalaba el asesinato de dos individuos de nacionalidad rusa, sicarios, contratados por "el supuesto mafioso", Bernardo Azcárate, de nacionalidad colombiana y propietario del club de alterne donde se produjo el atentado.

—Como verás, la Policía se mantiene al margen —me indicó Luis.

—¿Por qué crees eso? —le pregunté extrañado.

—Porque cuando dicen ajuste de cuentas significa que la Policía no va a mover ni un dedo. Los "maderos" saben perfectamente que cuando hay movida entre bandas se acaban matando entre ellos, cosa que les viene muy bien, y al final sólo tienen que recoger cadáveres de personajes que eran incómodos para todo el mundo.

Fuimos a dar un paseo por el acantilado. Andábamos despacio, disfrutando de la vista y el paisaje.

—¿Qué opinas de todo esto? —le pregunté de nuevo a Luis.

—No sé qué decirte, Juan. Probablemente yo hubiera reaccionado como tú lo hiciste. Pero no lo esperaba. Por lo que me has comentado topamos con varios problemas.

—¿Cómo que "topamos"? —le pregunté riéndome.

—Sí, tío, topamos —me contestó mirándome con aprecio—. Cuando veníamos para acá, hemos decidido que no vamos a dejarte solo en esta movida.

—Así es —confirmó Eduardo.

—Pero bueno, dejadme que continúe hablando —protestó Luis—. No sabemos de qué va el Jesús ese y hay que averiguarlo. Tampoco sabemos qué piensa hacer Bernardo, pero lo normal es que no se quede con los brazos cruzados. Por otra parte, hay que buscar un sitio donde estés seguro.

—Por eso no os preocupéis; con lo que gano puedo permitirme continuar en el hotel. Estoy convencido de que aquí no me buscarán.

—Si sólo te buscase Bernardo, puede que fuera así. Lo malo es que los "maderos" también querrán tenerte controlado, y estando en un hotel les has dado tu dirección. Eduardo —continuó— tiene un colega con una pequeña casa de campo por la zona donde nosotros vivimos; el "nota" está ahora pasando una temporada en el "talego", y su mujer seguro que nos deja la casa. Ahí tienes la ventaja de que nadie te localizará y, además, estás cerca de nosotros. Otra cosa: ¿cómo andas de "herramientas"?

—¿De herramientas? —le repetí sin saber a qué se refería.

—Sí, tío —me aclaró Eduardo—; el colega se refiere a si tienes "pipa".

—Bueno, tengo el revólver que utilicé. Le quedan tres balas.

—¿No jodas que te has subido esa artillería aquí? —exclamó Luis.

—Sí.

—Tú estás loco, tío. Cuando se acaba un trabajo de ese tipo hay que deshacerse del material. ¿No te das cuenta que si te paran y te encuentran la "pipa", ya te han trincado?

—¿Y qué hago ahora? —le pregunté preocupado.

—Eso tiene que ir al fondo del mar; si lo escondes por el campo pueden encontrarlo. Vamos a hacer una cosa: te vas a venir con nosotros a nuestra casa, hasta que mañana puedas ir a la casa de campo. Nosotros iremos delante por si estuvieran los "maderos", y te bajas el "hierro". Cuando lleguemos, como vivimos cerca de un puerto, lo tiramos desde el espigón.

Llegamos a casa de Luis y Eduardo cuando comenzaba a oscurecer. Era un apartamento de dos habitaciones situado cerca del Puerto de la Duquesa en el término municipal de Sabinillas. Borraron la numeración del revólver y eliminaron todas las huellas. Luego fuimos dando un paseo hasta el espigón del puerto deportivo y, desde allí, tiraron a la mar el revólver y las balas.

—No te preocupes —me increpó Eduardo cuando habían hecho desaparecer el arma, nosotros tenemos "herramientas" de todo tipo.

Amaneció con el cielo cubierto y con fuerte viento de poniente. La casita estaba situada en medio del campo y a unos diez kilómetros de donde ellos vivían. Era pequeña pero muy acogedora. En una sala amplia se mezclaba la cocina con el comedor y el salón, todo ello presidido por una estupenda chimenea. Un pequeño cuarto de baño con pie de ducha y un dormitorio conformaban el resto del refugio. En el jardín, había unas jaulas con algunas gallinas que me comprometí a alimentar durante el tiempo que durase mi estancia y un minúsculo huerto.

Los primeros días en mi nuevo hogar no carecieron de entretenimiento. Consumía las horas en la limpieza general de suelo, paredes y techo, cuidar el huerto y alimentar a las gallinas. Nunca pensé que podía ser tan interesante observar el comportamiento de un gallo en un corral. No hay un animal más pretencioso y seguro de sí mismo que un gallo. Luis y Eduardo venían todos los días a traerme las provisiones; no querían que saliese de ese lugar hasta que tuviesen controlada la situación. Cuando llevaba una semana en mi saludable retiro recibí una llamada del "Chato" citándome donde de costumbre al día siguiente. Cuando vinieron mis amigos ya estaban enterados a través de Pepe de las instrucciones que me habían dado.

Llegué a Ceuta sin el menor incidente y a las seis viajaba con mis compañeros hacía "Marina Smir". Esta vez también iba a transportar la mercancía. Volvía a ser el número uno. Cargué de la pequeña embarcación de pesca a las diez y cuarto de la noche y puse proa al punto de descarga escoltado por las otras tres "rápidas". Como ya era habitual dos de mis compañeros tuvieron que alejarse de mí para entretener a las "Heniken". La otra esperó a una milla mientras yo me acercaba a la playa a descargar. Cuando habían descargado los fardos, y me disponía a hacerme a la mar, unos potentes focos iluminaron el lugar donde estábamos. Pepe empujó mi "rápida" para librarme de la arena y me gritó que me fuese. Arranqué los motores y me separé sólo unos metros; observé como un coche todoterreno circulaba por la playa, a gran velocidad, hacia donde se encontraban Pepe y los suyos. Me llamó la atención que circulaba con las luces apagadas; únicamente las encendió un par de veces. Si fuese la Guardia Civil ¿por qué iban a ir sin luces? Todos los del equipo de Pepe abandonaron los fardos y huyeron. Yo apagué los motores y, aprovechando que mi embarcación no tenía casi obra muerta y que era de color oscuro, pude observar todo sin ser visto. El coche llegó al lugar donde habían dejado los fardos y paró. Dos individuos bajaron. En unos segundos cargaron la mercancía en el coche, y se fueron sin luces y a toda velocidad por donde habían venido. Se suspendió la carga de la segunda "rápida" y recibimos instrucciones de volver a puerto.

Al día siguiente, cuando regresamos a Ceuta, "el Chato" me pidió que le acompañase a ver al "Niño" antes de regresar a Algeciras. Subimos a su casa. Cuando entramos me sorprendió encontrarme al "Niño", Pepe, Luis y Eduardo. Estaban sentados alrededor de la pequeña mesa redonda donde yo me entrevisté con él por primera vez. "El Niño", al vernos entrar, nos indicó con la mano que nos sentásemos con ellos. Nos saludamos todos con gestos para no interrumpir la conversación.

—Estos hijos de puta son como fantasmas —comentaba "el Niño" en voz alta—. Aparecen y desaparecen sin que nadie les vea y sin dejar ni rastro.

—Nosotros no vimos ni entrar ni salir a nadie —dijo Eduardo—. Ni tan siquiera vimos un todo-terreno con la descripción que ha dado Pepe.

—¡Es la leche! —exclamó "el Niño" dando un golpe con la palma de la mano en la mesa— el Vitorio ese me tiene hasta los cojones.

Cuando escuché el nombre de Vitorio miré a Luis y Eduardo y ellos me indicaron con un gesto que no dijese nada.

—A ver —me preguntó "el Niño"—, ¿tú viste algo?

—Lo único que vi —le contesté— fue un coche todoterreno que cargó los fardos y se los llevó. A la distancia que estaba y con la oscuridad que había, no pude ver más. De todas maneras —continué— si tienes claro que fue Vitorio...

—¿Si lo tengo claro qué? —me interrumpió subiendo el tono de la voz—. Vitorio es muy astuto y enfrentarse con él no es fácil. El primer problema es que es imposible demostrarlo, y el segundo es que desafiar a ése cabrón significa que te jodan vivo. Ese hijo de puta está protegido por todos, y cuando da un golpe sabe untar a todo el mundo. Ese tiene pagados a los "maderos" y vende el botín a muy buen precio a las mafias. Yo estoy aquí para ganar dinero, para hacer negocio. No tengo ningún interés en que entre unos y otros me compliquen la vida.

—¿Y cómo se enteró del lugar de la descarga? —pregunté extrañado.

—Ese se entera de todo; no te digo que tiene comprados a todos. Seguramente teníamos los teléfonos pinchados.

—Debo ser muy incrédulo, pero me cuesta creer que eso sea tan fácil argumenté.

—Para ti o para mí no, pero si trabajas con "maderos", eso está chupado.

—¿Si los "maderos" saben dónde vamos a trabajar, por qué no vienen ellos? —le volví a interrogar.

—¡Joder, eso no es tan sencillo como tú crees! Hasta hace un año, más o menos, "los estupas" podían utilizar el "chocolate" incautado para pagar a sus confidentes. Ahora parece que se les ha acabado el chollo y utilizan a pájaros como Vitorio para que les consigan la "merca". A cambio, ellos le dan cobertura e información.

—¿Y por qué nos han elegido a nosotros?

—Muy sencillo; porque saben que trabajamos habitualmente poca cantidad, pero de muy buena calidad. Por otra parte, como has podido comprobar, trincarnos no es fácil. Si organizan una operación contra nosotros, no conseguirán detener a nadie y además no podrían coger un alijo grande. Por lo tanto, somos la presa ideal para Vitorio. Los "estupas" saben que ese hijo de puta no va a manejar mucha cantidad y, a la vez, ellos van a recibir "polen" de primera calidad, que es la única moneda que admiten los confidentes.

—¿Y ahora qué hacemos? —preguntó "el Chato".

—Jodernos —le contestó "el Niño" levantándose de su silla y dando por finalizada la reunión.

Pepe decidió quedarse toda la tarde en Ceuta para ir a ver a una amiga. Luis, Eduardo y yo tomamos un taxi y nos fuimos al puerto para embarcar en el "ferry" con destino a Algeciras. Hicimos casi toda la travesía en la cubierta, ya que la tarde invitaba a disfrutar de la brisa de la mar.

—¿Qué relación tendrá María con este golpe que ha dado Vitorio? —les pregunté mientras observaba cómo nos alejábamos de Ceuta.

—No lo sé —me contestó Luis—. Es posible que tuviesen preparada una operación grande para trincar a algún pez gordo, como perdiste el barco y la mercancía que, acuérdate, también era "polen". Con esta pérdida no les habrá quedado más remedio que utilizar a Vitorio. Lo que está claro es que buscan "polen" y con el "polen" se pueden conseguir muchas cosas.

—¿Cómo qué? —le volví a interrogar.

—"Nieve" tío, coca pura. Lo único que es canjeable es el "polen". Estos quieren trincar a un "narco".

Me quedé pensativo mirando la inmensa estela que dejaba la popa el barco. Qué diferente se veía el Estrecho sobre la cubierta de un mercante. Qué placer producía navegar sin tensiones.

—Voy a volver a mi casa —dije suspirando profundamente—. No puedo pasarme la vida escondido. Si actué de la forma en que lo hice fue para defender mi vida, para que nadie pudiese echarme de mi hogar.

Necesito dormir en mi cama, leer mis libros, ir al gimnasio y pasear por donde me plazca.

—Lo entiendo —manifestó Luis—. Yo me he pasado la vida de un lado para otro. Mi sueño sería llegar a tener una casa propia. Hay veces en que hasta me la imagino con un patio y con jaulas llenas de pájaros. Si yo tuviese una casa, nadie iba a tener cojones de echarme de ella. Lo malo de la gente como nosotros es que al final nunca tenemos nada y, normalmente, todos acabamos tirados en la calle. Sabes —continuó— a mí me hubiese gustado estudiar, haber llevado otra vida. Sí, haber sido un tipo respetado, con un buen trabajo, una familia y todo eso.

—¿Tú no tienes hijos?

—Sí, pero nunca les veo. Yo me uní a una tía muy inteligente. Ella se gana la vida muy bien.

—¿A qué se dedica?

—Al "costo", vende "polen" en pequeñas cantidades. Tiene sus clientes habituales, que van a buscarlo a su casa. No tiene ni que moverse. Yo, con un trabajo que hice a una joyería, compré la casa donde ella vive. Pero la hija puta me dijo que la pusiéramos a su nombre porque yo estaba pendiente de una condena. El caso es que un buen día me encontré con que había cambiado de cerradura y me dejó en la calle.

—¿Y tú que hiciste?

—Nada, qué coño voy a hacer. Además apareció toda su familia y yo no estaba para líos en aquellos momentos.

Llegamos a Algeciras y nos separamos en la Estación Marítima. Nos citamos en su apartamento ya que Eduardo se empeñó en que me llevase un arma. Cuando llegué a mi casa no noté nada sospechoso. Metí el coche en el garaje y me di un paseo por toda la urbanización para cerciorarme de que estaba todo tranquilo. Los impactos de las balas contra la pared y los cristales rotos me hicieron recordar todo lo que ocurrió aquella noche. Necesitaba olvidar. Recogí los cristales del suelo, cerré las persianas y desincrusté las balas que habían impactado contra la pared. Luego, con pasta de dientes y papel, disimulé los agujeros.

Esa noche dormí mal, estaba intranquilo. Tenía pesadillas, soñaba que entraban dos individuos en mi casa y que, mientras dormía, me disparaban. La sangre empapaba las sábanas y yo me daba cuenta de que me moría. Veía mi funeral, a mi hija. Me desperté varias veces con un sudor frío en la frente.

Me imagino que logré dormirme tarde, porque no me desperté hasta el mediodía. Cuando iba a ducharme sonó mi teléfono. Era Luis, que quería saber si había tenido algún problema. También me comentó que a través de Pepe sabía que "el Niño" no iba a trabajar con las "rápidas" durante unos días, hasta que tuviese la certeza de no volver a tener ningún otro contratiempo.

Los días pasaron con absoluta tranquilidad, no hubo ningún incidente sospechoso y, poco a poco, fui volviendo a hacer mi vida normal. Un día después de mi sesión de gimnasia en el "Sporting Club" del hotel Atalaya, aprovechando el cálido atardecer, decidí dar un paseo por la playa. Iba andando en dirección hacia Estepona y atravesando las ingentes urbanizaciones construidas al borde del mar. Cuando pasaba frente a una de las más lujosas, conocida como "El Presidente", dos individuos se bajaron de un "Mercedes". Mi primera reacción fue dar la vuelta, no me fiaba de sus intenciones. Justo en el momento en que me divisaron decidieron dirigirse hacia mí. Me detuve y dudé qué hacer; en ese momento oí que uno de ellos pronunciaba mi nombre. Enseguida reconocí su voz: era Alexandro. Aceleraron el paso y pude distinguir a mi compañero de fatigas acompañado por un tipo que me era familiar. Alexandro me saludo dándome un fuerte abrazo.

—¿Qué haces tú aquí? —le pregunté asombrado.

—Pues muy sencillo —me contestó— te he llamado varias veces y tu teléfono estaba desconectado, he ido tres veces a tu casa y no estabas, y hoy me he acordado de que venías al gimnasio del ese hotel. Cuando hemos ido a buscarte hemos visto cómo te alejabas andando por la playa; así que cogimos el coche para esperarte aquí. No pretenderías que fuésemos corriendo por la arena detrás de ti.

Yo me quedé mirando al hombre que le acompañaba. Seguía sin recordar de qué le conocía. Alexandro se dio cuenta y me lo presentó.

—Creo que no os conocéis —nos dijo—. Juan, este es Moncho.

Cuando pronunció su nombre recordé que era el mismo tipo que había visto con María y Vitorio en Ceuta.

—¿Qué es de tu vida? —le pregunté con cautela, porque seguía sin fiarme.

—Cuando regresé de nuestra aventura —me comentó con semblante serio—, contacté con Sergio y me propuso hacer un trabajo, con tan mala suerte que un día antes le detuvieron a él y a todo el grupo. Les cogieron con diez kilo de coca y varias pistolas.

Moncho escuchaba sin pronunciar palabra. Era un tipo siniestro, de mediana estatura y muy corpulento. Su cara y sus facciones eran duras.

—Total —continuó Alexandro— empecé a dar tumbos de un lado a otro sin un puto duro. Un amigo me presentó a Moncho y ahora no me van las cosas mal del todo.

—¿Y por qué tenías tanto interés en localizarme?

—Porque tenemos un asunto donde puedes encajar.

—¿De qué se trata?

—Se trata de dos mil kilos y de mucho dinero.

—No sé —le dije—. Depende del trabajo, como comprenderás después de nuestra última experiencia no estoy muy por la labor.

—Tú y yo nos conocemos —me increpó Moncho con voz ronca—. Lo que hay que hacer es poner las cartas sobre la mesa. Tú nos necesitas y nosotros te necesitamos a ti. El trabajo es importante y sin riesgos. Si te interesa hablamos, y si no cada uno por su lado.

—¿Por qué piensas que yo te necesito a ti? —le pregunté en el mismo tono en que me había hablado.

—Porque hay quien está deseando liquidarte y lo hará. Sólo está esperando el momento adecuado. En este mundillo se sabe todo y nunca se deja nada a medias. Tú verás lo que más te interesa. Alexandro me ha dicho que sois amigos y nos ha hablado bien de ti.

—¿Qué es exactamente lo que yo ganaría, suponiendo que aceptase vuestra oferta? —le pregunté a Moncho suavizando el tono de voz.

—Mucha pasta, y quitarte al que tú sabes de en medio.

—Necesitaría conocer más detalles para tomar una decisión.

—No me jodas, tío —exclamó Moncho con mal talante—. ¿Cómo te voy a dar detalles? ¿Y si luego dices que no? ¿Por qué coño me voy a fiar de ti?

—Mira, tío —le dije, ya perdiendo la paciencia —para saber si me interesa o no un trabajo tengo que saberlo todo. Ya me he comido muchos "marrones" y empiezo a estar harto. Si te interesa me lo cuentas, y si no, como tú dices, tan amigos. Lo del fulano ese me la trae al pairo, y si me toca tan sólo un poco los huevos, el que va a tener que andar con ojos hasta en el culo va a ser él.

—Bueno —gritó Alexandro— vamos a calmarnos todos. Así no vamos a ninguna parte. Yo he sido —dijo mirándome— quien pensó en ti para hacer el trabajo. Siempre has contado conmigo cuando has tenido un tema y yo he pensado en ti cuando ha surgido la ocasión. Me has demostrado siempre que sabes echar narices a los problemas y creo que eres la persona adecuada. Por otra parte —continuó— tienes problemas con un tío muy peligroso. Confía en mí. Te sorprenderás de lo interesante que es el asunto y, te garantizo que prácticamente no hay riesgos. Además este es un trabajo para ganar mucha pasta.

Me quedé pensativo. Confiaba en Alexandro, no podía imaginar que tratase de engañarme. Por otra parte, el asunto de Bernardo no me dejaba dormir. Si era verdad que iban a librarme de él, debía aceptarlo. Volví a mirarles dubitativo, sabía que debía dar una respuesta en ese momento.

—De acuerdo. Sólo pongo una condición.

—¿Cuál? —me preguntó Moncho en un tono mucho más distendido.

—Alexandro sabe que tengo dos amigos que trabajan conmigo.

—Sí —me interrumpió Alexandro dirigiéndose a Moncho—. Les conozco y cuando perdimos el barco nos ayudaron mucho. De hecho, ellos me esperaron en Ceuta y me acompañaron hasta mi casa.

—Bueno, pues eso —volví a hablar yo—. Me gustaría que entrasen en este asunto.

—Miraré a ver qué se puede hacer —me contestó Moncho—. Hablaré con mi socio y, para no perder tiempo, nos vemos mañana aquí a la misma hora.

—¿En la playa? —pregunté extrañado.

—Sí, a estas horas es un buen lugar para vernos sin dar el cante.

Cuando nos despedimos Alexandro me dio su número de teléfono y me pidió el mío por si había algún cambio de planes. Regresé a casa y, después de darme una ducha, llamé a Luis. Quedé con ellos en su apartamento.

—Puede ser un tema interesante —comentó Luis cuando acabé de contarles mi sorprendente encuentro con Alexandro y Moncho—. Está claro que si Vitorio se mete en una movida de ese tipo es porque tiene todo muy organizado. Normalmente ellos no hacen trabajos, sólo roban. Por otra parte, según lo que me has contado, en esta operación van a ir a joder a Bernardo, y eso me gusta.

—¿Por qué? —pregunté interesado.

—Bernardo es un mal bicho y ha perjudicado a todo el mundo. Es mafia y controla todo lo que se mueve por la costa. Me imagino que Vitorio estará interesado en que Bernardo desaparezca para poder trabajar con más comodidad. Acuérdate que viste a Vitorio y a Moncho con María.

—Sí, ¿y qué?

—Pues que me jugaría los cojones a que aquí hay una operación controlada.

—¿Qué es exactamente una "operación controlada"? —volví a preguntarle.

—Pues elemental, se llega a un acuerdo con los "maderos" y te dejan pasar un cargamento. Cobras tu trabajo y cuando les entregas la mercancía, ellos la siguen y trincan al cabeza de toda la operación. Con Vitorio por medio no me extrañaría que fuese una movida de ese tipo. Si es así, es un buen tema.

—Sí, colega —interrumpió Eduardo— así solucionamos dos problemas a la vez. Hacemos un trabajo bueno y nos quitamos de en medio al Bernardo ese. Yo no acabo de fiarme de ese prenda y no me extrañaría que un día de estos te vaciasen un cargador en la cabeza.

—¡Anda, qué ánimos me das! —le dije riéndome.

—Normal, colega. Con esa gente espera siempre lo peor. No te vayas a creer que porque hasta ahora no hayan hecho nada es que estás a salvo. Ni de coña; esos están esperando la ocasión. Por lo tanto, más vale adelantarse y joderles nosotros primero.

—¿Le contamos este asunto al "Niño"? —le pregunté a Luis.

—¿"El Niño" te cuenta a ti todo lo que hace? —me contestó con cara de guasa.

—No.

—Pues entonces, qué cojones le vas a decir tú. Este tema, cuanto menos gente lo sepa mejor. Si el Niño se entera que vamos a trabajar con Vitorio nos corta los huevos a los tres.

Bueno, entonces, os parece bien que acepte el trabajo.

—Claro, además lo del Pepe y "el Chato" está bien y tiene poco riesgo, pero casi no ganamos dinero —me aclaró Eduardo—. No es que me queje, pero, con lo que pagan, da para ir tirando y nada más. Está bien como un curro fijo, pero tenemos que hacer alguna faenita más importante para los caprichos.

—¿Vosotros conocéis personalmente a Vitorio? —les pregunté.

—Personalmente, no, pero de oídas le conoce todo el mundo —me contestó Luis.

—¿Lleva mucho tiempo trabajando por esta zona? —le volví a interrogar.

—El tiempo exacto no lo sé, pero desde luego es veterano. Según nos informaron, al principio se dedicaba a buscar barcos para trabajar. Era un intermediario. Como es lógico, llegó a conocer a todos los cargadores y a todos los receptores. El resto fue fácil: introducía gente suya en la descarga y así se enteraba del sitio donde iban a trabajar o del lugar donde guardaban la "merca". Total, que se especializó en los robos. Creo que tiene una fortuna.

—¿Y cómo es que no se lo han cargado, si todos saben que es él?

—Este negocio es muy especial y siempre dependes de los demás. Vitorio es un buen relaciones publicas. Todo el mundo le odia, pero a la vez le necesitan. Cuando aparece una organización nueva que está perjudicando a las que son veteranas, en vez de liarse a tiros, ayudan dándole información a Vitorio. Cualquiera puede aguantar que le roben una vez, incluso dos, pero a la tercera, o les ha liquidado el cargador o el receptor. Es decir; consiguen a través de Vitorio que se maten entre ellos. Vitorio no es ningún gilipollas; él sabe perfectamente a quién le puede dar un palo. Además, es un tío que está entre los contrabandistas y los "maderos", y sabe hacer favores a todos.

—No puedo entender cómo puede trabajar con la Policía.

—Pues es sencillo —continuó explicándome Luis—. Y ojalá que continúe, porque eso está bien. Mira, los "estupas" y los de la Guardia Civil no son ningunos "capullos". Están muy pateados y saben perfectamente lo que hacen. Hasta hace poco negociaban abiertamente con los contrabandistas; ahora han puesto a una serie de "capullos" en puestos que se han inventado y que no sé cómo se nombran, creo que "delegado de la droga" o "fiscal de droga" y no sé cuántas gilipolleces más. Son unos tíos que no viven en este mundo, que no lo conocen y que ganan una pasta por dar conferencias y hacer estadísticas. A estos figuras se ha añadido algún juez, más pardillo que ellos. Lo primero que han hecho ha sido poner el "chocolate" como si fuese heroína y además no dejan trabajar a los "maderos". A los "maderos" no les interesan mucho "los chocolateros". A ellos les interesan las mafias organizadas que cambian el "chocolate" por coca y luego la distribuyen. Antes negociaban con los "chocolateros" y trincaban a las mafias. Ahora no pueden hacerlo. De vez en cuando, hay un juez que le echa huevos al asunto y permite una operación controlada, y es, entonces, cuando aparece Vitorio.

—Y tú qué opinas de eso.

—Pues que es de puta madre. Mira, si aquí no hubiese mafias, esto sería otra historia. Y que conste que yo ahora hago esto, pero mi oficio es el de atracador; es decir, que si esto se pone chungo yo cojo la "recortá" y me sé ganar la vida muy bien. Pero desde que hay mafias esto ya no es un oficio digno. Tú lo has padecido, ahora hay que estar con el "hierro" debajo de la almohada y así no se puede vivir. Si tú supieses lo que era esto antes... Era otra época, entonces se trabajaba el tabaco; era un oficio que pasaba de padres a hijos. Era por tradición.

—Tradicional —le corrigió Eduardo—. Un oficio tradicional.

—Bueno, qué más da cómo se diga. El caso es que antes no había estas historias. Yo me acuerdo de ver a los contrabandistas y a los guardias civiles jugando la partidita de mus juntos en el bar sin problemas. Era otro mundo, no había tiros ni gentuza.

—No imaginé que tú pudieses hablar bien de los "maderos" —comenté riéndome.

—Yo no hablo bien. Ellos hacen su trabajo y yo el mío, y si lo hacen bien lo reconozco. Sabes —continuó— ahora es cuando más cuenta te das de quiénes son profesionales y quiénes aficionados.

Al día siguiente esperé a Alexandro y a Moncho en el lugar convenido. Fueron puntuales. Esta vez vestían de forma deportiva y pudieron acompañarme a dar un paseo por la playa. Moncho estaba mucho más relajado; no me hablaba con la acritud del día anterior.

—He comentado lo de tus amigos —me dijo jugando con un palo que había recogido mientras andábamos— y no hay ningún problema. Trabajarán en la descarga.

—Estupendo. Pienso que ya ha llegado la hora de que me expliques en qué consiste el trabajo.

—Sí, por supuesto. Pero no voy a ser yo quien te explique los detalles. Va a ser Vitorio, al que conociste el mismo día que a mí.

—Y cuándo va a explicármelo.

—Probablemente mañana, depende de cómo te portes hoy.

—No te entiendo —le dije sin comprender nada.

—Hoy hay un trabajo que hacer y me gustaría que nos acompañases.

Me detuve y me quedé mirándoles.

—No te preocupes —me dijo Alexandro—, es un trabajo al que también voy a ir yo.

—¿De qué se trata? —les interrogué un poco cansado de tanto misterio.

—Se trata —me dijo Moncho— de ir a un sitio a recoger unos kilitos de "costo". Es un trabajo rápido y te vas a ganar un millón en un par de horas.

—¿Es una prueba? —le pregunté perdiendo la paciencia.

—Llámalo como quieras. No te conozco, tío, y necesito saber si se puede confiar en ti.

—¿Quiénes vamos a hacer ese trabajo? —le volví a preguntar.

—Nosotros tres —me contestó haciendo un gesto con las manos para que me tranquilizase.

—No sabía qué pensar. Podía ser una encerrona. Por dinero las personas son capaces de traicionar a su mejor amigo, y empecé a pensar que Alexandro y yo éramos conocidos, no amigos. Lo sensato hubiese sido negarme, pero no lo hice.

—¿Cuándo va a ser?

—Dentro de un par de horas; si sale todo bien, luego os invitaré a cenar, y a lo mejor viene, el que te dará toda la información que deseas saber.

Regresamos andando por la playa hasta la urbanización El Presidente. Allí tenían aparcado el "Mercedes" del día anterior. Subimos en él y nos dirigimos hacia Sotogrande. En el aparcamiento del puerto deportivo cambiamos de coche. Era un todo-terreno azul oscuro. Me imaginé que era el mismo coche con el que dieron el palo al "Niño". Circulábamos a gran velocidad por la autovía que conduce a Algeciras. Nos desviamos por una carretera que conducía hacia la playa que hay entre La Línea y Sotogrande. Nos metimos por un sendero y apagamos las luces y el motor. Moncho cogió su teléfono móvil, marcó un número y dijo: "Estamos en el sitio." Colgó y esperamos sin pronunciar una sóla palabra.

Estábamos parados entre unos matorrales a diez metros escasos de una de las entradas a la playa. Yo estaba sentado en el asiento de atrás. Saqué un paquete de tabaco y les ofrecí un cigarrillo.

—¿Tenéis todo controlado? —pregunté con ánimo de romper el silencio.

—En este tipo de trabajos —me explicó Moncho— contamos más con el control que tienen los que hacen la descarga. Hoy va a descargar una patera. En cuanto les abordemos tenemos unos minutos para abandonar la zona porque haremos ruido, y esta zona está muy vigilada por la Guardia Civil. Cuando lleguemos al lugar donde estén los fardos tenéis que bajar y cargarlos en la parte de atrás del coche. Cargar sólo los que quepan, no podemos perder tiempo.

Estuvimos a la espera de órdenes durante más de veinte minutos. De repente sonó el teléfono de Moncho dos veces y se cortó. Moncho arrancó el motor y aceleró a fondo, las ruedas resbalaron por la potencia y entramos en la arena de la playa derrapando de costado. Circulábamos a toda velocidad y sin luces. Era difícil mantenerse en el asiento. El coche iba prácticamente volando. Dos destellos de luz, y pude distinguir cómo, a unos doscientos metros, había una pequeña embarcación y media docena de personas que, al vernos, se dieron a la fuga. En cuatro o cinco minutos frenó al lado de la lancha. Alexandro y yo nos bajamos del coche y cogimos cada uno dos fardos de veinte kilos. Había más pero, al haberlos abandonado en la huida, estaban muy desperdigados. Fuimos corriendo a la parte de atrás del coche, abrimos la puerta y los metimos. En el momento en que íbamos a buscar más fardos, Moncho nos gritó que cerráramos la puerta y nos subiéramos. Un "Patrol" de la Guardia Civil se dirigía hacia nosotros a toda velocidad. Subimos al coche y Moncho, acelerando a todo lo que daba el motor, giró en redondo para volver por el sitio por donde habíamos entrado. De repente, otro "Patrol" frente a nosotros. Nos habían rodeado. La adrenalina me inundaba el cuerpo y mi corazón palpitaba de una forma que creí que me iba a romper el pecho. Moncho giró bruscamente el volante y dirigió el coche, a toda velocidad, hacia un montículo de matorrales. Volamos, y no es una exageración. El coche se lanzó por el montículo como si de una rampa se tratase. El golpe al caer al suelo fue tremendo; me di un porrazo fortísimo en la cabeza contra el techo. Los fardos dieron un golpe seco contra el suelo del portamaletas al caer. Circulábamos a toda velocidad sin luces y entre matorrales. Conseguimos salir a un camino de arena. Me di cuenta de que Moncho no sabía dónde estaba ni adónde se dirigía. Volví la vista atrás y vi a uno de los "Patrol" detrás con las luces de la sirena conectadas. Avisé a Moncho y me dijo, alterado, que ya lo había visto. Giró otra vez el volante y volvimos a internarnos por el campo. Esta vez había árboles y nosotros continuábamos sin encender las luces. Yo estaba seguro que íbamos a tener un accidente y pensaba, para mis adentros, cómo se me había ocurrido acompañarles. Moncho conducía pegando volantazos para evitar chocar contra un árbol o quedarnos hundidos en algún desnivel del terreno. No se cómo ocurrió, pero de repente aparecimos en la carretera por donde habíamos entrado la primera vez y en el mismo sentido, dirección a la playa. Moncho giró bruscamente el volante y dimos la vuelta en dirección a la autovía. Miré hacia atrás. Volvíamos a tener uno de los "Patrol" pisándonos los talones. Al pasar un cruce, una furgoneta se cruzó en la carretera. Oímos un choque fortísimo y vi como la furgoneta volcó a causa del impacto. Salimos a la autovía y pusimos dirección a Algeciras. Moncho conectó las luces y redujo la velocidad. De repente, se detuvo en el arcén detrás de una ambulancia que estaba estacionada. Moncho nos gritó que pasáramos la mercancía al otro coche. Se bajó de la ambulancia un individuo que abrió la puerta de atrás de su coche. En unos segundos la ambulancia partía a toda velocidad con la sirena conectada. Nosotros esperamos unos minutos y salimos tras ella pero a una velocidad moderada. Cuando estábamos en la última recta para entrar en Algeciras, un coche de la Guardia Civil nos dio el alto. Moncho aminoró la velocidad y, poniendo el intermitente, paró en la cuneta. Nos hicieron bajar del coche y lo registraron minuciosamente; nos preguntaron que de dónde veníamos y Moncho, con pasmosa tranquilidad, les dijo que de Marbella y que nos dirigíamos a Algeciras para ir a cenar a un restaurante que nos habían aconsejado unos amigos. Los de la Benemérita nos dejaron continuar.

Los negocios de Gibraltar

Vitorio nos estaba esperando en un pequeño restaurante de la Plaza Alta de Algeciras; estaba solo sentado en una mesa al final del comedor. Cuando entramos, los dos camareros saludaron efusivamente a Moncho. Había una docena de mesas, todas vacías. Eran casi las dos de la madrugada y me extrañó que siguiese abierto a esas horas. Vitorio se levantó para saludarnos, nos invitó a que nos sentásemos en su mesa y dio instrucciones a los camareros para que cerrasen la puerta. Era evidente que el local era suyo.

—¿Cómo ha ido el tema? —preguntó Vitorio a Moncho nada más sentarnos, mientras un camarero nos entregaba sendas cartas para que eligiésemos lo que queríamos cenar.

—Ha habido un poco de movida. Los "capullos" esos no debían tener bien controlada la zona y aparecieron "los civiles"; las hemos pasado putas para deshacernos de ellos.

Vitorio sonrió y nos sirvió vino a todos.

—Bueno —comentó Vitorio—, lo importante es que estáis aquí y que la "merca" ya está guardada en su sitio. ¿Y tú qué tal? —preguntó dirigiéndose a mí.

—Bien, sin problemas —le contesté con tranquilidad.

—Me han hablado muy bien de ti —continuó—. Espero que no me defraudes. Tienes fama de echarle muchos cojones a la vida y eso a mi me gusta.

El camarero volvió a acercarse a nuestra mesa y le dijimos lo que queríamos cenar.

—Aquí podemos hablar con tranquilidad, estos —refiriéndose a los camareros —son de confianza. Así que si quieres preguntar, estoy dispuesto a contestar.

Vitorio tenía unos cincuenta años; era el típico mafioso con camisa de abigarrados colores, "Rolex" de oro macizo en su muñeca y una cadena, también de oro, de un grosor capaz de fondear un ancla.

—Me gustaría saber mas detalles sobre el trabajo que vamos a hacer —le solicité viéndole dispuesto a hablar.

—No hay ningún problema. Ahora podemos hablar con claridad, ya estamos en igualdad de condiciones.

—No entiendo lo que quieres decir —le dije extrañado por lo que había dicho.

—Pues, hombre, que yo no soy un hombre violento. No soy de esos que van pegando tiros. Soy astuto, simplemente astuto. Siempre digo a las personas que trabajan conmigo, que hay menos bajas entre los zorros que entre los lobos. Tú tienes pinta de ser una persona culta; no tengo que recordarte la cantidad de ejemplos que hay en la historia de la humanidad en la que la astucia ha salido victoriosa en sus enfrentamientos con la fuerza. Según Thomas Carlyle no debemos dedicarnos a atisbar lo que apenas se distingue en la lejanía, sino hacer aquello que tenemos a mano.

—Me asombra tu cultura —le interrumpí sonriendo— pero no sé lo que quieres decir.

—Muy sencillo, querido amigo. He querido decir que ya no te queda más remedio que cooperar. Verás, por una parte sé que te anda buscando Bernardo, y por otra, y desde hace unos minutos, si yo quiero podría poner precio a tu cabeza "el Niño".

—¿"El Niño"? —pregunté asombrado.

—Sí. Ten en cuenta que le acabas de robar casi cien kilos de "chocolate" del bueno.

—¿El palo que hemos dado era mercancía del "Niño"? —grité levantándome de la mesa.

—Tranquilízate —me pidió con voz suave—. No sabes lo que me molestan los gritos. El mismísimo Jardiel Poncela decía que los hombres que no tienen nada importante que decir hablan a gritos.

—Eres un hijo de puta —le repliqué bajando el tono de mi voz.

—No. Soy precavido. Tú no me traicionas y yo no corro la voz de que trabajabas para mí. En la situación actual, quién iba a dudar que fuiste tú el que nos indicó el lugar de la descarga en Tarifa el otro día. Pero bueno, no estamos aquí para amenazarnos. Simplemente he intentado que estemos en igualdad de condiciones. Ahora si quieres continuamos hablando.

—Me quedé callado mirándole a él y a Alexandro.

—Yo no sabía nada de esto —me aclaró Alexandro.

—Bueno —continuó Vitorio sin sentirse aludido—, el trabajo que vamos a hacer es una operación controlada por la Policía, por lo tanto en cuanto salgáis de la zona marroquí dejáis de correr peligro.

—Explícame eso mejor —le indiqué muy interesado en el asunto.

—Te hablaré más claro. Se han puesto en contacto conmigo dos "estupas".

—¿María y Toni? —le interrumpí.

—Sí, María y Toni. La idea es recoger una carga de dos mil kilos en Marruecos y traerlo aquí. Esa carga se pagará inmediatamente porque el receptor pretende cambiarlo por coca. Nuestro trabajo termina cuando le entreguemos la mercancía al receptor. A partir de ahí, el resto va por cuenta de los "estupas".

—Ya, pero los "estupas" no controlan el Estrecho, lo controla la Guardia Civil —le aclaré.

—En esta operación van a trabajar coordinados los dos Cuerpos. De hecho, te escoltarán hasta que sueltes la "merca".

—¿Quién es el receptor? —pregunté intrigado.

—Tu amigo Bernardo. ¿Cómo se te ha quedado el cuerpo? ¿Ves como hay que saber escuchar? Los "maderos" quieren a Bernardo y todos nosotros estamos hasta los cojones de él. Por lo tanto, vamos a ayudarnos los unos a los otros.

—¿Cuánto vamos a ganar? —volví a preguntarle más animado.

—Tú mucho. Primero porque vas a comprar un barco y cuando acabe el trabajo te lo puedes quedar. A parte de ese extra, se te entregarán treinta millones. ¿Te parece un buen negocio?

—No está mal.

—Un pequeño detalle; hasta que no finalicemos esta operación no puedes trabajar. Búscate una excusa, pero no hagas ningún trabajo. Ni con "el Niño" ni con nadie. No podemos correr el riesgo de que te cojan, se nos iría todo el plan al carajo.

—Y mis amigos.

—Tus amigos van a trabajar en la descarga. Mañana te llamará Moncho para ir a verles. Tú, lo primero que tienes que hacer, es buscar un barco. Hay que comprar un barco de segunda mano para hacer el trabajo. Tienes veinticinco millones para comprarlo.

—Por eso no hay ningún problema.

—Bueno, pues cuando lo tengas me lo dices, se paga y en paz. Procura no perder tiempo, cuanto antes tengamos el barco antes podremos comenzar a movernos.

—¿María y Toni saben que soy yo el patrón?

—No. Esos no deben saber más de la cuenta.

Durante la cena, y según hablaba con Vitorio, me fui dando cuenta de que, realmente, era un hombre muy listo. Nunca dejaba un cabo suelto y todo lo que planeaba lo hacía con asombrosa precisión.

Decidimos que yo avisaría a Luis y Eduardo para que se reuniesen con Moncho al día siguiente. Asimismo yo me iría a Gibraltar a buscar un barco. Al despedirnos Vitorio me dio un millón de pesetas a mi y otro a Alexandro por el trabajo que habíamos realizado.

Cuando me desperté, a la mañana siguiente, lo primero que hice fue reunirme con Luis y Eduardo y ponerles en contacto con Moncho. Estuve presente en la reunión, de la que salieron todos muy satisfechos. Quedamos de acuerdo en decirle al "Niño" que teníamos que ausentarnos los tres durante unos días para resolver asuntos personales. Sabíamos perfectamente que "el Niño" no iba a poner inconvenientes ni, por supuesto, a hacer preguntas. En este oficio la gente pregunta poco.

Esa misma tarde me trasladé a Gibraltar y alquilé una habitación en un céntrico hotel. Dediqué ese día a pasear por la ciudad y a meditar sobre todo lo que había ocurrido durante los últimos días. No me entendía a mí mismo: por un lado quería dejar esa vida y vivir como una persona normal. Por otro lado todas estas aventuras me gustaban, me atraían. Empecé a pensar que el "chocolate" no sólo crea dependencia al que lo fuma sino también al que lo trabaja. Era increíble todo lo que había aprendido en tan poco tiempo y, sobre todo, la cantidad ingente de experiencias que había acumulado. Pensaba en mi vida antes de conocer a Alí y me parecía algo muy lejano. Era como si se tratase de dos vidas, de dos personas diferentes.

La calle principal de la ciudad era peatonal y había innumerables tiendas en las que se podía adquirir de todo a muy buen precio. Paseé durante tres horas y finalicé mi particular expedición en el puerto deportivo, cenando en uno de los restaurantes que hay en esa zona. Había muchos barcos atracados en los pantalanes. Muchos de ellos estaban habitados. Realmente, tener un buen barco y no vivir en él resultaba absurdo. La gente del Peñón era bastante simpática; me hacía gracia oírles hablar mezclando el inglés y el español en sus conversaciones. Hacía una temperatura suave, así que me senté en una de las mesas de la terraza del bar, a escasos veinte metros de los atraques. El puerto estaba muy animado y la gente paseaba por el muelle disfrutando de la cálida noche. Una camarera me atendió en cuanto vio que me sentaba en la única mesa que quedaba libre. Pedí unos salmonetes a la plancha, una ensalada y una botella de vino blanco bien frío. Cuando comenzaba a disfrutar de la cena se acercó un hombre a mi mesa. No presté mucha atención, pensé que se dirigía a una de las mesas que había ami lado. Cuando me tocó el hombro y le miré me di cuenta que era John. Nos saludamos cordialmente y le invité a que se sentase a mi mesa.

—Qué casualidad encontrarnos aquí; acabo de llegar, y pensaba ir a verte mañana por la mañana.

—Me he enterado de lo de Alí —me dijo con semblante serio.

—Sí. Ha sido terrible, y lo jodido es que, cuando ocurrió, estaba yo presente. Precisamente le llevaba el dinero que me entregaste para él.

—Intentó jugar con un tipo con quien no se debe jugar —me explicó—. La Costa del Sol es muy peligrosa. Si te metes en ciertos ambientes tienes que tener mucho cuidado. Alí pensó que era el más listo y que todo le iba a salir bien. Vivía un mundo ficticio. Mira como acabó.

—Yo creo —le argumenté— que fue la separación de Lamía mientras estuvo en la cárcel lo que le desequilibró.

—No. La realidad tampoco fue así —me aclaró—. Lamía estaba harta de Alí desde hacía mucho tiempo. Si estaba con él era por el hijo que tenían, pero nada más.

—No lo sé, según me contaron se fue con un tío. Por eso le abandonó.

—Lamía no se fue con nadie. Hizo creer que se había ido con otro hombre porque conocía perfectamente a Alí y sabía que, por orgullo, no querría volver a saber nada más de ella. Si no se inventa esa historia, en cuanto hubiese salido de la cárcel, Alí no habría parado hasta dar con ella.

—¿Y qué ha sido de Lamía? —le pregunté intrigado.

—Consiguió que Giuseppe, un socio de Alí, . . .

—Sí, le conozco —le interrumpí.

—Bueno, pues consiguió que Giuseppe le diera una cantidad importante de dinero que debía a su marido. Cuando le entregaron el dinero, cogió a su hijo y se marchó a Bélgica. Parece que una amiga la puso en contacto con gente de allí y decidió irse para comenzar una nueva vida.

—Me temo que conozco a esa amiga Belga de la que hablas. Pero, ¿cómo sabes todo eso?

—Mira, el Peñón es un sitio muy curioso, aquí te enteras de todo. Soy el banquero de toda esa gente y, por supuesto, también de Lamía. Yo le invertí el dinero que le entregó Giuseppe. No podía viajar con una bolsa llena de billetes. Ya sabes que aquí cambiamos dinero por pólizas de jubilación.

—Ya entiendo. Desde luego la vida da muchas vueltas. Fíjate, cuando yo les conocí, pensé que eran un matrimonio muy unido. Pensaba que Lamía estaba locamente enamorada de su marido.

—No sé desde cuando les conocías tú, pero yo les conocí hace seis años y desde entonces siempre supe que Lamía estaba hasta las narices de Alí. Creo que tenías un poco idealizado a nuestro amigo. Alí no era precisamente una mosquita muerta. En estos ambientes era muy conocido y no tenía buena reputación.

—Quizá yo le conocí en una época más tranquila.

—Es posible. Pero bueno, cambiemos de conversación. ¿Qué haces aquí?

—He venido a comprar un barco.

—Pues has venido al lugar adecuado. ¿Qué tipo de barco estás buscando?

—Ya sabes, uno para trabajar. Te advierto que no tengo mucho presupuesto —añadí para que no se pasase en el precio.

—No te preocupes, aquí se puede encontrar de todo. Ahora tengo un par de barquitos que están muy bien para lo que tú lo quieres. Uno de ellos ha trabajado bastante, pero no por esta zona. Pero de todo eso hablamos mañana en el varadero. Ahora tengo que irme, pues mi mujer me espera en casa —me dijo riéndose.

No tenía nada de sueño y decidí seguir explorando la ciudad. Me metí por la zona de copas y estuve hasta las dos de la madrugada de tugurio en tugurio. Me levanté pasadas las diez de la mañana. Las calles estaban llenas de turistas que habían cruzado la verja para ir de compras. Desayuné en un bar cercano al puerto deportivo y desde allí me dirigí al varadero para entrevistarme con John. Tenía que esperarle bastante tiempo porque estaba atendiendo a unos clientes y aproveché para ver los barcos que estaban reparando. Cuando por fin regresó John, me saludó efusivamente y me hizo seguirle a un gran almacén. Al entrar vi una lancha de veinte metros de eslora que me gustó bastante.

—El casco —me explicó John— es de fibra de la mejor calidad, y lleva dos motores de gasolina de doscientos cincuenta caballos cada uno. Esto no navega, vuela. Para lo que lo quieres es la embarcación ideal. En cuanto a los motores, están nuevos y, si quieres, le pintamos el casco de color azul. Te lo recomiendo. Otra ventaja importante es que no da mucho el cante.

—Sí —le contesté—, pero el inconveniente es que se trata de una embarcación de alta velocidad y voy a tener problemas para salir a navegar.

—No te preocupes por eso, ten en cuenta que no llevará pabellón español. Ya te explicaré cómo tienes que organizar la parte documental de la compra. Lo que debes hacer es tener el atraque aquí, como hacen los demás.

—Bueno, de todas maneras, todavía no me has dicho cuánto cuesta este bicho.

—Eso, si te parece bien, lo hablamos en mi oficina, pero no en la de aquí. Salgo de trabajar en un par de horas. Si no te importa podemos vernos en el despacho donde estuvimos el otro día, cuando te di el dinero para nuestro común amigo.

A la hora convenida llegué a la oficina. Me abrió la puerta el mismo hombre mayor que vi la vez anterior. El señor, muy educado, me invitó a sentarme en una de las sillas, y me explicó que John había bajado a comprar tabaco pero que regresaría en unos minutos. Mientras esperaba, el anciano intentaba darme conversación hablando de los problemas que padecían los habitantes del Peñón con la frontera española. Cuando más enfrascado estaba en su disertación, se abrió la puerta y entró John con un cartón de cigarrillos en la mano.

—Te agradezco que hayas venido —me aclaró dejando el tabaco sobre la mesa—. No me gusta hablar en el varadero de según qué temas. Aunque parezca mentira, allí todo se sabe. Es como si las paredes tuviesen oídos. Pero perdona, no sé si ya conoces a mi padre —me dijo apoyando su mano sobre el hombro del anciano.

—No, no sabía que era tu padre, pero ya hemos estado hablando de temas interesantes mientras te esperábamos.

—Mi padre es la persona que más sabe de finanzas.

—No exageres —le interrumpió el anciano.

—Sí, de verdad. No es porque sea mi padre, pero lo sabe todo sobre inversiones y, sobre todo, es un magnífico consejero para temas de compra venta de barcos.

Había una agradable complicidad entre padre e hijo, y noté que formaban un tándem perfecto.

—Me parece magnífico, pero mi problema es saber si tengo dinero suficiente para comprar ese barco que me has enseñado.

—Voy a ser claro; el yate está a la venta por cuarenta y ocho millones.

—Pues olvídate del asunto, porque no llego a esa cantidad ni de coña.

—Tranquilo —me dijo sentándose en la mesa donde estaba su padre trabajando—. ¿Cuanto puedes dar ahora?

—Veinte; máximo, veinticinco kilos.

—Bueno, pues tú pones la mitad y nosotros la otra mitad.

—A ver, explícame ese invento tuyo.

—No es ningún invento. Mi padre y yo invertimos dinero en negocios y ese es uno de ellos. Verás —me aclaró —antes yo hacía transportes. Cuando digo antes, me refiero a la época en que no había patrulleras ni en España ni, por supuesto, en Marruecos. También trabajaba el tabaco desde aquí. Los tiempos han cambiado. Ya no me interesa arriesgarme, pero sí nos gusta invertir dinero en esos asuntos. La idea es comprar el barco entre los dos y dividir en dos la parte de ganancias que corresponde al armador: una parte para ti y la otra para nosotros.

—¿Tanto confías en mí? —le pregunté extrañado.

—Pero, por favor, Juan —me contestó en tono cariñoso—. ¿Qué va a pasar?, ¿que cargues quinientos kilos más de lo que me hayas dicho a mí? La primera vez puede que me metas el gol, pero no la segunda. Verás, el Peñón es una casa de putas, en el buen sentido de la palabra. Aquí nos enteramos de todo lo que ocurre. El dinero que se gana con estos negocios se trae aquí y todos nos conocemos. Piensa un poco y te darás cuenta de que cargadores, receptores, transportistas nos visitan asiduamente. ¿Crees acaso que mi padre y yo no sabemos quién eres? Pues si piensas eso te equivocas. Sabemos que perdiste un barco, que has trabajado con el "Niño", que tienes problemas con los colombianos y que "el profesor" te ha fichado.

—¿Quién es "el profesor"? —le interrogué asombrado de su información.

—Vitorio, hombre. ¿No sabes acaso que era profesor de literatura antes de hacerse pirata?

—No, ni puta idea. ¿Y qué más sabes?

—Lo sé todo Juan, lo sé todo. Y el trabajo que vais a hacer es muy interesante.

—Me imagino que si lo sabéis vosotros, lo debe de saber todo el mundo.

—Te equivocas —me corrigió con talante serio—. A mí me cuentan cosas que jamás contarían a nadie. Puedes estar tranquilo. Que yo sepa todo eso no significa que lo sepan los demás.

—Vale. Ahora explícame qué es lo que me propones exactamente.

—Muy sencillo —me dijo en un tono más alegre—. La embarcación se pone a nombre de una sociedad gibraltareña, cuyo propietario es una sociedad irlandesa, cuyo apoderado es un abogado que vive en Panamá y cuyas acciones son al portador. Es un tema muy interesante porque, si ocurre algo ni tú ni nosotros aparecemos como propietarios, y en la puta vida van a averiguar quién es el armador. Es importantísimo, porque no te trata lo mismo un juez en el caso —Dios no lo quiera— que te cojan siendo el propietario que siendo un mero "currito" que se dedica a hacer eso para alimentar a su familia.

—Puede ser interesante —respondí.

—No. No puede ser interesante. Es interesante, que es diferente. Pero si no te interesa, nos lo dices y en paz.

—Sí, me interesa.

—Me alegro, creo que es bueno para los dos. Ya irás viendo que nosotros podemos ayudarte en muchas cosas.

—Vale, socio —le dije riéndome—. Ahora necesito información

—¿Qué información quieres?

—Quiero saber quién es exactamente Vitorio. —Padre e hijo se sonrieron cuando escucharon mi pregunta.

—Vitorio, alias "el profesor", es el tipo más curioso y más astuto que hay en este mundillo nuestro —me explicó John—. Era profesor de literatura en la Universidad de Roma, hasta que descubrió que se ganaba más dinero con el contrabando de tabaco que ejerciendo la docencia. Se trasladó a Sicilia y, con un par de pescadores y con una fueraborda, empezó a trabajar pequeñas cantidades. Como es un tipo con mucho coco, se fue haciendo con una importante organización y acabaron fletando mercantes que les traían el tabaco desde los Estados Unidos. Tenía comprados a todos los policías y políticos de la isla. Un buen día la mafia le comenzó a exigir su impuesto y "el profesor", ni corto ni perezoso, puso una bomba al coche del "gran capo". Su vida comenzó a correr grave peligro; no le quedó más remedio que cambiar de aires. Se vino a España y aquí ha hecho una meteórica carrera. Es un tipo que tiene relaciones con todo el mundo y ha pasado de ser molesto a ser necesario.

—Todo eso lo sé, pero lo que quiero saber es si me puedo fiar de él.

—Sí. Sin lugar a dudas. Vitorio es muy honesto con sus colaboradores. Mira, en este oficio nadie traiciona a quien le sirve. Eso es una regla de oro.

Esa misma tarde llamé a Vitorio y le dije que ya había localizado una embarcación, y que en unos días estaría operativa. Le pedí que me enviase veinticuatro millones, a lo que no puso ninguna objeción.

Ocupamos los días siguientes en poner toda la documentación del barco en regla y a nombre de las sociedades que habían diseñado John y su padre. Una semana después la grúa depositaba la lancha en la mar. Estaba deseando probarla y lo hicimos ese mismo día. Me acompañó John en las pruebas ; el barco funcionaba perfectamente. Era una embarcación muy rápida y con una gran maniobrabilidad, las dos cualidades más importantes en este oficio. El inconveniente era el consumo, pero ese tema lo solucionó mi socio en el varadero.

Avisé a Moncho que la lancha ya estaba operativa y me dijo que al día siguiente mandarían a Alexandro y a otro colega, porque teníamos que hacer un pequeño trabajo. Como hablábamos por teléfono no quise preguntar más y esperé a que llegasen y me explicasen de qué se trataba.

Dediqué la tarde a comprar el equipo del barco. Adquirí a muy buen precio un GPS, chalecos salvavidas, un extintor y un par de garrafas de veinticinco litros. John me invitó a cenar y aprovechó para entregarme la documentación y los certificados de la embarcación.

A las nueve en punto de la mañana me llamó Alexandro y me dijo que me estaban esperando en el puerto deportivo. Recogí todo mi equipaje y aboné la cuenta del hotel. Hacía un día estupendo y me apetecía navegar. En el lugar de la cita me encontré a Alexandro con un tipo joven de aspecto atlético.

—Estoy deseando ver el barco —me dijo mi amigo nada más vernos.

—Pues no es difícil, porque está atracado en ese pantalán —indicándole con la mano el más cercano a donde nos encontrábamos—. Es la lancha azul.

Alexandro y su compañero no pudieron contener la curiosidad y se acercaron para verla.

—Es una pasada —exclamó mi amigo cuando estábamos al lado de la embarcación—. Por cierto, no os he presentado. Este es Nacho, es buzo profesional.

Nos dimos la mano y volvimos a la cafetería donde habían dejado el desayuno a medias.

—Espero que me expliques qué trabajo vamos a hacer a estas horas.

—No te preocupes, va a ser un tema fácil. Se trata de llevar a Nacho a un lugar donde quiere comprobar si puede localizar algo.

—¡Joder! —exclamé con gesto de agotamiento—. ¿Por qué tenéis la manía de no hablar nunca claro?

—Tío, ya te lo contaré cuando estemos en la mar. Ya sabes que no es bueno hablar en los bares. Anda, no te mortifiques y pide lo que quieras que yo invito —me dijo con mofa.

Después de desayunar descargaron del portaequipajes del coche un equipo completo de buceo, varias botellas de oxígeno, dos bolsas grandes de deporte y dos cañas de pescar que subimos a bordo. Hicimos combustible en Gibraltar y, cuando tuvimos los tanques llenos, nos hicimos a la mar. La posición que me había dado Alexandro apuntada en un papel estaba en la zona de Cabo Pino. Rodeamos el Peñón con la mar casi en calma chicha y con el sol como único protagonista.

Al estar al sur del Peñón puse rumbo directo al lugar indicado y dejé que el piloto automático trabajase por mí. Navegábamos a veinte nudos disfrutando de la compañía de los delfines. Alexandro se sentó a mi lado, y pude volver a interrogarle sobre lo que íbamos a hacer.

—Se trata —me dijo— de rescatar unos fardos que hace unos días tuvieron que tirar en esa zona.

—¿Quién? —le pregunté interesado en el tema.

—No lo sé exactamente. Tan sólo se que hace unos días un barco fue abordado por las patrulleras y tiraron la mercancía al mar. Como no consiguieron detenerles con "merca" a bordo, les soltaron a las setenta y dos horas, y Vitorio, que conocía al patrón, se hizo con las coordenadas.

—¿Y pensáis sacar en pleno día los fardos?

—No, hombre. Ahora lo que vamos a hacer es buscarlos. Si los localizamos, Moncho los marca y esta noche una patera los recoge.

—Pero después de días en el fondo estará inservible.

—¡Qué va! Los fardos aguantan bien hasta una semana. En ese periodo todavía se puede recuperar. No es lo mismo que la mercancía que no se ha mojado, pero tiene su valor. Además, es perfecta para pegar el cambiazo.

—Explícame eso con más detalle.

—Pues que siempre es bueno tener esa "merca", porque cuando se hace una descarga, se puede entregar al receptor la que se mojó y quedarte con la buena. Eso es un pedazo negocio.

—Con qué rapidez aprendes de Vitorio.

—Eso se ha hecho siempre; en realidad hay gente que sólo se dedica a ese trabajo.

—Y no estarán vigilando la zona.

—Normalmente —me explicó—, la Guardía Civil pide a los arrastreros que faenan por la zona donde se ha tirado mercancía, que den unas pasadas por si pueden encontrar algo. Ten en cuenta que si detienen a la tripulación sin "merca" no sirve para nada. Pero si los detienen y rescatan mercancía en la misma zona, y con los análisis pueden demostrar que lleva en el agua el mismo tiempo transcurrido desde que les detuvieron, les puede servir de prueba. Sin embargo, como ni aunque aporten eso es suficiente no se molestan mucho. Por lo general hacen todo lo contrario; es decir, sueltan a los tíos y vigilan la zona esperando a que vayan a rescatarlo para así poderles coger con las manos en la masa.

—Según lo que me estás contando —le dije—, lo normal es que tengan la zona vigilada.

—Sí. Pero nosotros no vamos a sacar nada. Además, a estas horas no piensan que vaya a ir nadie con ánimo de rescatar la mercancía. Ellos vigilan la zona al atardecer. Ahora, como mucho, habrá un "Patrol" que, desde la costa, con prismáticos, vigilará que no haya nada sospechoso. Y nosotros lo vamos a hacer con discreción.

Nacho iba sentado en la "bañera" tomando el sol. Con el ruido de los motores, no podía escuchar nuestra conversación, así que aproveché para preguntar a Alexandro por la identidad de nuestro compañero.

—Yo no le conozco mucho —me aclaró mi amigo—. Parece ser que es buzo de la Marina, y en sus ratos libres se dedica a hacer trabajos de este tipo. No es muy hablador, pero creo que Vitorio le conoce desde hace años y, por lo visto, es un "virguero" haciendo su trabajo.

Nacho debió presentir que estábamos hablando de él porque se levantó y se acercó a nosotros.

—Tenemos suerte —nos dijo—, hace un día estupendo.

—Estamos llegando al lugar —les dije mirando las coordenadas en el GPS—. ¿Cómo lo vamos a hacer?

—Reduce la velocidad —me indicó Nacho— y acércate poco a poco al lugar exacto. ¿Tienes sonda?

—Sí. Además tengo la carta ahí en la cabina

—Pues ve conectándola. Quiero saber la profundidad exacta que hay. Cuando estemos en el punto, avísame; pero no pares.

Nacho entró en la cabina y marcó el punto en la carta náutica. Cuando íbamos a pasar por el lugar exacto avisé a Nacho y este me pidió que le dijese la profundidad que marcaba la sonda. Estábamos a más de doce metros sobre el lugar donde se suponía estaban los fardos. Nacho salió de la cabina y me indicó que me separase un poco hacia alta mar y que parase los motores. Paramos a unos cincuenta metros del lugar y colocamos las dos cañas de pescar en la popa. Nacho se puso el traje de goma y se tiró a la mar por el costado contrario a la costa. Lo hizo de tal forma que si hubiera habido alguien vigilándonos desde tierra no habría podido verle.

Alexandro y yo nos sentamos al lado de las cañas a esperar.

—¿Cuánto nos pagan por hacer este trabajo? —le pregunté a Alexandro mientras observaba un velero que navegaba con rumbo al Estrecho.

—Pues, la verdad es que no lo sé. No creo que nos vayan a dar mucho, ya que esto no ofrece ningún tipo de riesgo. Me imagino que este trabajo será a cambio del barco que te han pagado.

—¿Cuándo crees que haremos el trabajo? —le volví a interrogar.

—Creo que pronto. Me da la impresión que esta misma semana. Me parece que la luna estará bien para trabajar en dos o tres días. ¿Te acojona volver a Marruecos?

—Acojonar no, pero no me divierte mucho. No sé si a ti te ha ocurrido lo mismo, pero según voy teniendo experiencia en este oficio soy más consciente del riesgo. Es una sensación extraña. Por una parte tengo que reconocer que tengo miedo, pero por otra me atrae.

—Lo peor de este oficio —me explicó Alexandro— es que te acaba enganchando. Llega un momento en que parece que lo único que se puede hacer es trabajar el "chocolate" y acabas convirtiéndote, sin casi darte cuenta, en un especialista.

—¿Nunca has pensado en dejar todo esto?

—No. Yo no tengo estudios, y además esta vida me gusta.

—¿Has estado alguna vez en la cárcel?

—Sí, claro. Es muy difícil no caer, yo diría que es imposible. Desde luego, yo no conozco a nadie que lleve tiempo trabajando en esto y que no haya pasado por el "talego". ¿Por qué?, ¿tienes miedo de caer?

—Lo pienso mucho. Soy consciente de que en este oficio tarde o temprano caes. Lo cierto es que sí me preocupa. Me imagino que una vez que has pasado por ahí todo cambia en tu vida.

—Por supuesto que cambia todo. Lo primero que ocurre es que te das cuenta de que tu mundo se reduce a los que han pasado por el talego. La gente que nunca ha estado en la cárcel no quiere nada con los que hemos estado en ella. Lo segundo que aprendes es que jamás podrás tener un trabajo legal, siempre vivirás con tus antecedentes penales. También te das cuenta de que cuando te gusta una chica y es una tía bien, no tienes nada que hacer. Aunque a ella no le importe, a su familia sí y, al final, tienes que romper. Además, ¿qué vas a ofrecer a una mujer legal si tú eres un delincuente?

—Nunca he asumido que soy un delincuente.

—Pues en esta vida hay que saber asumir lo que se es, y tú eres un delincuente igual que lo soy yo o lo es Vitorio.

—Ya, ya lo sé. Pero siempre he pensado que esto no va a ser definitivo para mí. Que es tan sólo una etapa atípica de mi vida.

—Eso es engañarte a ti mismo. No quiero desanimarte, pero es muy difícil dejar este oficio. Te acostumbras a él y al final no sabes hacer otra cosa.

—¿Tú nunca has trabajado en algo legal?

—No. Pero lo mío es diferente, porque yo nunca he tenido la oportunidad de conocer otra cosa. Mis amistades y mi familia siempre han estado al otro lado de la ley. Actualmente tengo un tío y dos primos cumpliendo condena. Yo creo que tú, con todo lo listo que eres, no te has dado cuenta de nada.

—No sé a qué te refieres.

—Me refiero a que estás perdiendo mucho. Tú tienes la oportunidad de llevar otro tipo de vida.

—No digas chorradas —le interrumpí—. Si me metí en esto fue porque no tenía ni un duro. Lo había perdido todo y llegó un momento en que ya no me quedaba nada que perder.

—Siempre queda algo que perder. Cuando crees que lo has perdido todo, un buen día pierdes algo que no habías valorado y que entonces, cuando lo has perdido, te das cuenta que tenía mucho valor para ti. La libertad se valora sólo cuando se pierde.

—Eso ya me lo dijo hace tiempo un amigo.

—Pues hazle caso.

Nacho interrumpió nuestra conversación pidiéndonos que le diésemos un royo de driza que tenía en una de las bolsas.

—¿Lo has encontrado? —le preguntó Alexandro.

—Sí. Hay como veinte fardos en el fondo.

—¿Qué vas a hacer? —interrogué yo.

—Voy a intentar amarrar todos los fardos y luego engancharé una boya en el chicote. Los he ido colocando todos juntos. Ahora están justo debajo de nosotros.

Al cabo de media hora poníamos rumbo a Gibraltar.

Esa noche cené con Moncho y Víctor en el mismo restaurante en que le había conocido. Fue allí donde me enteré que Luis y Eduardo formaban parte del equipo que iba a recoger los fardos que habíamos dejado señalizados. Les hablé de mi acuerdo con John y les pedí más información sobre el trabajo que íbamos a realizar.

—Vas a ir a cargar cerca de Tetuán —me explicó Víctor—. Como de costumbre, embarcará un "garantía" y te acompañará Alexandro. Al ser una operación controlada, cuando vayas a entrar en el punto de descarga, te escoltará una patrullera de la Guardia Civil para que no haya ningún problema.

—No me gusta nada lo de la patrullera.

—Puedes estar tranquilo. Estas cosas funcionan así. Sé que te puede resultar extraño que una patrullera esté presente cuando descargamos dos mil kilos de hachís, pero si yo me meto en este asunto es porque ellos están por medio.

—Sigue contándome el resto.

—El resto es fácil. Tú vas a cobrar lo que te he dicho y te quedas con el barco.

—Ya, lo que ocurre es que lo que más me interesa son las interioridades de la operación, porque ya sabes... tengo problemas con Bernardo.

Vitorio me miró fijamente y tras unos segundos de silencio dijo:

—Bernardo, si todo sale bien, dejará de ser un problema para ti.

—Me alegraría que fuese así; de todas maneras me gustaría saber todo lo referente a esta operación. Tienes que entender que me estás pidiendo pasar con un barco cargado por delante de una patrullera.

—Lo que te voy a contar —me dijo con voz grave— no puede salir de aquí.

—Por eso no te preocupes.

—Desde hace más de un año los "maderos" andan detrás de Bernardo. Parece ser que hay un laboratorio en algún lugar cercano a esta costa, donde fabrican coca. Tienen sospechas de que quien está detrás de ese laboratorio es una organización para la que trabaja Bernardo. Se sabe que el "chocolate" que llega se cambia por "nieve", que se introduce en Marruecos vía Ceuta, y saben que detrás de todas estas operaciones está Bernardo. Hay una operación conjunta de la Guardia Civil y la Brigada de Estupefacientes de la Policía Nacional para enganchar a toda la organización. Eso es todo.

—¿Y tú cómo entras a formar parte de esta operación?

—Nosotros tuvimos un pequeño problema. Localizaron en un almacén nuestro unos kilos de "chocolate" y me propusieron que colaborase con ellos a cambio de olvidarse de lo que, supuestamente, habían encontrado.

—¿Por qué dices supuestamente?

—Porque fue una encerrona que ellos mismos me prepararon. Nosotros no teníamos escondido "chocolate" en ese almacén.

—¿Y si no consiguen detener a Bernardo?

—No pasa nada. María y Toni, a los que conoces, contactaron con un cargador, y llegaron al acuerdo con Bernardo haciéndole creer que ellos son los dueños del barco. Por lo tanto, si algo falla, Bernardo buscará a esos dos. A nosotros no, porque para Bernardo no existimos.

—¿Y el "chocolate" que estáis rescatando?

—Verás; he llegado con los "estupas" al acuerdo de cargar "chocolate" en el camión que me mande el receptor. Lo que no les he dicho es qué "chocolate" ni qué cantidad. Para pagaros a ti y a los demás tengo que hacer negocio. ¿Qué crees, que yo no voy a sacar tajada de esto?

Una llamada al móvil de Vitorio nos hizo saber que la operación de rescate de los fardos había finalizado con éxito. Moncho me sugirió que hasta que no hiciésemos el trabajo me quedara en Gibraltar. No querían correr riesgos y no descartaban la idea de que pudiese ser objeto de un atentado. Yo acepté su consejo. Pensé que por un par de días que faltaban para hacer el trabajo, no merecía la pena arriesgarme.

Llamé a John y le dije que volvía a Gibraltar, pero que no quería instalarme en el mismo hotel para no llamar mucho la atención. Mi nuevo socio me ofreció un pequeño apartamento, propiedad de su padre y situado muy cerca de su casa.

Tal y como me había anunciado Vitorio, realizamos el trabajo dos días después. Un día antes de zarpar se trasladó Alexandro al Peñón. Avituallamos el barco, y un mecánico que nos mandó John revisó los motores para no correr el riesgo de tener un percance como el de la última vez. En el varadero habían preparado un tanque extra de combustible para prevenir posibles problemas de autonomía. Esta vez estudié hasta el último detalle la derrota que íbamos a seguir, y pedí a Moncho que se informase sobre la posición, durante esos días, del barco de la Marina marroquí.

La última noche cenamos en uno de los restaurantes del puerto deportivo. Habíamos quedado con John para que nos acompañase en esa última cena, antes de partir. Cuando llegamos al bar vimos salir las "rápidas" del "Niño". Me separé de mis compañeros para observar solo como abandonaban el puerto y sentí cierta envidia por no poderles acompañar. Trabajar con "el Niño" y con "el Chato" había sido una grata experiencia para mí. En ese momento pensé que quizá la compra del barco y mi sociedad con John me impedirían volver a trabajar con ellos. No estaba seguro de si había hecho bien aceptando este trabajo.

John y Alexandro me esperaban sentados en una de las mesas de la terraza.

Operación bastión

El día amaneció gris, había bajado la temperatura y era inminente algún aguacero. Caminábamos lentamente por el pantalán, cargados cada uno con una bolsa de deportes. No hablábamos, sabíamos lo que teníamos que hacer y lo hacíamos de una forma autómata. Abrí la cabina, conecté las baterías y arranqué los motores. Alexandro retiró las lonas que cubrían los cristales del puente. Me miró y entendió que ya había llegado la hora. Desencapilló los cabos de proa de los "norays" y largó la codera.

Cuando salimos de la bahía de Algeciras el viento de levante había arreciado. Navegábamos a velocidad moderada para evitar los pantocazos y los golpes de mar. Navegué aproximándome a la costa de Marruecos. Esta vez sabía que no tenía que disimular ya que lo más lógico es que estuvieran observándonos a través de los rádares. Mi idea era parar a quince millas al norte de Jebha y esperar instrucciones para desde allí dirigirme al punto de carga en la zona de Oued Lahou, próxima a Tetuán.

Alexandro se sentó en la cabina y se enfrascó en la lectura de una revista de informática. Al mediodía preparó unos bocadillos y abrió dos latas de Coca-Cola. No habíamos hablado desde que zarpamos.

—¿Qué tal lo llevas? —le pregunté para romper el mutismo del que habíamos hecho gala los dos.

—Sabes, si sale este trabajo bien voy a dejar esta vida.

—¡Joder! ¿Y qué vas a hacer? —le interrogué interesado.

—Voy a estudiar informática. Yo nunca he tenido la oportunidad de estudiar y siempre he admirado a la gente con estudios. Tampoco sé nada de ordenadores, pero he estado leyendo en una revista que compré ayer que se imparten unos cursos para programadores. He estado calculando y con el dinero que voy a ganar puedo estar cuatro o cinco años sin trabajar. Sólo se trata de dejar las juergas y los malos rollos. Por mucho que me cueste, si un tío normal lo puede hacer en un año, creo que teniendo cinco años de tranquilidad lo podré conseguir.

—Me gusta que hayas tomado esa decisión, Alexandro. Eres mi amigo y sería una satisfacción verte, dentro de unos años, con un trabajo normal. ¿Por qué has tomado esta determinación?

—Yo ya he estado en la cárcel y no quiero volver. Con esta vida acabas regresando, y lo peor es que según va pasando el tiempo y vas haciéndote viejo las oportunidades son menores. Cuando estuve en el "talego" estudié y no se me daba mal. No sé si te lo he contado; pero a los pocos meses de salir del "trullo" conocí a una chica y me enamoré. Era una tía bien. Ya sabes, trabajaba en un banco, su padre era médico; en fin, la típica señorita de verdad. Ella no sabía nada de mí y yo le dije que había venido a España para practicar el idioma. El caso es que ella también se enamoró de mí. Yo procuré que ella no conociese nunca a la gente con la que yo trabajaba ni que pudiese sospechar nada. Iba todo de puta madre y el tiempo fue pasando. Un día me propuso que viviésemos juntos y yo cometí el error de aceptar. Hubo una movida y detuvieron con "merca" a unos tíos con los que yo había trabajado. Los "maderos" tenían fotos de ellos conmigo y esa noche aparecieron en el apartamento donde vivíamos y nos detuvieron a los dos. El resto te lo podrás imaginar. Vino su padre a la comisaría y allí se enteró de toda mi vida. No nos volvimos a ver.

—Debió de ser un golpe muy duro para ti.

—Sobre todo, Juan, me di cuenta de que yo no era como los demás y que hay dos mundos totalmente diferentes: el de la gente normal y el de los delincuentes. Un delincuente nunca puede pretender relacionarse con la gente normal. La gente normal tiene problemas, pero se pueden solucionar. Nosotros, los delincuentes, somos un problema y nuestro problema no lo pueden solucionar los demás.

—Ojalá te salga todo bien, Alexandro.

—Me saldrá, y creo que tú debes hacer lo mismo. Hazme caso, si no dejas esta mierda, acabarás mal.

—Puede que tengas razón —le dije reflexionando sobre todo lo que me había dicho.

El resto de la tarde lo dedicamos a preparar la cabina para poder estibar los fardos. No había mucho espacio y, esta vez, teníamos que transportar muchos bultos. A las nueve de la noche recibimos una llamada indicándonos que nos acercásemos al lugar de la carga. La oscuridad era absoluta, el viento había amainado y hacía bastante frío. Media hora más tarde estábamos a dos millas del lugar exacto y contacté por teléfono con el cargador. Me pidió que hiciese un destello con la linterna. Al poco rato ellos contestaron, de igual forma, a mi señal.

Tuvimos que esperar casi dos horas hasta que oímos los motores de las pateras. Esta vez eran dos y se abarloaron por ambos costados a la vez. Tardamos casi otra media hora en estibar todos los fardos. Cuando estuvo todo a bordo di "avante" para alejarme lo antes posible de la costa marroquí. La lancha iba totalmente aproada y no podíamos navegar de esa manera. Volví a parar y le pedí a Alexandro y al "garantía" que me ayudasen a pasar fardos a la "bañera". En condiciones normales no habríamos podido hacer el trabajo, pues era impensable ir con los bultos sin esconder. Hay aviones y helicópteros de reconocimiento que vigilan constantemente desde el aire esa zona. Cuando amaneció nos encontrábamos en mitad del Estrecho y con más de treinta fardos en cubierta. El "garantía" nos miraba pensando que estábamos locos e intentaba mediante gestos hacerse comprender, ya que sólo hablaba árabe. Después de mucho pensar, Alexandro consiguió cubrirlos con la lona del barco y con dos mantas. El "garantía" se tranquilizó, pero el espectáculo era patético.

Comencé a aproximarme a la costa a las seis de la tarde y, pasadas las siete, recibí la llamada de Moncho para que entrase en el lugar de descarga.

Cuando estaba a unas cinco millas del lugar acordado, divisamos una patrullera que se dirigía a nosotros desde la zona de Marbella a toda velocidad. Me extrañó que si se trataba de la patrullera que iba a cubrirnos viniese hacia nosotros a tanta velocidad. Se lo comenté a Alexandro, que aún no lo había visto. De repente, vimos que conectaba el foco hacia donde estábamos. Entonces comprendimos que algo no funcionaba como debía. Aceleré los motores poniendo proa hacia el sitio de descarga y, a punto de dar la orden de tirar toda la mercancía al mar, apareció otra patrullera por el otro lado que puso proa contra la que nos perseguía. La que nos cubrió pertenecía a la Guardia Civil y la que nos perseguía al Servicio de Vigilancia Aduanera. Paré los motores a media milla del lugar convenido y aparecieron tres "zodiacs" grandes que se abarloaron a nosotros y comenzaron a descargar la mercancía. En una venía Luis y le pregunté qué estaba pasando.

—Te acuerdas —me gritó— de lo que te dije de profesionales y aficionados.

—Sí —le contesté.

—Pues se han metido los aficionados a dar por culo.

Mientras estábamos hablando comenzamos a oír ráfagas de tiros. La del Servicio de Vigilancia Aduanera había comenzado a disparar a la de la Guardia Civil. Hicimos la descarga tan deprisa que cayeron varios fardos al agua. Cuando ya estuve descargado, aceleré los motores al máximo y puse rumbo a donde estaban las patrulleras, pasando a su lado a una velocidad de vértigo. La aduanera comenzó a perseguirnos, pero no consiguió darnos alcance porque yo navegaba a cincuenta nudos y ella a treinta.

Cuando entramos en el puerto de Gibraltar, Alexandro se acercó a mí y me preguntó por qué había pasado tan cerca de la patrullera.

—Quería comprobar si Luis tenía razón.

—¿A qué te refieres? —me interrogó asombrado.

—A nada —le contesté riéndome.

Al día siguiente, mientras desayunábamos, Alexandro me leía una noticia que salía en primera plana en el periódico: "Una patrullera del Servicio Aduanero abre fuego contra una Patrullera de la Guardia Civil. Según información llegada a esta redacción, parece ser que el Servicio de Vigilancia Aduanera confundió a la patrullera de la Guardia Civil con una embarcación de narcotraficantes. Fuentes del Ministerio del Interior han declarado que se procederá a abrir una investigación por los hechos ocurridos. El portavoz del Grupo Independiente pregunta al Ministerio que cómo es posible que el Servicio de Vigilancia Aduanera porte armas, ya que, según la misma fuente, no es la primera vez que protagonizan un tiroteo. Recordamos que hace tan sólo unos días funcionarios de aduanas efectuaron disparos en el aparcamiento del Puerto de la Duquesa".

Esa noche regresamos a Algeciras, donde nos esperaba Vitorio.

—Habéis hecho un buen trabajo —nos dijo Vitorio nada más vernos entrar en el restaurante, que, como de costumbre, estaba cerrado al público.

—¿Cómo os ha ido a vosotros? —le pregunté, interesado por todo el jaleo que se había montado.

—Bien. Hoy mismo sale la mercancía. Así que para mañana tendréis vuestra parte.

—¿Y qué pasará con el tema de Bernardo?

—No lo sé, espero que todo vaya bien. De todas formas, me imagino que mañana nos enteraremos por los periódicos.

—Vaya lío con lo de las patrulleras —comentó Alexandro a Vitorio.

—Ha ocurrido lo que tarde o temprano tenía que ocurrir. Lo de los aduaneros es siempre igual. He oído comentar que les quieren quitar de la circulación porque sólo dan problemas. Pero eso a nosotros nos da igual. Lo importante es que hemos hecho nuestro trabajo. Mañana os llamaré para que os paséis por aquí para cobrar.

Nos despedimos de Vitorio y yo me fui a casa. Hacía muchos días que no dormía en mi cama y me apetecía volver a utilizar mis sábanas.

A las doce de la mañana recibí la llamada de Vitorio para que fuese a Algeciras. Cuando paré en la gasolinera compré el periódico. En él pude leer la noticia de que en una operación conjunta de la Guardia Civil y La Brigada de Estupefacientes de la Policía se había desarticulado una peligrosa organización de narcotraficantes que operaban en la Costa del Sol y que se había descubierto un laboratorio clandestino donde se fabricaba cocaína. No quise seguir leyendo. Había tomado una decisión, iba a hacer caso a Alexandro.

Esa misma tarde me reuní con John en su oficina y le entregué su parte. El resto del dinero lo canjeé por dos pólizas de jubilación, una a dos años y otra a cinco. Le conté mis planes y le pedí que vendiese la embarcación. John, como buen hombre de negocios, me propuso comprar mi parte por veinte millones. Acepté y me entregó un talón de un banco inglés por ese importe.

Regresé a Marbella y llamé a Luis, Eduardo y Alexandro para que cenásemos todos juntos. Quería despedirme de ellos. Había decidido poner mi casa en venta e irme a vivir a Madrid.

Nos reunimos en Benalmádena en un pequeño restaurante del centro. Si he de ser sincero, mis amigos se alegraron de mi decisión. Alexandro me dijo que nos veríamos muy a menudo porque también se iba a trasladar a Madrid para estudiar, y Luis y Eduardo habían decidido tomarse unas vacaciones antes de volver a su oficio. Estábamos todos contentos y teníamos suficiente dinero como para ver la vida desde otra perspectiva. A la salida del restaurante nos despedimos y Alexandro me pidió que le llevase a Marbella porque él había venido con Luis y Eduardo. Caminábamos por el paseo marítimo hacia donde había dejado aparcado el coche. La noche invitaba a pasear y nuestro estado de ánimo nos ayudaba a disfrutar de esa tranquilidad. Me pidió que le dejase conducir y yo acepté. Cuando subíamos en el coche oí un disparo y vi caer a mi amigo al suelo. Me agaché y me acerqué donde se encontraba, rodeado de un charco de sangre. Levanté su cabeza del suelo y comprobé que estaba muerto.

Epílogo

Había pasado más de un año desde el trágico asesinato de Alexandro. Yo jugueteaba, mientras veía la televisión en mi apartamento de Madrid, con la pistola que me había regalado Luis y Eduardo. Había roto con mi pasado, quizá lo único que me unía con mi vida anterior era esa pistola de la que no quise deshacerme. Llevaba una vida tranquila ocupando mi tiempo en un trabajo aburrido en una agencia de seguros y mis cursos de informática en una academia privada. Nunca me habían interesado los ordenadores, pero había hecho el esfuerzo como homenaje a mi amigo.

Por las tardes, cuando regresaba a mi casa, escribía sobre todo lo que viví en mi época de contrabandista. Era consciente de mi mala memoria y no quería olvidar nada de lo que había experimentado. Sobre la muerte de Alexandro sabía que no era a él al que habían querido matar. Se equivocaron; ese tiro iba dirigido a mí. El error fue que no me conocían, tan sólo sabían cuál era mi coche. Mi amigo quiso conducir esa noche y eso le quitó la vida. No había superado la muerte de mi compañero de aventuras. Estaba en deuda con él. Le habían matado por mi culpa y eso me mortificaba.

Como siempre ocurre en estos casos nadie sabía nada. Vitorio, Moncho, John, nadie sabía o quería saber. Bernardo había sido detenido en la operación que bautizaron como "Bastión" y en la que Alexandro y yo fuimos protagonistas de excepción. Si a Bernardo le habían detenido la noche anterior, él no había podido ordenar la muerte de Alexandro. Era evidente que el día del asesinato, Bernardo estaba todavía en las dependencias de la Policía y, además, él nunca supo que nosotros intervinimos en esa operación.

Apagué la televisión, me dolía la cabeza y tenía ganas de caminar. Antes de salir de casa llamé a mi hija y quedé con ella para cenar. Estuve paseando por Rosales recordando la última conversación que había tenido con Alexandro, sus ilusiones, los sueños que jamás pudo realizar por culpa de una muerte que le llegó por equivocación, por culpa de un disparatado asesinato. Me entraron ganas de llorar. La rabia contenida hizo que acelerase el paso.

Entré en el restaurante. Mi hija salió de detrás de mí y me dio un beso. La sensación más agradable que siempre he sentido ha sido recibir un beso de ella. Eso me hizo olvidar todas mis tristezas y recuperar el ánimo.

Mi hija había decidido estudiar periodismo. A mí no me parecía una idea muy buena, pero tampoco quise influir en su elección. Vivía en Madrid compartiendo un piso con unas compañeras y nos veíamos dos o tres veces a la semana. Yo llevaba una existencia pacífica y me había hecho con un buen grupo de amigos con los que me reunía los fines de semana. Nuestras conversaciones se centraban en nuestros trabajos y, de vez en cuando, alguno nos contaba sus experiencias vividas en sus últimas vacaciones cuando, con su mujer como único apoyo, se habían internado, cual intrépidos exploradores, en Las Islas Canarias sin guía y exponiéndose a cualquier tipo de peligro.

Nos sentamos en una mesa justo a la entrada del comedor y, cuando nos disponíamos a pedir la cena, observé que en una mesa del fondo estaban sentadas Lamía y Veronique. Ellas no me habían visto. Dejé que mi hija fuese viendo la carta y yo me levanté para acercarme a saludarles. Al verme se levantaron y me dieron un fuerte abrazo. Les expliqué que estaba con mi hija, y ellas me contaron que estaban en Madrid por trabajo, pero que sólo se quedarían un par de días. Nos citamos para comer juntos al día siguiente.

Como siempre, la reunión con mi hija fue muy agradable. Cuando acabamos de cenar nos despedimos en la puerta del restaurante, pues vinieron a recogerla sus compañeras. Yo volví dando un paseo a mi casa, recreándome en mis recuerdos.

Al día siguiente me dirigí al restaurante donde había quedado con mis amigas. Lamía había vuelto a recobrar su atractivo de antaño.

—Pero bueno, tenéis que explicarme que hacéis en Madrid —les dije nada más vernos.

—La historia es larga, así que creo que es mejor que nos sentemos. Ya te contaremos todo mientras comemos —me dijo Veronique apoyándose en mi brazo.

Nos acomodamos en una mesa cercana a un ventanal grande desde donde podíamos ver la calle. Lamía tenía un aspecto feliz. Pedimos al camarero la comida y nos enfrascamos en confesiones mutuas.

—Bueno contadme, estoy deseando saber qué es de vuestra vida.

—No te lo vas a creer —me dijo Lamía riéndose—. Hemos montado un negocio de regalos.

—¿De regalos? A ver, explicadme eso.

—Muy sencillo —continuó Veronique—. Nos dedicamos a viajar por todo el mundo y compramos cosas que no se encuentran en otro lugar. Cada país, cada ciudad, cada pueblo, tiene artesanía propia. Son objetos curiosos que no sirven para nada, pero que a todo el mundo le gusta tener. No es un gran negocio pero nos permite viajar y vivir.

—¿Y qué habéis hecho con vuestros hijos?

—Los hemos tirado —me dijo Lamía en plan de broma.

—Nuestros hijos, como tienen la misma edad, van al mismo colegio, y cuando nosotras no estamos se ocupa mi madre de ellos —me contestó Veronique.

—Ahora cuéntanos qué haces, a qué te dedicas, con quién follas; en fin, todas esas cosas que nos excitan a las mujeres —me interrogó Veronique con su peculiar sentido del humor.

—Me imagino que sabréis que vendí mi casa de Marbella y que decidí dejar la vida que llevaba. Sabréis, aunque sea por la prensa, que metieron en la cárcel a Bernardo.

—Sí, nos enteramos —me respondió Veronique, ya en tono serio—. Y también nos enteramos de que tú estuviste metido en toda esa movida.

—¿Cómo os enterasteis de eso?

—Por Carmen.

—¿Qué Carmen?

—La novia de Jesús. ¿No te acuerdas de ella?

—Sí, claro.

—Carmen vive ahora aquí, en Madrid. Hemos venido precisamente porque teníamos que reunirnos con ella; es una de nuestras principales compradoras, tiene una tienda en Serrano.

—Esto es interesante —le dije prestando la máxima atención—. ¿Jesús también vive aquí?

—No, qué va. Ellos lo dejaron al poco tiempo de ocurrir todo el asunto de Bernardo. Yo, cuando me fui de Marbella —me siguió explicando Veronique— les visité para despedirme y les dejé el teléfono de mi madre en Bélgica. Cuando dejó a Jesús me llamó y, como estaba mal de dinero y es una gran relaciones públicas, le animé para que montase una tienda aquí. Le presté el dinero y ella me lo ha ido devolviendo poco a poco. Bueno —corrigió— le prestamos el dinero porque Lamía le dejó la mitad y yo la otra mitad.

—Sí. Ya me enteré que Giuseppe te pagó una cantidad que adeudaba a tu marido.

—Giuseppe no le adeudaba nada a mi marido —me interrumpió Lamía—, me lo adeudaba Jesús.

—No estoy enterándome de nada. ¿Por qué le adeudaba dinero Jesús a Alí?

—Porque era su socio en todo. Cuando detuvieron a Alí intervinieron el barco y todo lo que había en nuestra casa, pero no consiguieron confiscar las "zodiacs", los coches todo-terreno y dos casas que utilizaban para guardar la mercancía. De todo eso la mitad era de mi marido y yo lo sabía perfectamente. No te creas que fue fácil conseguir que me pagase.

—Es decir, que Jesús se dedicaba también al negocio.

—Claro. Cuando nosotros llegamos a Marbella no conocíamos a nadie. Jesús, al que conocimos accidentalmente, fue el que introdujo a Alí en ese tema.

—¿Puedes explicarme detenidamente cómo le conocisteis y por qué se asoció a Alí en todo ese negocio?

—¿Para qué lo quieres saber? —interrumpió con brusquedad Veronique—. ¿No has dejado ya toda esa mierda? Olvídate del pasado y vive. Tienes una hija estupenda, dinero y toda una vida por delante.

—Necesito saberlo, necesito saber la verdad. Mataron a dos amigos míos y vivo con la tortura de no entender por qué ocurrió todo lo que ocurrió. Necesito saberlo para vivir en paz.

Lamía nos observaba sin saber qué hacer.

—Por favor, Lamía, cuéntame lo que sepas —le imploré, desesperado por conocer la identidad del asesino de Alexandro.

—Cuando llegamos a Marbella —comenzó Lamía con el beneplácito de Veronique—, traíamos un poco de dinero y queríamos comprar una casa por esa zona. Vimos una que nos gustó y los vendedores nos llevaron a su abogado, que era Jesús. Ya sabes como era Alí, se hacía amigo de todo el mundo. La realidad fue que en poco tiempo Jesús se hizo amigo inseparable de mi marido. Según me fue contando Alí, Jesús fue intimando poco a poco con él hasta que le propuso trabajar el asunto del "chocolate". Parece ser que lo que más le interesaba a Jesús era que Alí hablaba árabe, ya que en su organización no había nadie que entendiese ese idioma.

—¿Cómo que su organización? —le pregunté intrigado.

—Vamos a ver. Jesús se dedicaba a ese negocio desde hacía mucho tiempo. No de una manera directa, él estaba asociado a varios grupos que trabajaban en esa zona.

—¿Cómo conocisteis a Giuseppe y a todos los demás?

—Eran de un grupo de los que trabajaban para Jesús.

—Es decir —le dije aproximándome más a ella— que Alí trabajaba para Jesús.

—Sí, comenzó trabajando y, al poco tiempo, Jesús le ofreció que se asociase con él. Ten en cuenta que Jesús jamás se arriesga, él siempre se queda en la sombra. Los que se la juegan y dan la cara son los demás.

—¿Cómo conoció Alí a Bernardo?

—Por Jesús. Según me contó mi marido, Bernardo era el que se ocupaba de los compradores. Tenía todos los contactos del norte de Europa y pertenecía o representaba a un cartel colombiano.

Me quedé un rato pensativo hasta que Veronique me sacó de mi estado de meditación.

—Espero —me dijo en tono serio— que te olvides de todo. No merece la pena meterse en esos temas. Como ves, el final de todos es la cárcel o la muerte. Mira a la calle, observa a la gente que pasea por ella y dime quiénes crees que son más felices: ¿ellos o vosotros?

La miré y pensé que tenía razón. Mi vida ya no era aquella. Ahora tenía todo lo necesario para ser feliz.

—Vamos a hacer una cosa —me dijo Veronique cogiéndome la mano—. Lamía y yo nos vamos a Perú mañana. Vente con nosotras, acompáñanos. Si quieres, te puedes asociar a nosotras. Dos mujeres solas por según qué países es peligroso. Para nosotras sería fabuloso que te unieras al grupo. Además —me dijo riéndose— los tríos me dan mucho morbo.

—Me encantaría, y no digo que quizá algún día no os llame y me una a vosotras, pero ahora no puedo. Tengo aún que recuperarme de mi vida anterior y Madrid me está sirviendo de terapia.

Nos despedimos cerca de las cinco de la tarde. Me dejaron sus teléfonos y la dirección de la casa de la madre de Veronique en Bélgica, que es donde vivían cuando no estaban de viaje. Prometí que les llamaría. En el fondo, tampoco yo quería perder el contacto con mis amigas.

Esa tarde me encerré en casa y me dediqué a poner todos mis recuerdos en orden. Con lo que me había contado Lamía las piezas de mi puzzle mental comenzaban a encajar. A la mañana siguiente me recorrí de un lado a otro la calle Serrano buscando la tienda de Carmen. A base de preguntar y andar la encontré. No me acordaba muy bien de ella, pero en cuanto entré Carmen se acercó a mí, sorprendida, a saludarme. Le expliqué que había estado con Lamía y Veronique y que ellas me habían dicho que tenía la tienda y, que como casualmente tenía que ir a una oficina cercana, había aprovechado para pasar a saludarle. Me pareció inoportuno intentar sacarle información el primer día, así que cambié de planes y hablamos, sobre todo, de nuestras amigas. Como vi que no iba a poner inconveniente quedé con ella esa noche para ir a cenar.

Fuimos a un restaurante vasco cercano a la Plaza de España; era un lugar al que me gustaba mucho ir, ya que siempre me trataban muy bien y no tenía que reservar mesa.

—Te aconsejo —le dije cuando nos sentamos en la mesa— que pidas el solomillo Dantxari, es único.

—Seguiré tu consejo, aunque no soy muy aficionada a la carne.

Durante la cena fui, poco a poco, llevando la conversación hacia el tema que me interesaba.

—Me comentaron Lamía y Veronique que rompiste con Jesús.

—Sí, llevábamos mal bastante tiempo. Era una situación que ya no se podía mantener.

—¿Estuvisteis mucho tiempo juntos?

—Casi cuatro años, pero el último fue igual que si ya no viviésemos juntos. Nos veíamos poco y la cosa no funcionaba como tenía que funcionar.

—Es muy difícil —le dije para entrar ya de lleno en el asunto— convivir con una persona que se dedica a lo que nos hemos dedicado nosotros.

—Sí, verdaderamente, creo que ese fue el principal problema.

—Yo, por eso, tomé la decisión de irme de Marbella —insistí—. Sabía que o me iba o acabaría con un tiro en la cabeza. Fíjate lo que le ocurrió a Alí.

—Ya. Y eso que tú, aunque estabas en el negocio, no te movías al nivel de Jesús. No sabes lo que era. Siempre estábamos entre gentuza.

—¿Tanto movía Jesús?

—Todo, Juan. Jesús era la cabeza pensante de todos los grupos que operan en esa zona.

—¿Por qué dices "era"? ¿Acaso ya no lo es?

—Ahora no lo sé, pero lo dudo. Cuando yo le dejé tenía muchos problemas. Habían caído muchas personas relacionadas con él y tenía miedo que alguno le delatase a cambio de beneficios de algún tipo.

—Me gustaría saber una cosa. Como tú sabes, yo me he retirado ya de esos temas y no quiero volver en mi vida a la Costa del Sol, pero siempre sospeché que quien ordenó el asesinato de Alí fue él.

—Yo no lo sé. Es posible. Jesús es capaz de cualquier cosa. Vosotros le conocíais de visita, nunca le conocisteis tal y como era en realidad.

—El era socio de Bernardo, ¿verdad?

—Bernardo era uno de los muchos socios que tenía.

—¿Estaba metido en asuntos de coca?

—Mira, Juan, Jesús estaba y, me imagino, está metido en todo. Pero, de verdad, vamos a cambiar de conversación. No me gusta hablar de él, ni de esos temas.

Me di cuenta que ya no podía seguir insistiendo. Por otra parte, ya sabía todo lo que necesitaba saber. Cuando acabamos de cenar la acompañé a su casa y quedé con ella en que nos llamaríamos.

Esa noche no pude dormir. Por fin sabía quién era el verdadero asesino de Alí y de Alexandro, la persona que ordenó que disparasen contra mi casa.

Eran las nueve de la mañana cuando circulaba con mi coche por la autopista de Andalucía. Al pasar por Despeñaperros me sonreí recordando mi aventura cuando trasladé por carretera aquellos cincuenta kilos. Verdaderamente habían ocurrido muchas cosas en muy poco tiempo y yo había cambiado mucho.

A las cinco de la tarde aparqué cerca del despacho de Jesús y estuve haciendo guardia hasta las siete, cuando le vi salir. Le seguí hasta su casa a las afueras de Benalmádena. Era una magnífica villa con vistas al mar. Esperé a que oscureciera. Eran las once de la noche cuando llamé a su puerta. Él me abrió y su rostro no pudo disimular la sorpresa. No hablé. Saqué mi arma del bolsillo y disparé a su corazón. Jesús se desplomó en el suelo como lo hizo Alí y Alexandro cuando fueron asesinados.

El espigón del Puerto de la Duquesa estaba solitario. Miré por última vez el Estrecho de Gibraltar y lancé mi arma al mar. Fue mi postrera ofrenda a mis amigos.

Marbella, Primavera 2001